AI电商设计基础与实战

ChatGPT + Midjourney + Stable Diffusion + Runway

曹宁宁 余智鹏 ◎ 编著

人民邮电出版社
北京

图书在版编目（CIP）数据

AI 电商设计基础与实战：ChatGPT+Midjourney+Stable Diffusion+Runway / 曹宁宁，余智鹏编著. 北京：人民邮电出版社，2025. -- ISBN 978-7-115-64953-9

I. F713.36-39；J062-39

中国国家版本馆 CIP 数据核字第 2024LH8472 号

内 容 提 要

这是一本讲解利用人工智能技术和工具进行电商设计的综合性实训教材。书中详细介绍了ChatGPT 的基础使用方法及 Midjourney 的操作流程，包括提示词的编写规范、结构组成及权重调控等关键知识点。通过本书，读者将能够基本掌握运用 Midjourney 进行图像创作的方法，从而为电子商务等行业的设计与市场营销工作提供素材支持。对于 Stable Diffusion，本书重点介绍了 4 个关键模块：一是选择符合个人需求的模型，二是提供精确的提示词，三是合理调节各项参数，四是精通图像的后期处理技术。此外，最后一章讲解了 Runway 这一 AI 视频工具的操作及应用。

本书适合电商设计从业者阅读，也可以作为人工智能技术学习者的专项参考书。

◆ 编　　著　曹宁宁　余智鹏
　责任编辑　王振华
　责任印制　陈　犇

◆ 人民邮电出版社出版发行　　北京市丰台区成寿寺路 11 号
　邮编　100164　　电子邮件　315@ptpress.com.cn
　网址　https://www.ptpress.com.cn
　北京博海升彩色印刷有限公司印刷

◆ 开本：787×1092　1/16
　印张：9.75　　2025 年 1 月第 1 版
　字数：285 千字　　2025 年 1 月北京第 1 次印刷

定价：69.80 元

读者服务热线：(010)81055410　印装质量热线：(010)81055316
反盗版热线：(010)81055315
广告经营许可证：京东市监广登字 20170147 号

前言

ChatGPT作为一款由人工智能技术驱动的自然语言处理工具，在电子商务领域展现出其独特的应用潜力。本书将从如何利用ChatGPT入手，详细介绍其在电子商务全流程中的应用，包括技巧提示和实战演示。

Stable Diffusion属于一种图像生成技术，旨在创造高质量的视觉内容。该技术基于对称分歧原理，能够生成逼真且高保真的图像。Stable Diffusion为设计师和创意团队开辟了新的创作空间，从商品展示到品牌宣传，为电子商务带来了更具吸引力和专业感的视觉效果。这一技术对电商设计产生了很大的影响，为用户提供了更加生动和引人入胜的视觉体验。

在使用Midjourney的过程中，编写准确、清晰的提示词是关键，对生成高质量的图像至关重要。适当地调整各项参数是提升图像生成效果的重要步骤。通过了解参数设置的影响，并结合个人需求进行合理调整，可以实现更加符合预期的图像生成效果。本书将详细阐述如何编写具有指导性的提示词，以确保获得满意的图像效果。

本书特色

基础软件介绍：通过内容讲解及操作演示的方式，详细介绍了ChatGPT、Stable Diffusion、Midjourney、Runway等常用AI工具的操作技巧及其具体应用。为了让读者更加深入地理解和掌握这些工具，本部分内容配备了详尽的图文说明。

实战：本部分旨在通过实践操作训练，使读者能够熟练掌握各项工具，并实现理论与实践的有效结合。这种方法能够有效避免读者仅仅停留在对工具的识记阶段，而无法在实际项目中发挥其应有的作用。

技巧提示：书中穿插设置了“技巧提示”，目的是分享关于AI工具使用、学习技巧及在实际应用中技术深化的相关知识。这些技巧提示旨在帮助读者更加精准和有效地运用AI工具，提升操作效率和应用成效。

本书内容

本书共分5章，采用以实际操作演示为主，以实践训练为辅的方法，详细解析AI工具的使用，并通过实战案例深入探讨其在实际中的应用。

学前导读：介绍ChatGPT、Stable Diffusion和Midjourney的界面构成及其基本使用技巧。

第1章：介绍AI绘画工具的基础部署。

第2章：引导读者入门ChatGPT在电子商务运营中的应用。

第3章：详述Midjourney的基础操作流程。

第4章：探讨Stable Diffusion在电子商务领域中的辅助应用。

第5章：介绍Runway的界面组成及应用。

目录

学前导读

因为本书涉及的AI工具众多，且重点讲解的是如何搭配使用这些工具来辅助完成电商设计，所以不太了解相关工具的读者在学习之前可以先阅读以下内容。

1.ChatGPT

ChatGPT是一款基于深度学习技术的自然语言处理模型，其采纳了循环神经网络（RNN）与注意力机制（Attention Mechanism）等技术，构建成所谓的Transformer架构，目的在于仿真人类的对话交流，具备理解及生成自然语言文本的能力。

该模型的训练依托于大量文本数据集，这些数据集涵盖了网络文章、对话记录、书籍等多种形式。通过深入学习这些丰富的数据，ChatGPT掌握了语言的语法结构、语义理解和逻辑推理等关键知识，进而产生了多样化的文本回应。ChatGPT的应用场景广泛，包括但不限于智能客户服务、个性化内容推荐、教育辅导以及创意内容生成等领域。在与用户互动的过程中，根据用户输入的文本内容，ChatGPT能够生成相关且自然流畅的回复。

在深入研究ChatGPT之前，读者必须熟悉其操作界面。这一步骤是为了避免读者在后续学习过程中对提及的工具及功能位置感到迷惑。通过浏览器打开ChatGPT，界面如图A-1所示。

接下来新建会话界面，读者可以直接在下方输入框中与ChatGPT进行对话，如图A-2所示。

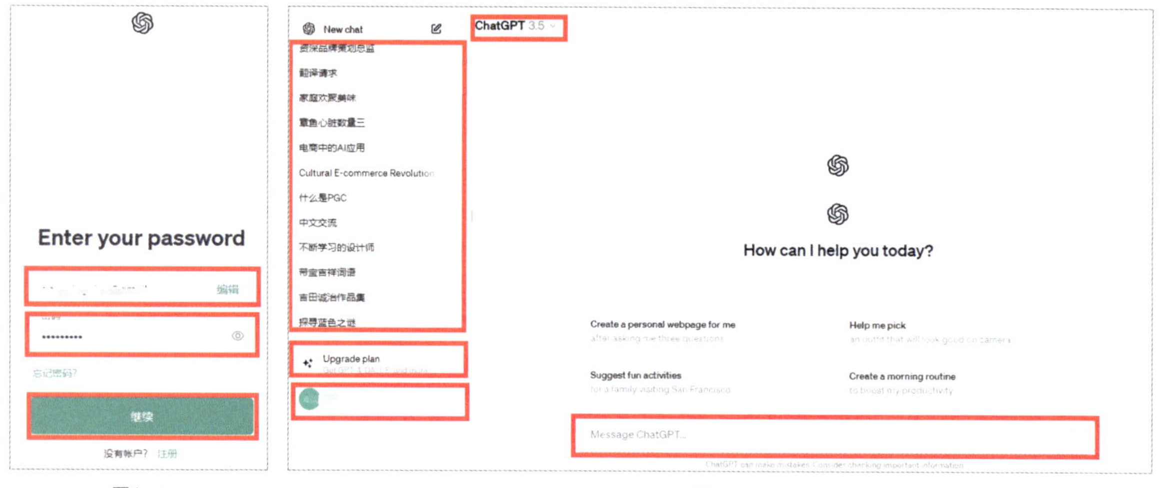

图A-1

图A-2

读者应记住以下几个关键组成内容。

历史记录：该部分存储了用户以往与ChatGPT对话的所有内容。用户可以在此修改标题，以便后续查找，亦可删除不需要的内容。

会员信息：该部分为升级至ChatGPT 4.0版本的通道。通过购买会员，用户可享受更高级的使用权限。

个人信息：该部分包含了一些账户信息及设置选项。

版本切换：该部分提供了GPT-3.5版本与GPT-4.0版本之间的切换功能。

对话区域：用户可通过与ChatGPT进行对话来获得相应的答案。

（1）注册和登录ChatGPT

打开ChatGPT的官网，如图A-3所示。单击左下方的 Try ChatGPT ↗ 即可进入ChatGPT的登录界面，用户按照步骤进行注册和登录即可，如图A-4所示。

图A-3

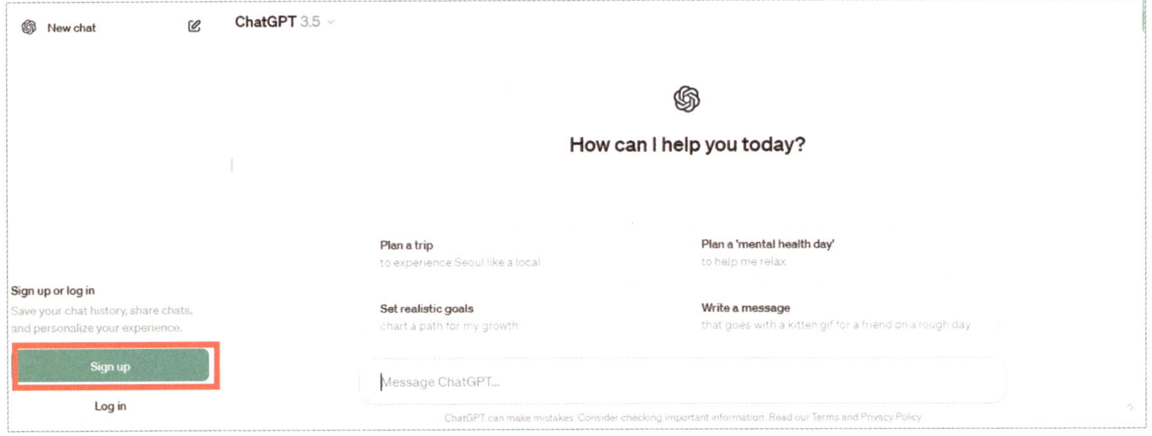

图A-4

（2）ChatGPT的功能

以下是ChatGPT的一些基本功能。

① **对话：**ChatGPT可以用于与人类进行对话。比如，用户可以与它进行交谈、分享观点，向它提出问题、寻求建议等，它会根据输入内容生成相应的答案，如图A-5所示。

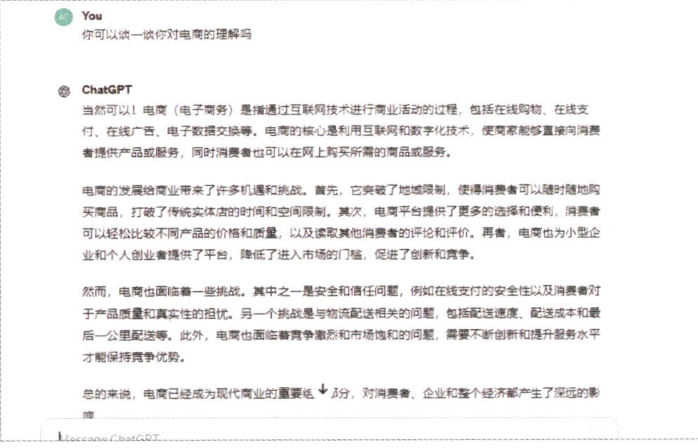

图A-5

② **创意生成：** 如果用户需要一些创意或灵感，可以向ChatGPT 3.5提出相关的问题或主题，它会尝试给出有趣的创意想法，如图A-6所示。

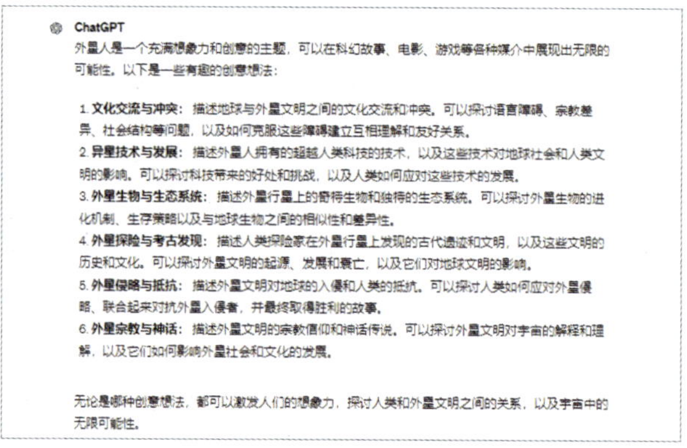

图A-6

③ **文本生成：** ChatGPT可以根据用户提供的文本或主题生成相关的文本内容，如故事、文章、诗歌等，如图A-7所示。

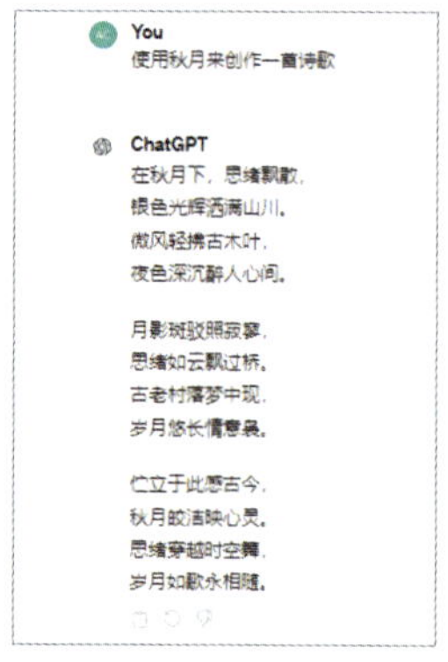

图A-7

④ **语言整理：** ChatGPT可以理解各种类型的语言输入，包括简单的句子、复杂的问题，甚至是长篇文本。

⑤ **文本编辑与改进：** 如果用户需要编辑或改进一些文本，可以将其提供给ChatGPT，它会尝试根据上下文生成更合适的文本。

⑥ **自然语言生成应用：** 将ChatGPT集成到各种应用中，如智能助手、聊天机器人、写作工具等，可以实现更自然、智能的语言交互。

上述只是ChatGPT的一些基本功能，实际上用户可以通过多种方式利用这个模型来满足自己不同的需求，从而创造各种有趣和实用的应用。

2.Midjourney

Midjourney是一款人工智能绘图辅助工具，它能够仅凭关键词在不到一分钟的时间内自动生成相应的图像。该软件为用户提供了多种艺术家风格，包括达·芬奇、毕加索等。此外，它还能够识别特定的镜头技巧或摄影技术。

与Imagen和DALL·E相比，Midjourney是向大众开放的，可供用户自由使用并迅速生成人工智能绘制的画作。例如，当用户输入“一棵长着立方体形状桃子的树”这样的信息时，系统会提供4幅相关图像供用户挑选，如图A-8所示。

图A-8

Midjourney的配置方法比较简单，互联网上也有相关的教程，读者可以搜索并按照步骤配置。下面介绍Midjourney的界面组成，如图A-9所示。

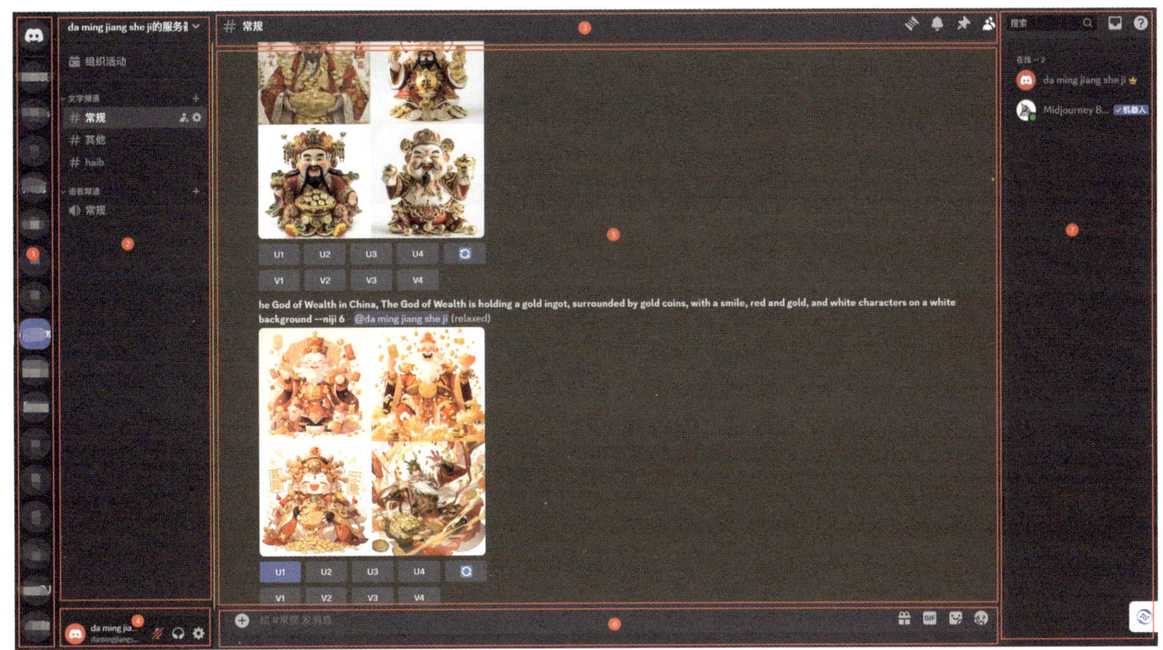

图A-9

① **服务器配置：**为了避免多个用户共享同一账户时发生图像数据的混淆，建议启动独立服务器。

② **聊天频道服务：**本服务提供文本及语音聊天功能，允许用户邀请同伴加入特定的社区频道，以便共同参与其中。

③ **自定义设置：**用户可根据个人偏好调整社区频道内容，并利用搜索功能找到自己所需的信息。通常，通过单击界面右侧图标即可访问并修改频道管理设置。

④ **服务器个性化设定：**用户可通过单击进行个人资料的自定义设置，包括上传头像、修改昵称以及配置隐私和安全选项。

⑤ **图像生成区：**用户在发送指定提示词后，生成的图像将在此区域显示。

⑥ **指令输入区：**用户可在此区域向Midjourney Bot发送各类指令，如文本到图片、图片到图片以及文本与图片混合生成等。

⑦ **用户与机器人列表：**此区域展示所有被邀请的朋友及机器人名单，同时提供查找之前添加的机器人的功能。

3.Stable Diffusion

Stable Diffusion是一款人工智能绘图工具，它能够通过模拟扩散过程将含噪声的图像转化为精确的目标图像。该工具能够依据用户提供的文本信息，自动生成高质量、高分辨率且视觉效果卓越的多样化图像。Stable Diffusion提供了图像修复、分辨率增强以及图像风格调整等多项功能，可以帮助设计师获取广泛的创意灵感，从而更好地实现创意构思。Stable Diffusion的界面如图A-10所示。

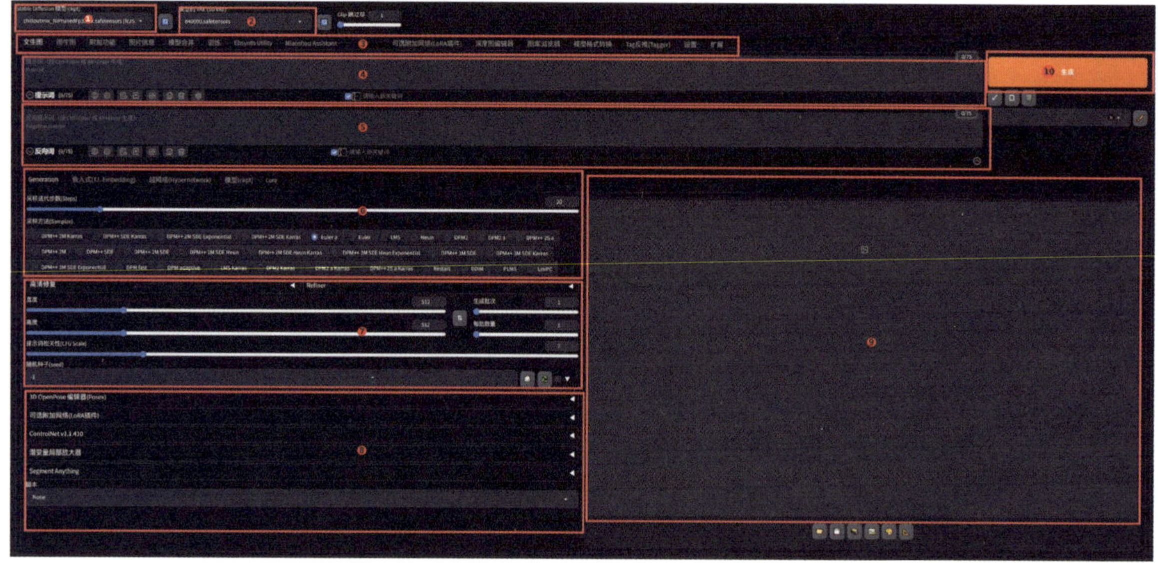

图A-10

下面设定一个商业情景。

目前，我方尚未配备可供拍摄的专业模特，仅持有服装样品。按照常规操作流程，若需获得模特着装照片，需邀请模特与摄影师协作，经历拍摄及后期制作等多个环节方能制作出所需图像。然而随着技术的进步，该流程已被极大地简化。现仅需提供服装照片，借助人工智能技术即可生成多种风格的模特图像，并实现图像的批量制作。这不仅大幅节约了时间，还显著降低了工作强度。示意效果如图A-11和图A-12所示。

图A-11 原始照片

图A-12 经过AI处理的模特着装照片

综合分析表明，在电子商务领域，人工智能技术的广泛应用将促进工作效率的提升，优化消费者体验，并推动销售业绩的持续增长。

第 **1** 章

AI绘画工具的基础部署

本章将主要介绍Midjourney和Stable Diffusion的注册、安装和部署方法。另外，为了方便读者学习后面的内容，本章还将简单介绍这两款工具的基础操作方法。

1.1 AI是什么

AI是“人工智能”的英文简称，指一种通过计算机技术来解决问题的科学方法。具体来说，人工智能就是让计算机具备学习、推理、解决问题、理解语言和感知等人类特性的能力。

1.1.1 AI的发展与应用

人工智能技术现如今的发展速度很快，其影响已经深入人们生活的方方面面。那么，AIGC又代表着什么呢？

AIGC的全称为Artificial Intelligence Game Creation，也就是人工智能游戏创作。这是一种集分类、生产和自动生成内容于一身的技术应用。AIGC不仅可以对内容进行分类、生成，更能实现内容的自动创作。这种技术堪称神奇，目前已经成为内容生产领域的新宠。无论是作为内容分类工具，还是作为内容生产方法，AIGC在人们的生活中得到了广泛应用。

值得注意的是，内容生态的发展经历了4个阶段：专家生成内容（PGC）、用户生成内容（UGC）、AI辅助生成内容（AIUGC）以及AI生成内容（AIGC），如图1-1所示。

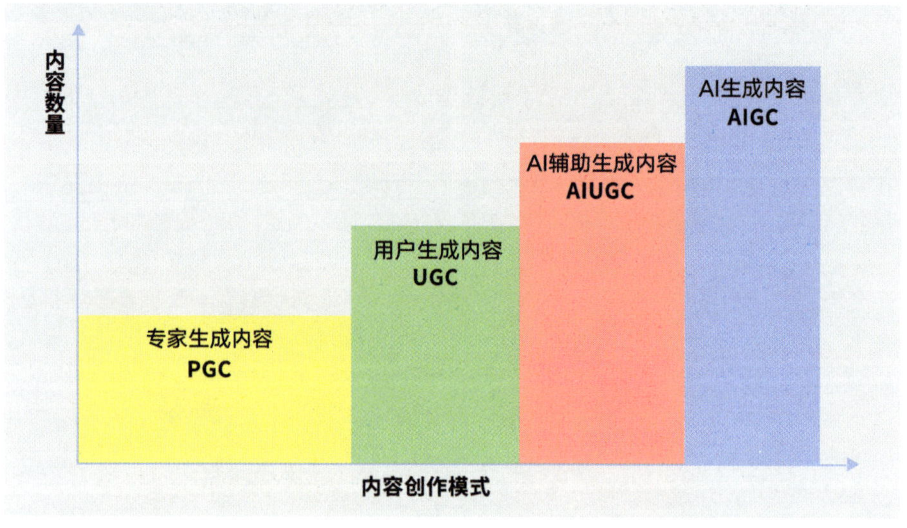

图1-1

PGC：该类内容一般经过精细的策划、深入的研究以及专业的制作而成，以保证其质量和专业度。这些内容应用范围广泛，包括教育、培训、咨询、行业分析等，能够帮助人们获取专业知识，以提升他们的技能水平。PGC可以通过在线平台或多种媒体形式传播，旨在满足特定行业或专业领域的需求。

UGC：该概念指代用户自行创作并分享的在线内容。这些内容可能包括文本、图片、视频、评论、博客文章以及社交媒体帖子等，均由普通用户而不是专业媒体或出版机构所创作。UGC在互联网时代极为常见，因为它让个体有机会表达自己的观念、立场及创意，分享自己的经验，以及参与到在线社区和平台中。

AIUGC：该概念指的是将人工智能技术融入用户生成内容。在此背景下，人工智能技术被应用于辅助、增强甚至自动产生用户生成内容。其目标在于提升用户生成内容的质量、效率和多样性，同时减轻用户的工作负担。AIUGC对多个领域有所裨益，包括数字营销、内容创作、社交媒体管理、教育以及娱乐等。

AIGC：该概念指的是利用人工智能技术来自动生成文本、图像、音频、视频等各类内容。这种内容生成过程通常无须人类干预，完全依赖于计算机程序和机器学习模型进行创造。

1.1.2 AI技术应用在电商领域的优势

AI技术在当前社会中的应用潜力巨大，尤其体现在电子商务领域。其能创造许多创新方式，极大地提升用户的购物体验。下面将阐述几个AI技术在电子商务领域的具体运用。采用AI技术创作的插图如图1-2所示。

图1-2

个性化推荐：AI技术能够通过分析用户的历史购买数据、浏览行为和兴趣爱好，为用户提供定制化的商品推介。这不仅有助于电商企业提升销售转化率和客户忠诚度，也能够优化用户的购物体验。

虚拟试衣间：电商平台借助AI技术，可以提供虚拟试衣间服务，让消费者在线上试穿衣物。这样做可以降低退货率，因为消费者能够更准确地了解他们购买的产品，同时也能减轻他们线下试穿的需求。

AI电商图像生成：AI技术在图像生成领域的应用包括产品展示图、广告素材以及社交媒体内容。这意味着电商企业可以更迅速地构建高品质的图像内容，从而降低对专业摄影师和设计师的依赖。

客户服务与聊天机器人：电商平台可以通过集成AI聊天机器人来提供实时客户支持。这些机器人能回答常见问题、处理订单追踪以及提供产品信息，从而提升客户服务效率。

反欺诈：AI技术可以用于检测欺诈行为，帮助电商平台减少信用卡欺诈和虚假账户。其通过分析交易数据和用户行为，可以自动识别异常模式并采取相应措施。

库存管理：AI技术能够分析销售趋势，以协助电商平台更有效地进行库存管理。这有助于电商企业避免库存过剩和缺货的问题，从而提高运营效率。

定价策略：AI技术可以帮助电商企业根据市场需求和竞争状况动态调整产品价格，提高定价策略的精准度，从而最大化自身利润。

AI技术在电商领域的应用已经取得了显著的成果，预期在未来将展现出更大的潜力。随着技术的不断进步，电商企业将有能力提供更加智能、个性化且高效的购物体验，满足消费者需求并提升自身竞争力。

1.2 Midjourney的注册与使用

Midjourney位于一个通讯应用Discord中，其使用流程极为便捷，无须复杂的部署步骤，即可直接进行操作。此外，Midjourney对于计算机硬件配置的需求十分低，使得所有人都可以轻松使用。Midjourney是一个AI绘画工具，易于掌握，并且现已被广泛应用于多个领域，包括但不限于艺术创作、虚拟现实、游戏开发、电影动画制作、创意辅助、快速原型设计、数字娱乐、表演艺术、教育、广告营销、图像修复和增强以及电子商务智能化辅助等。

1.2.1 注册

下面介绍注册Midjourney的方法。

1.注册

01 在浏览器中搜索Discord官网，单击右上角的Login（登录）按钮【Login】，如图1-3所示。

图1-3

02 如果有账号，直接登录即可。如果没有账号，单击“注册”，如图1-4所示。注意，如果想避免每次都需要登录的问题，可以直接下载安装包进行安装。

图1-4

03 注册的时候有些注意事项，尤其是年龄必须大于14岁。同时有两次人机验证，且需要确保手机能接通，可以选用+86的号码。另外，注册成功前还需要在邮箱中进行确认。注册页面如图1-5~图1-8所示。

图1-5

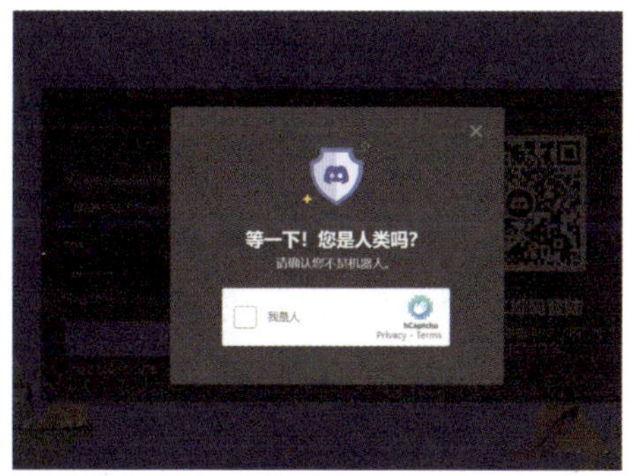

图1-6

图1-7

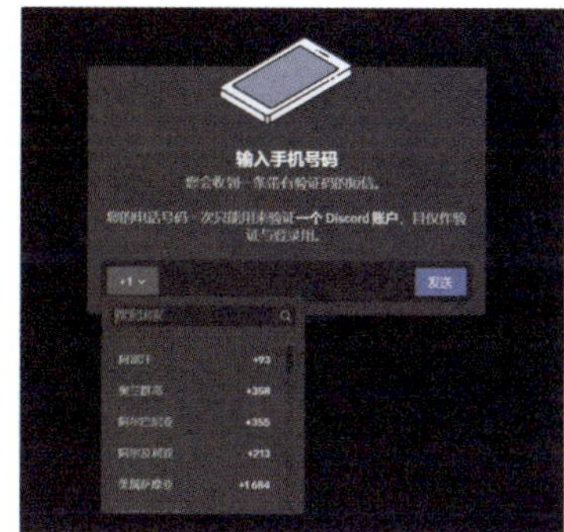

图1-8

04 注册好以后需要创建服务器，也可以用朋友的邀请码进入服务器。如果没有收到邀请，那就只能自己创建服务器了。创建过程页面如图1-9~图1-11所示。

图1-9

图1-10

图1-11

2.在Discord中嵌入Midjourney

01 添加Midjourney公共社区。打开Discord，单击左边的“指南针”图标，然后单击“特色社区”中的Midjourney，即可进入Midjourney的公共社区。此时在announcements处可以看到很多关于版本变化和通知的信息，在daily-theme中可以看到很多社区中其他创作者的AI作品。页面显示如图1-12和图1-13所示。

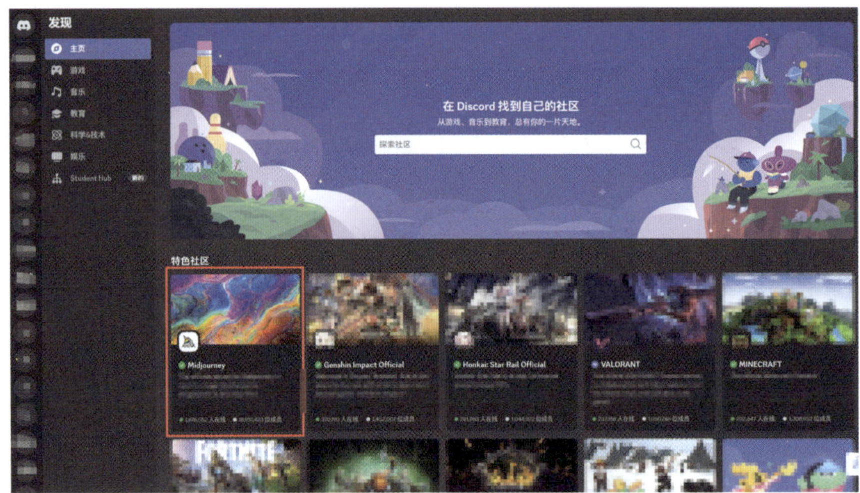

图1-12

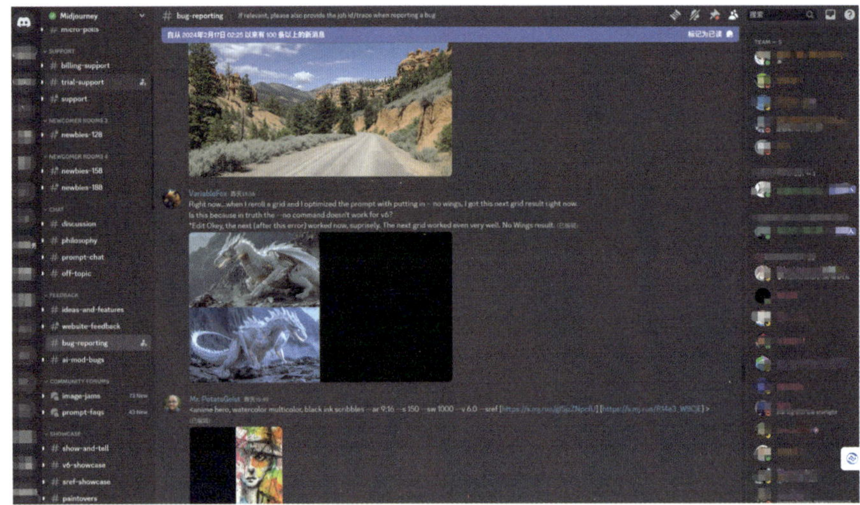

图1-13

02 在Midjourney的公共社区的右上角单击“显示成员名单”，然后单击右侧列表中的Midjourney Bot，接着单击“添加至服务器”，选择刚刚创建的服务器名称，即可将Midjourney Bot添加到服务器中，如图1-14所示。

图1-14

03 订阅会员。在聊天框中输入/subscrib，然后按Enter键，单击Manage Account（管理账户）Manage Account 进入订阅会员的界面，如图1-15~图1-17所示。

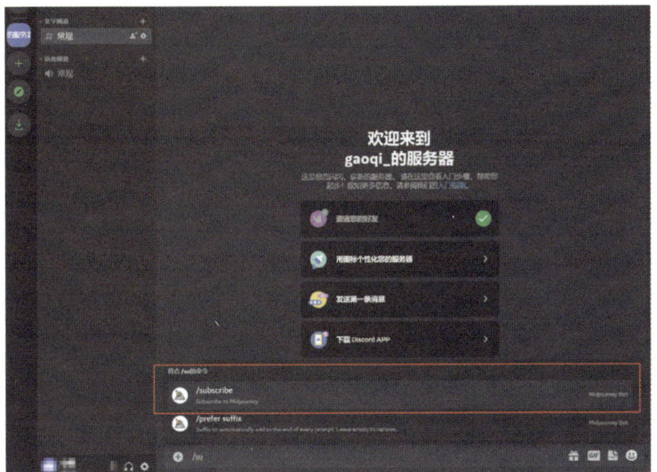

图1-15

图1-16

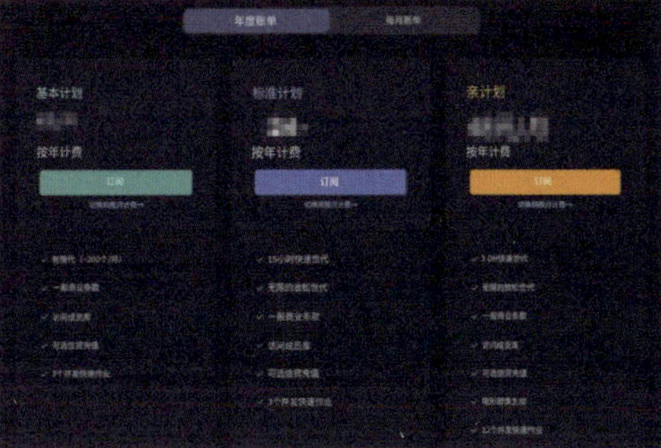

图1-17

1.2.2 Midjourney用户界面

Midjourney现在和社区聊天服务器绑定在一起，操作起来就像使用聊天工具一样。其操作界面如图1-18所示。

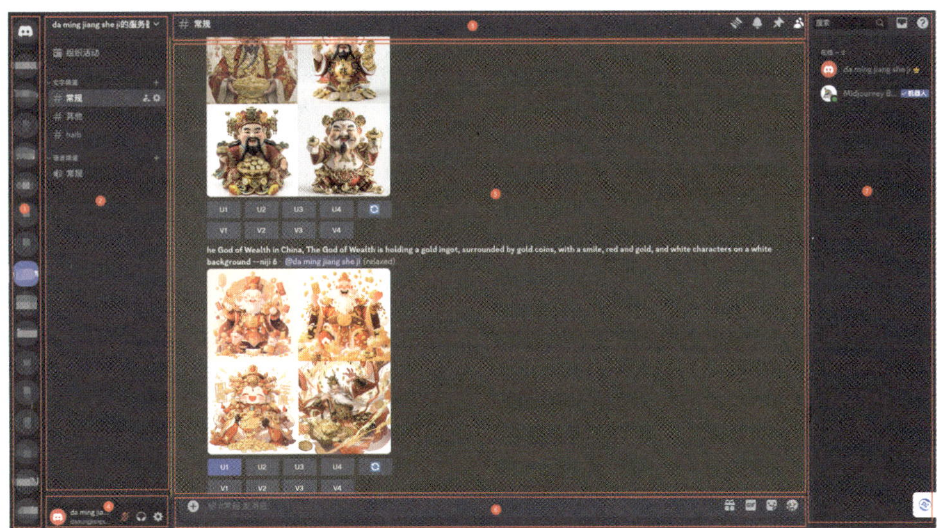

图1-18

① 服务器：如果有多个用户共享同一账号，可考虑启动不同的服务器，以防止用户间的图像数据发生混淆。

② 聊天频道：提供文字和语音聊天的频道服务，可以邀请同伴加入此社区频道。

③ 常规设置：频道社区内容可根据个人需求进行调整，同时也能搜索到自己需要的信息。一般来说，只需单击右侧的图标，就能查看频道的管理设置。

④ 服务器设定：单击后，可以进行个人资料设置，包括照片上传、名字修改，以及隐私和安全设置。

⑤ 对话生成区域：用户在发送提示词后，生成的图像将会在此区域展示。

⑥ 指令区域：此区域可向Midjourney Bot发送指令，如生成文本图片、图片生成图片，甚至是文本和图片的混合生成等。

⑦ 用户列表浏览：此处列出了所有被你邀请的朋友及机器人，还可以在这里找到之前添加过的机器人。

1.2.3 Midjourney生图方法

在成功配置Midjourney服务器并理解用户界面后，便可开始使用Midjourney创作作品了。首先在指令输入区域输入“/”，然后选择/imagine命令，接着在Prompt后方输入boy，并按Enter键发送指令。这样就可以得到第1幅AI绘画的作品，如图1-19所示。

```
boy --s 750 --v 5.2
```

如果有图片刚好符合需求，就可以使用U1~U4来放大图片，对应图片的顺序为“从左到右，从上到下”。例如，现在想放大左上的图片，选择U1即可将其放大，如图1-20所示。

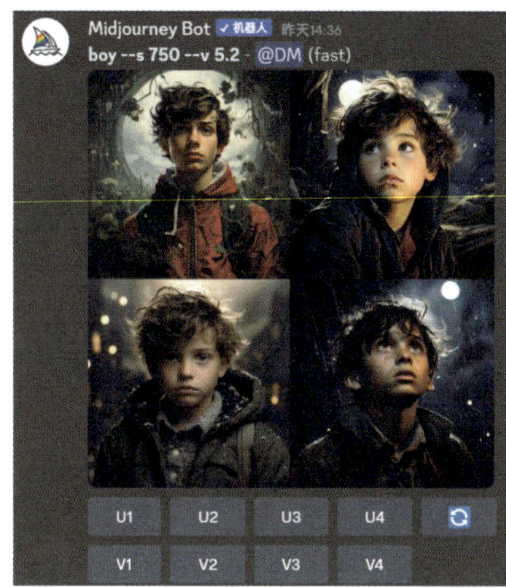

图1-19

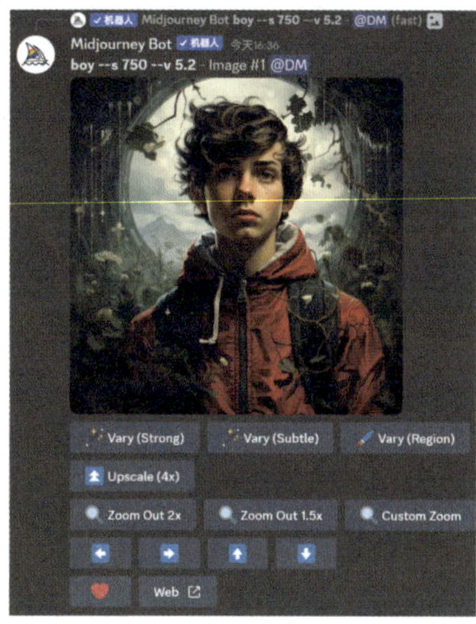

图1-20

技巧提示 注意，Midjourney的输入内容（提示词）必须为英文状态。笔者建议初学者结合翻译工具进行中英文切换。

如果对生成的效果图不够满意，可以多描述一下想要的内容，如“一个蓝色头发、碧绿眼睛的男孩子”，然后将其限定为“插画风格”，生成的效果如图1-21所示。

```
A boy with blue hair and green eyes,flat illustration
```

图1-21

相信读者现在能用Midjourney绘制出AI作品了。不过值得注意的是，AI作品也对细节有要求，如果想得到拥有丰富细节的作品，读者还需要进行后续的学习。

1.3 Stable Diffusion的安装与云部署

Stable Diffusion的独特之处在于，它能够使AI绘图更为清晰。读者可以使用它来绘制各种不同风格的图像，如动漫风格的插图、古代中国水墨画，甚至3D建模。使用该工具所绘制的画质可与实物照片相媲美，同时还具备其他实用功能。例如，借助Lora和Controlnet控制等衍生功能，可以更精确地控制艺术风格、角色细节、姿态、动作和构图等。

除了以上所述功能，它还有一个重要特性就是完全开源。这意味着读者可以将整个程序安装在自己的计算机上，没有任何使用限制，且完全免费。

1.3.1 Stable Diffusion的本地安装

下面将介绍Stable Diffusion的安装方法，主要包括计算机配置要求和安装步骤。

1.计算机配置要求

Stable Diffusion虽为实用工具，但对计算机配置有特定要求。

第1个：使用Windows操作系统的计算机，不推荐Mac用户使用。

第2个：依赖强大的图形处理器（GPU）提供计算能力。尽管理论上任何品牌的显卡均可供应计算力，但用户普遍认为Nvidia芯片的显卡更为稳定、易用。内存建议在16GB以上，对中央处理器（CPU）没有特殊要求，建议使用大于500GB的固态硬盘（SSD），以便存储大型模型。

若要判断计算机是否能安装并运行该软件，比较简单的方法就是测试其是否能顺畅运行近两年的主流3A级游戏。注意，"能运行"与"顺畅运行"是两个不同的概念。

显卡性能对AI绘画效率起着重要作用。据笔者统计数据和用户分享，一张显存为8GB的RTX 3070显卡，绘制一张大小为512px×512px的图像大约只需要10秒。如果读者的显卡性能较弱，笔者建议考虑升级显卡或尝试云部署，毕竟要创作出满意的AI绘画，需要反复尝试和调整。如果效率低下，就会耗费大量时间，且可能无法达成预期效果。

此外，影响AI绘画效率的另一个关键因素是显存，它主要影响绘制图像的大小。简单来说，如果显存不足，可能无法绘制清晰度较高的图像。另外，显存还会影响同时训练的模型数量。这个问题较为复杂，如果笔者希望能轻松地进行模型训练，建议使显存大于8GB。图1-22所示为各型号显卡运行Stable Diffusion时的性能对比，读者可以直观感受并选择适合自己的显卡。

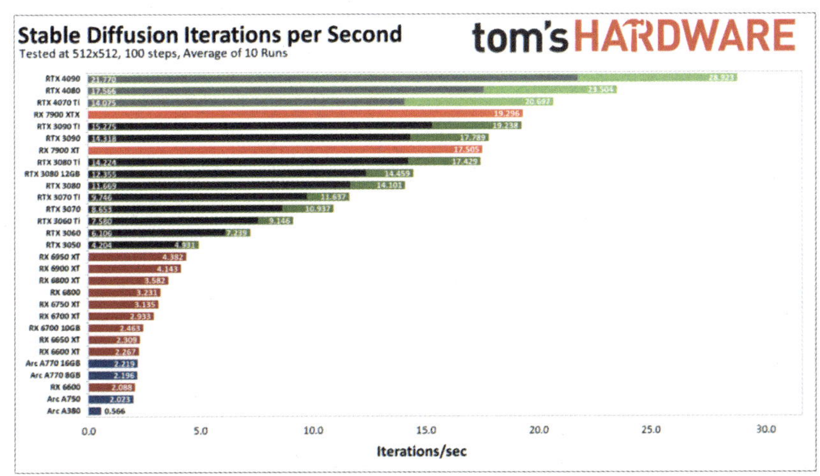

图1-22

如果读者认为这些信息过于复杂，笔者在此提供一份较为实用的计算机配置清单。该清单标明了笔者认为的基本配置和推荐配置，读者可以根据自己的实际情况进行对比和选择，如图1-23所示。

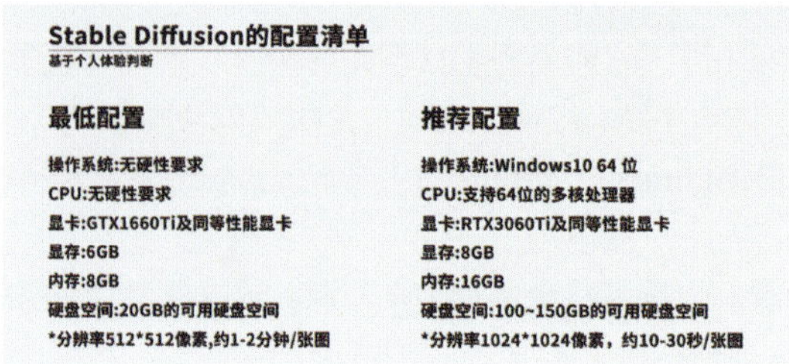

Stable Diffusion的配置清单
基于个人体验判断
最低配置
操作系统:无硬性要求
CPU:无硬性要求
显卡:GTX1660Ti及同等性能显卡
显存:6GB
内存:8GB
硬盘空间:20GB的可用硬盘空间
*分辨率512*512像素,约1-2分钟/张图
推荐配置
操作系统:Windows10 64 位
CPU:支持64位的多核处理器
显卡:RTX3060Ti及同等性能显卡
显存:8GB
内存:16GB
硬盘空间:100~150GB的可用硬盘空间
*分辨率1024*1024像素，约10-30秒/张图

图1-23

2.下载安装包进行安装

对于安装包，读者可以根据图1-24所示参考文件在网上自行下载。注意，下载完之后先别急着双击“启动器运行依赖”文件。下面介绍具体的安装步骤。

01 解压sd-webui-aki-v4.1.zip压缩包。如果读者使用的该文件已经升级到4.2版本，可以直接使用4.2版本进行操作。操作方法与书中的4.1版本的操作方法一致，如图1-25所示。

图1-24

图1-25

02 在解压后的文件中双击“A启动器.exe”，如图1-26所示。安装过程如图1-27所示。

图1-26

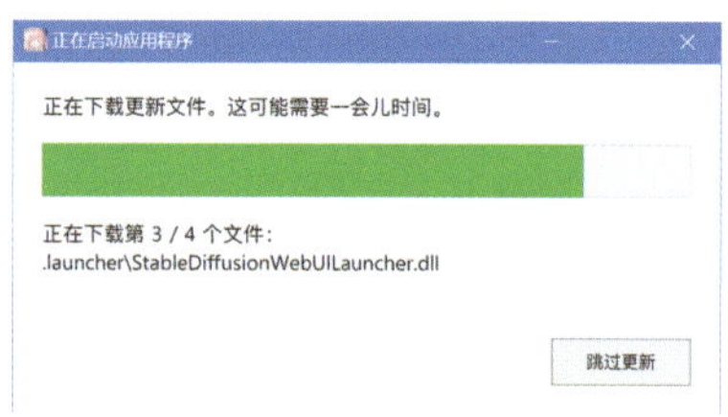

图1-27

03 打开安装好的文件，单击“一键启动”按钮 ▷ 一键启动 ，如图1-28所示。此时会有页面展示在计算机默认的浏览器中，这就代表启动成功，如图1-29所示。

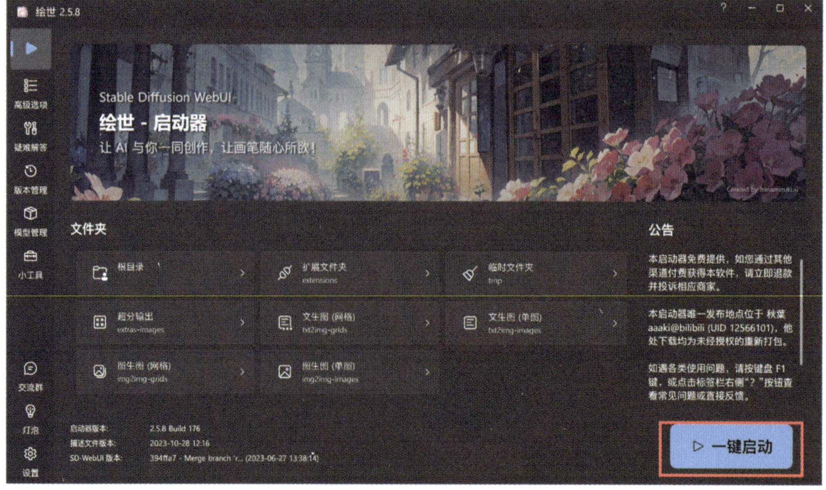

图1-28

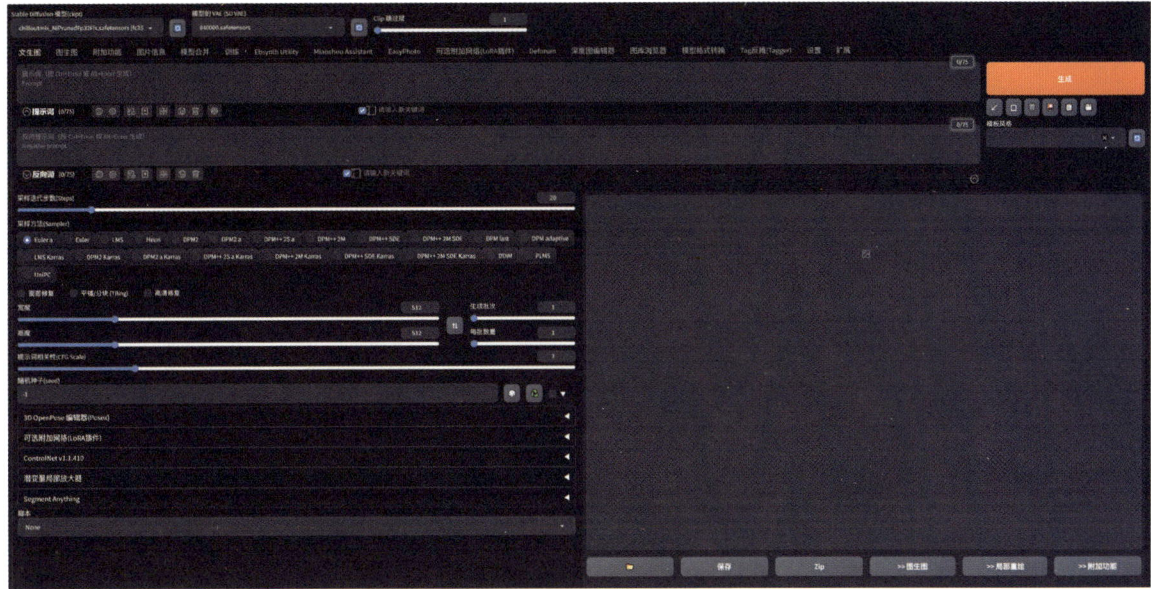

图1-29

1.3.2 Stable Diffusion的云部署

下面笔者将详细介绍如何实施Stable Diffusion的云部署。

1.云桌面部署

01 单击下面的链接进行注册。

青椒云官网

进入“青椒云”云桌面官网，在弹出的注册页面中完成账号注册，如图1-30所示。

图1-30

02 注册成功后，在完成页面中可直接下载云桌面客户端，如图1-31所示。

图1-31

03 在“下载”栏中选择与读者所用计算机系统匹配的客户端，如图1-32和图1-33所示。读者使用的计算机如果是Windows系统，就下载Windows云桌面客户端；如果是Mac系统，就下载Mac云桌面客户端。

图1-32

图1-33

04 下载完成并安装云桌面客户端，然后登录，接着根据软件界面提示，完成实名认证，如图1-34和图1-35所示。

图1-34

图1-35

05 在软件界面中单击“新增云桌面”，并在弹出的产品中选择“华南”，添加云桌面，在“标准产品”中选择“AIGC尝鲜”，如图1-36~图1-38所示。

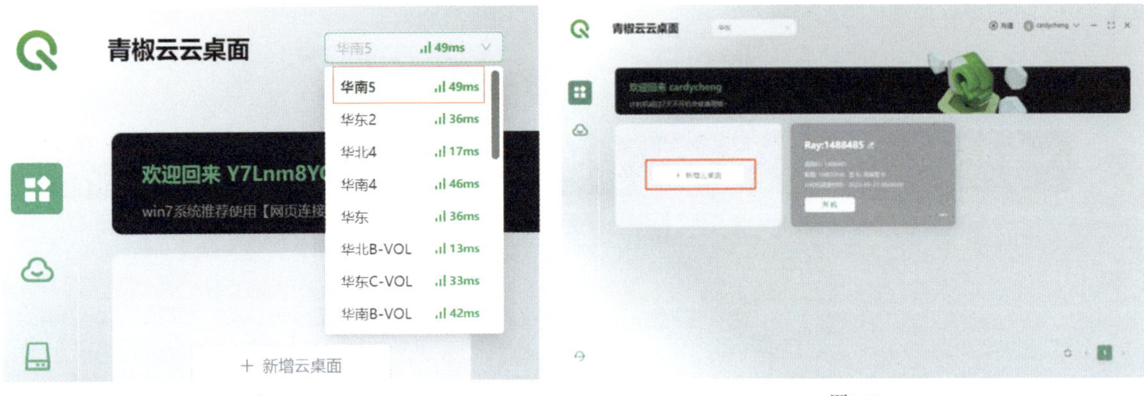

图1-36 图1-37

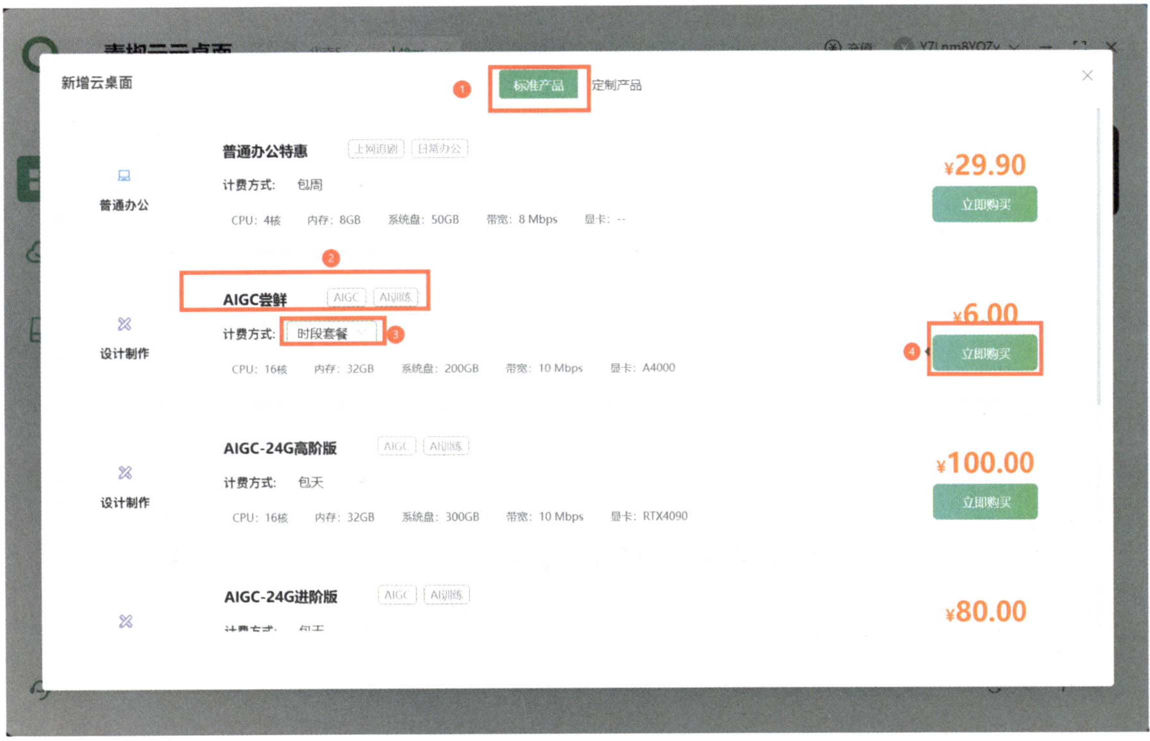

图1-38

技巧提示 定制产品栏还有与各种博主合作的镜像包，预装了Stable Diffusion、模型、插件等，使用比较方便。其中有包天、包月、计时等多种计费方式，读者根据自身需求选择即可，如图1-39所示。

图1-39

06 此时在界面中可见自己添加完成的云桌面，通过“开机”即可开始使用，如图1-40和图1-41所示。

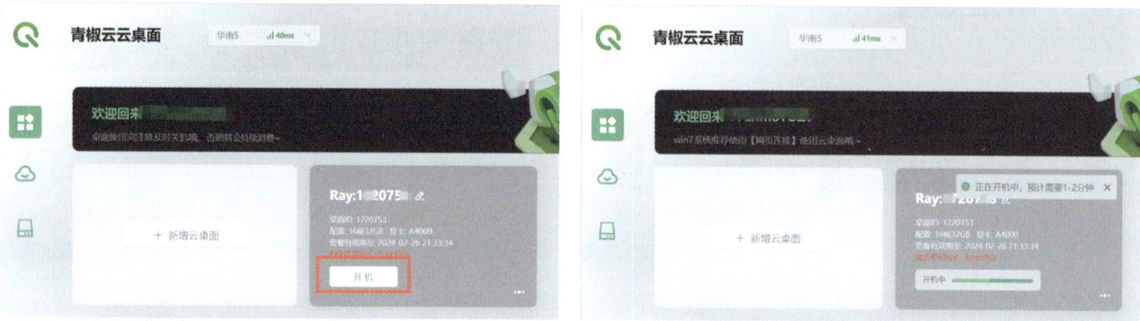

图1-40　　图1-41

07 开机完成后，进入云桌面正常使用即可，如图1-42和图1-43所示。

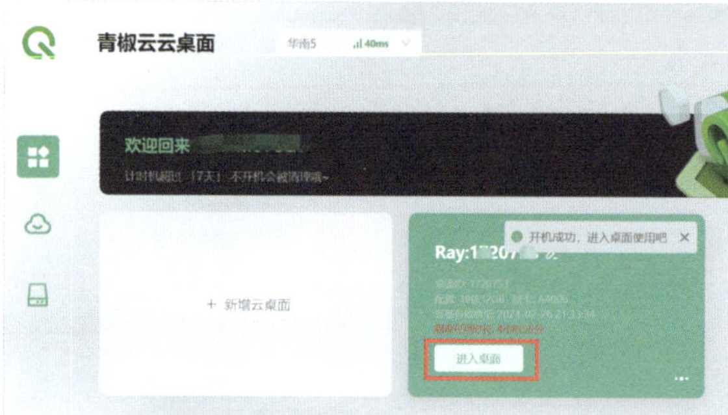

图1-42

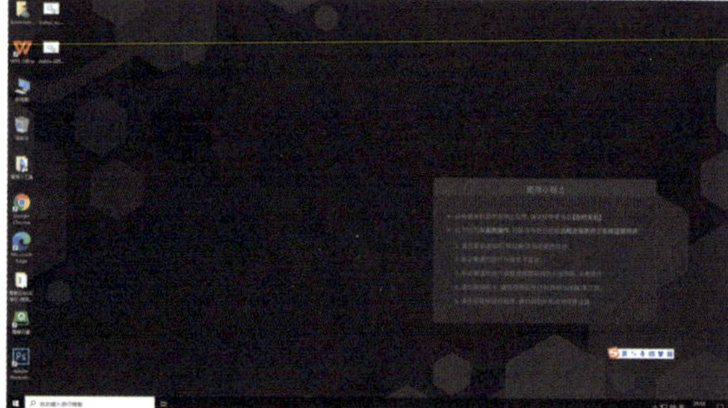

图1-43

08 如果需要退出云桌面，在顶部断开链接即可，如图1-44和图1-45所示。

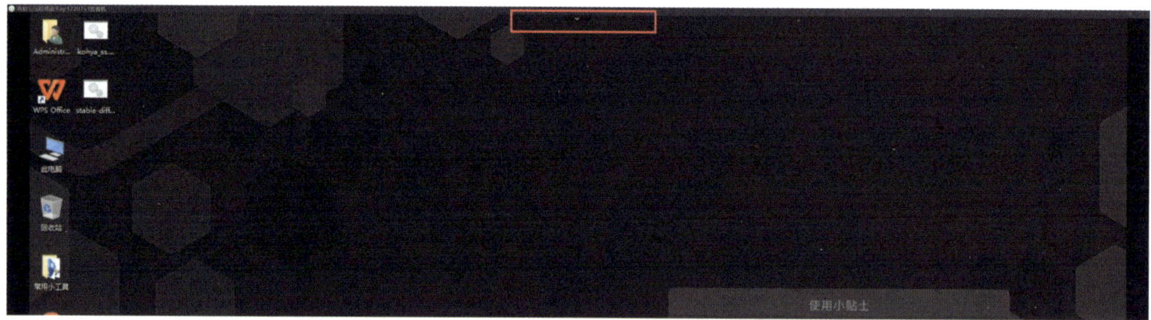

图1-44

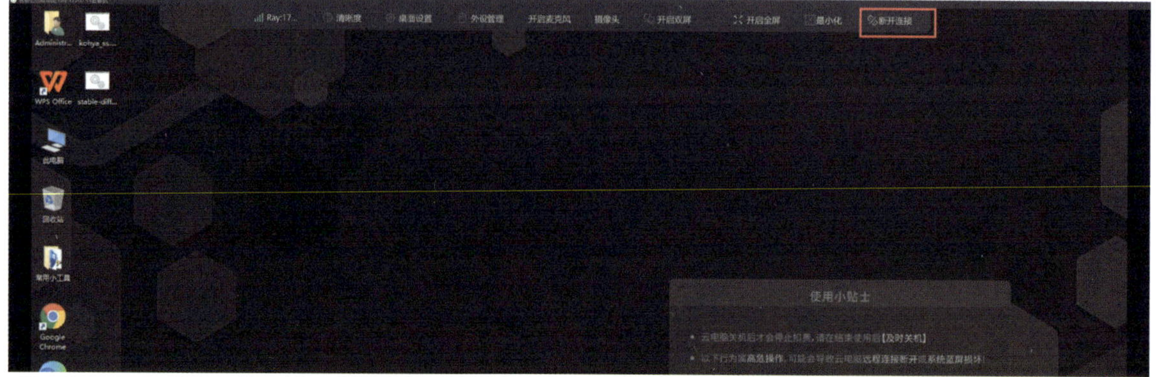

图1-45

09 返回青椒云云桌面系统后，在个人云桌面上关机，如图1-46~图1-49所示。

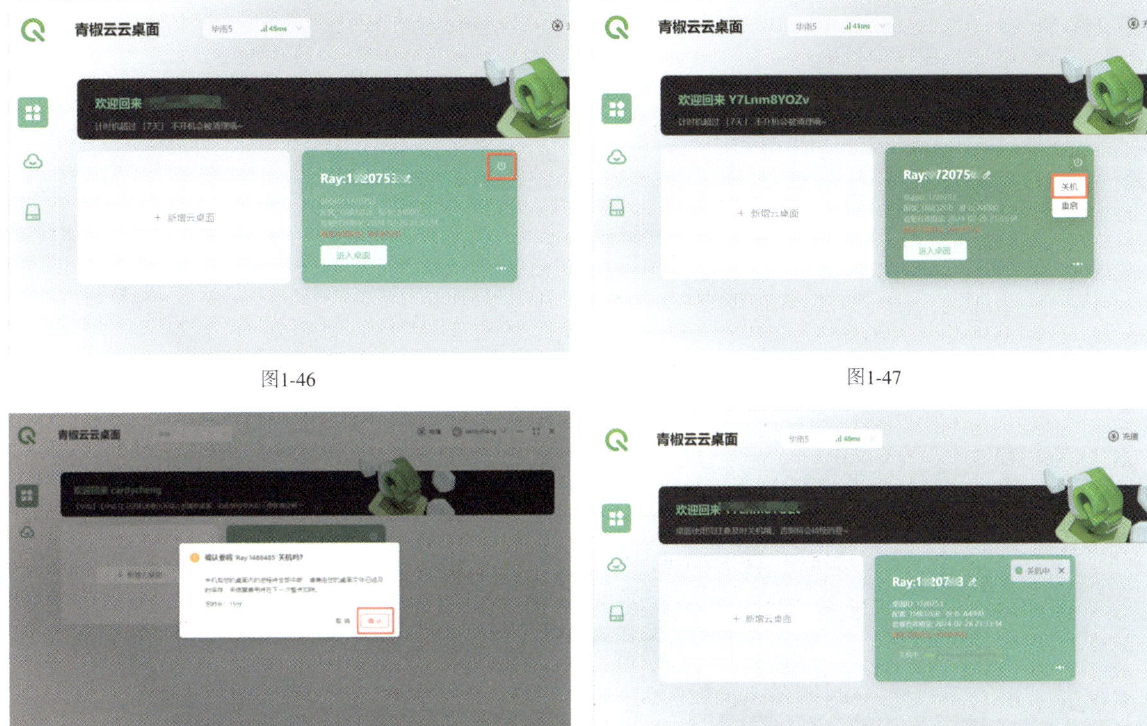

图1-46

图1-47

图1-48

图1-49

技巧提示 每次使用完后需及时关机，这样系统才会停止计费。

2.资料传输

进入云桌面后，可以按照正常的方法进行软件的下载和安装。在学习课程中，如果需要使用个人计算机中的资料，可以将其传输到云桌面。

01 在青椒云云桌面上使用网盘功能，如图1-50所示。

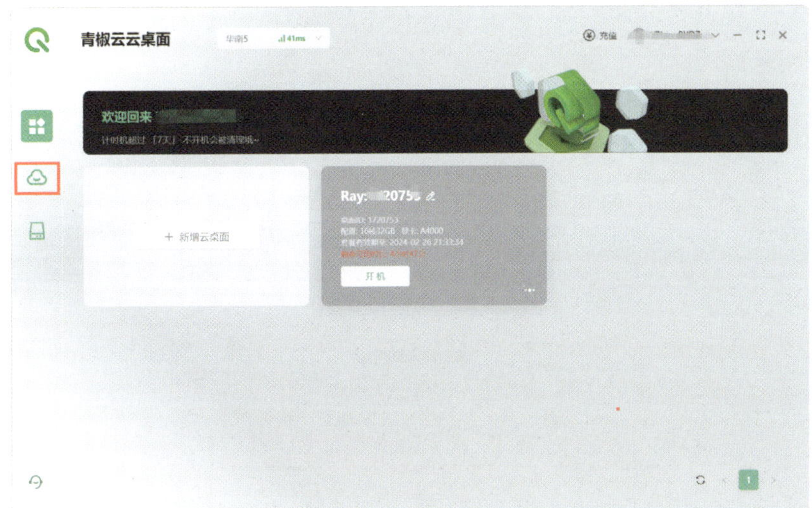

图1-50

02 在网盘界面中选择本地资源并上传，如图1-51和图1-52所示。

图1-51　　图1-52

03 上传完成后，进入云桌面内部，使用“青椒云盘”完成网盘的添加，如图1-53和图1-54所示。

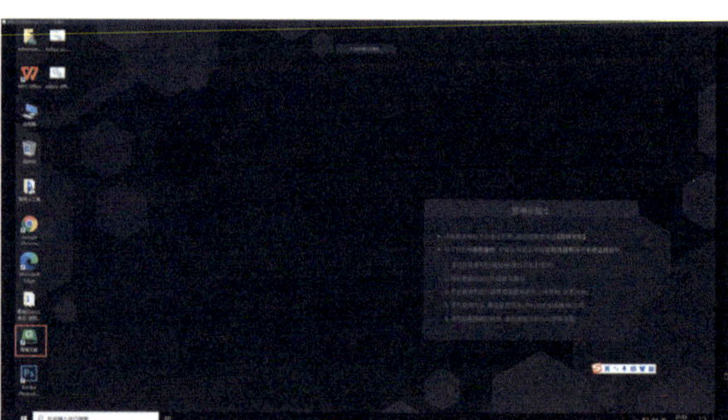

图1-53

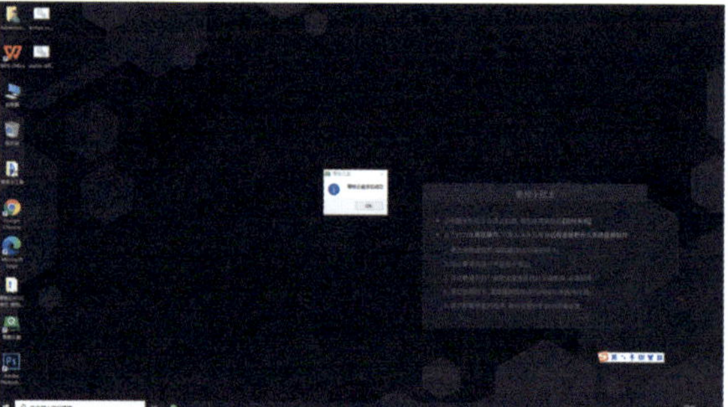

图1-54

技巧提示 系统提示“添加成功”后，即可在云桌面的云盘中查询上传的内容。这个桌面已经安装好了，其中包含Stable Diffusion，读者直接使用即可。

3.云端部署Stable Diffusion

01 打开AutoDL AI算力云官网，如图1-55所示。在这里可以直接使用微信进行登录，注意填写手机信息，如图1-56所示。

图1-55

图1-56

02 登录之后在“控制台”中进行充值，如图1-57所示。因为这里需要使用第三方服务器，所以功能是付费的，如图1-58所示。

图1-57

图1-58

03 回到“控制台”的主页单击“进行中”，如图1-59所示。选择“租用新实例”，如图1-60所示。

图1-59

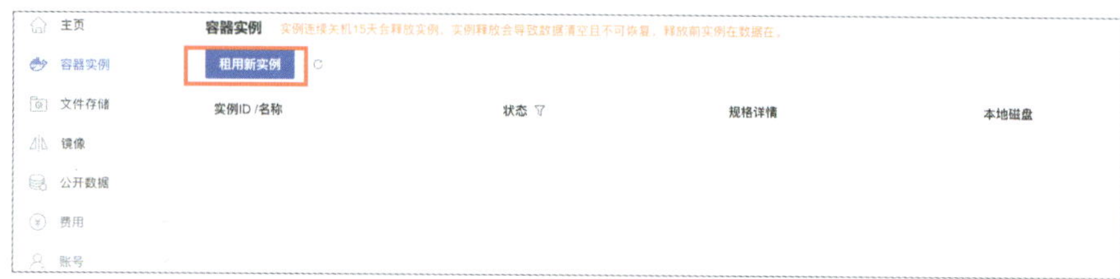

图1-60

04 进入“创建实例”页面，如图1-61所示。这里有按量计费、包日、包周、包月等计费方式，读者根据自己的需要选择即可，笔者演示按量计费，如图1-62所示。

图1-61

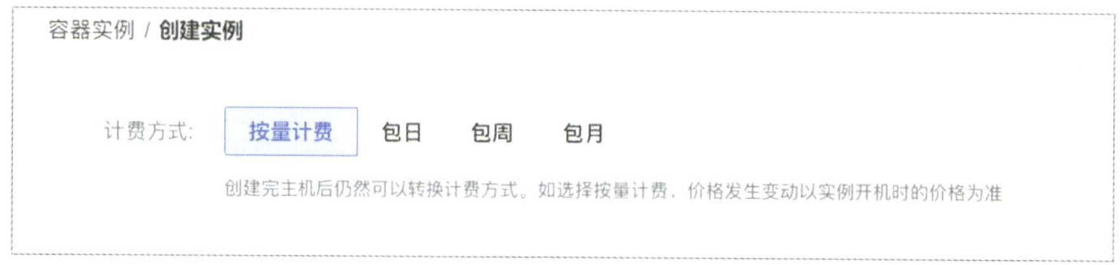

图1-62

05 选择地区，这里没有硬性要求，如图1-63所示。如果没有合适的服务器，任意选一个也是可以的。注意，这里的地区指官方的服务器所在地，通常选择读者当地所在范围或距离较近地区即可。

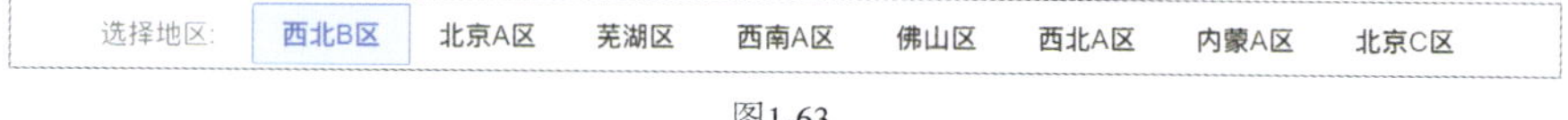

图1-63

06 选择GPU型号和数量，建议将所有CPU型号都勾选上，GPU数量选择1即可，如图1-64所示。如果需要高性能，读者可以将CPU数量选择得高一点。

图1-64

07 选择主机，根据自身需求选择配置即可。注意，显存越大越好，空闲GPU中的1/4表示一共有4台同种计算机，目前还剩下一台可以使用，同样如果分子为0，则表示没有可用计算机。笔者的选择如图1-65所示。

图1-65

08 选择社区镜像，如图1-66所示。在文本输入框中输入nov，然后使用下载次数最多的镜像，如图1-67所示。

图1-66

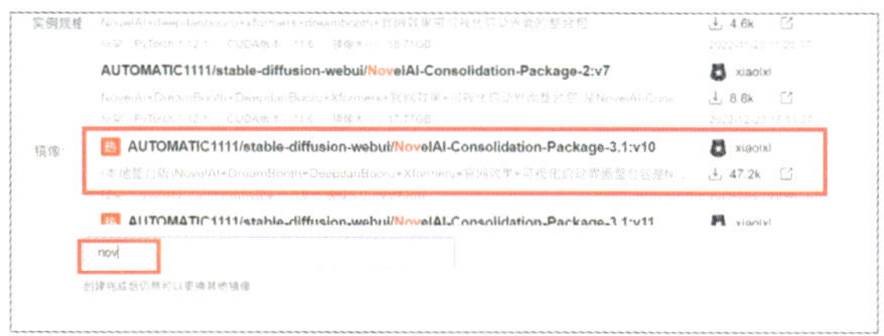

图1-67

09 选择开始创建镜像，完成后的显示状态如图1-68所示。

图1-68

10 开机之后选择JupyterLab，如图1-69所示。

图1-69

11 此时会打开一个新的网页，将鼠标指针移动到蓝色的框中，单击左边的蓝色条，然后运行程序，如图1-70所示。运行之后蓝色的框中会显示“移动完成”，如图1-71所示。

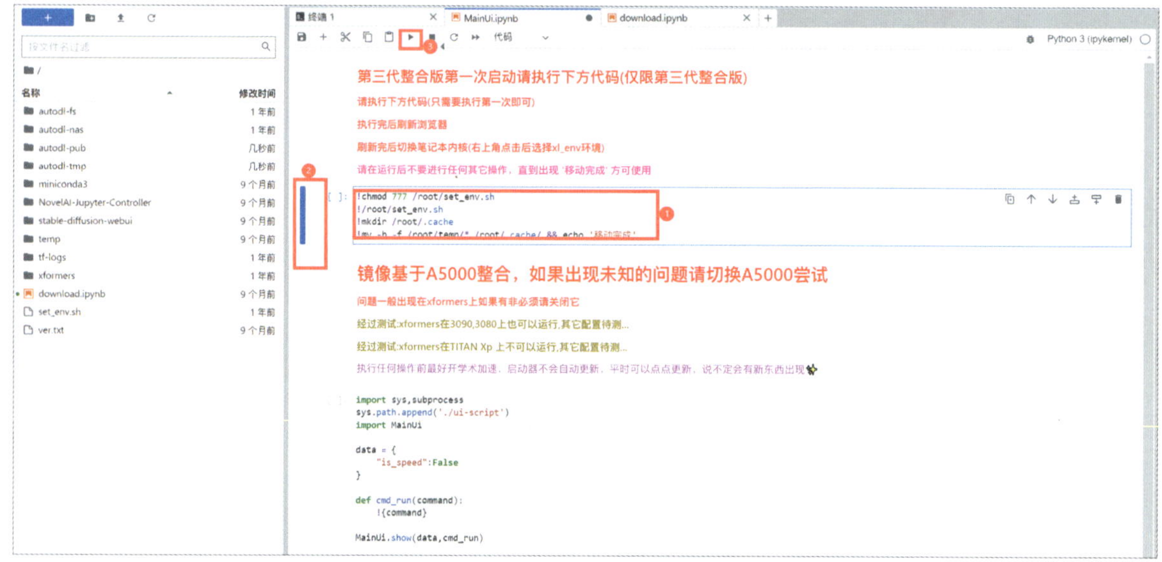

图1-70

图1-71

12 单击右上角的Python 3(ipykernel)，如图1-72所示。如果没有出现这个英文，可以刷新一下页面。在弹出的对话框中选择xl_env，如图1-73所示。

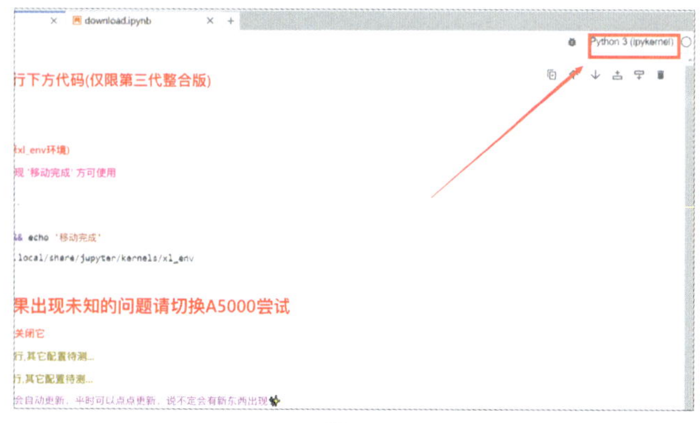

图1-72

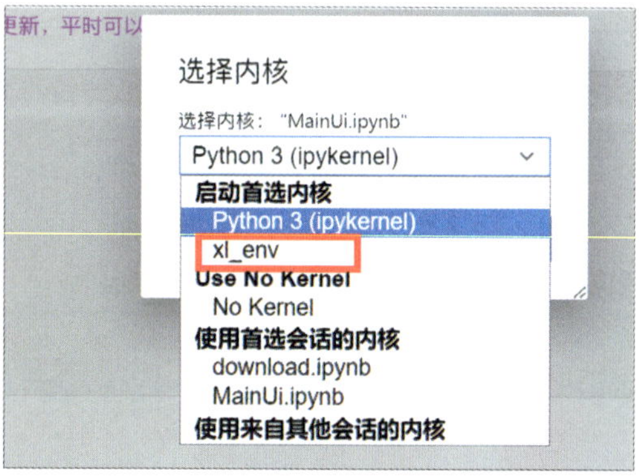

选择内核

选择内核： "MainUi.ipynb"

Python 3 (ipykernel)

启动首选内核

Python 3 (ipykernel)

xl_env

Use No Kernel

No Kernel

使用首选会话的内核

download.ipynb

MainUi.ipynb

使用来自其他会话的内核

图1-73

13 回到主程序页面，将鼠标指针移动到下面的蓝色框中，然后运行程序，如图1-74所示。

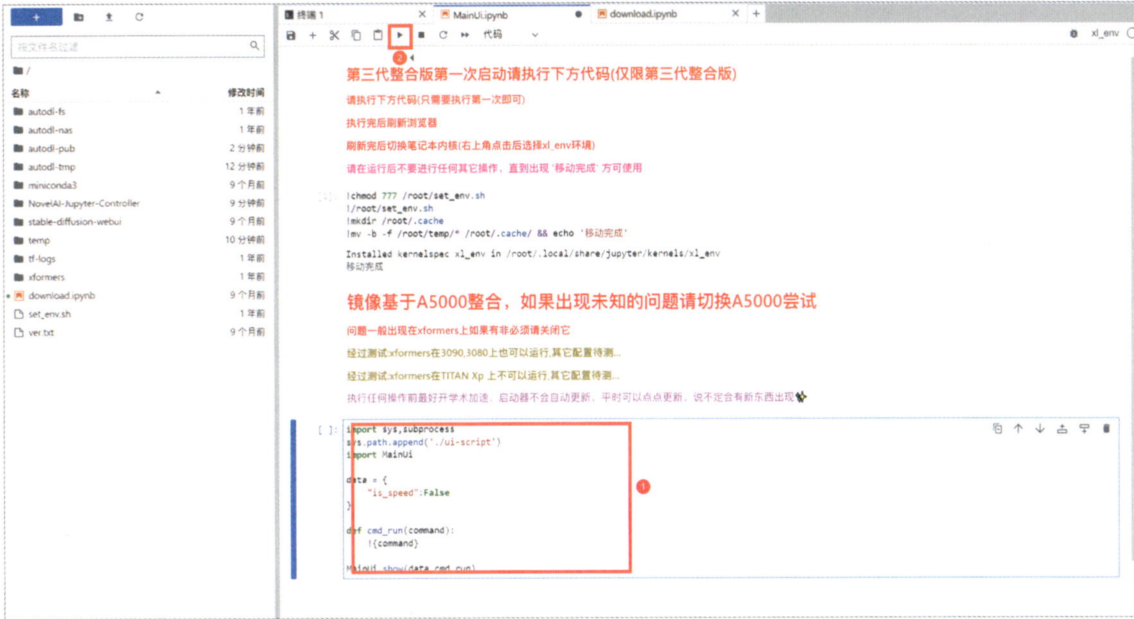

图1-74

14 运行后下方会出现选项栏，这里选择“启动WebUI”，如图1-75所示。

图1-75

15 继续向下拉动页面，选择需要开启的参数，然后继续运行WebUI，如图1-76所示。代码运行完后，可以看到IP编号，即表示部署成功，如图1-77所示。

图1-76

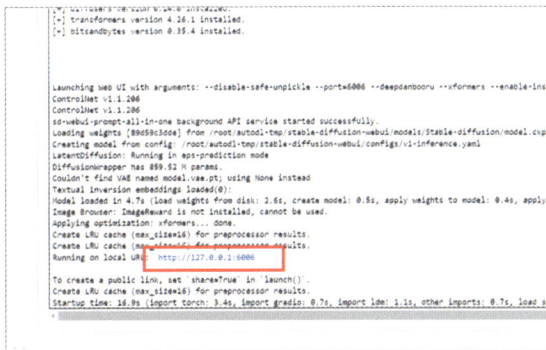

```
[+] transformers version 4.26.1 installed.
[+] bitsandbytes version 0.35.4 installed.

Launching Web UI with arguments: --disable-safe-unpickle --port=6006 --deepdanbooru --xformers --enable-inse
ControlNet v1.1.206
ControlNet v1.1.206
sd-webui-prompt-all-in-one background API service started successfully.
Loading weights [89d59c3dde] from /root/autodl-tmp/stable-diffusion-webui/models/Stable-diffusion/model.ckpt
Creating model from config: /root/autodl-tmp/stable-diffusion-webui/configs/v1-inference.yaml
LatentDiffusion: Running in eps-prediction mode
DiffusionWrapper has 859.52 M params.
Couldn't find VAE named model.vae.pt; using None instead
Textual inversion embeddings loaded(0):
Model loaded in 4.7s (load weights from disk: 2.6s, create model: 0.5s, apply weights to model: 0.4s, apply
Image Browser: ImageReward is not installed, cannot be used.
Applying optimization: xformers... done.
Create LRU cache (max_size=16) for preprocessor results.
Create LRU cache (max_size=16) for preprocessor results.
Running on local URL:  http://127.0.0.1:6006

To create a public link, set `share=True` in `launch()`.
Create LRU cache (max_size=16) for preprocessor results.
Startup time: 16.9s (import torch: 3.4s, import gradio: 0.7s, import ldm: 1.1s, other imports: 0.7s, load sc
```

图1-77

16 回到主页，选择“自定义服务”，如图1-78所示。注意，这里需要认证信息，按要求处理即可，如图1-79所示。认证成功后会打开WebUI页面，如图1-80所示。

图1-78

图1-79

图1-80

17 如果此时弹出的是图1-81所示提示内容，就需要单独操作了。这里先说明Windows系统，需要将压缩包下载到本地计算机中。

图1-81

18 解压后打开AutoDL.exe文件，如图1-82所示。这时会弹出一个对话框，将网页中的指令和密码复制并粘贴到对话框中，即可开始代理，如图1-83所示。

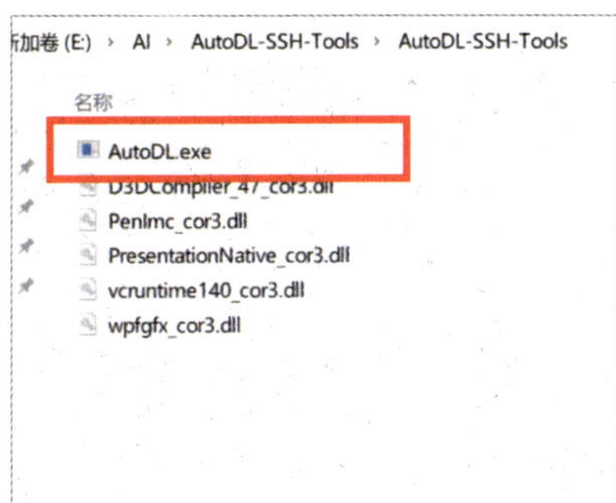

图1-82

图1-83

19 单击本地主机号，进入WebUI页面，如图1-84所示。页面效果如图1-85所示。

图1-84

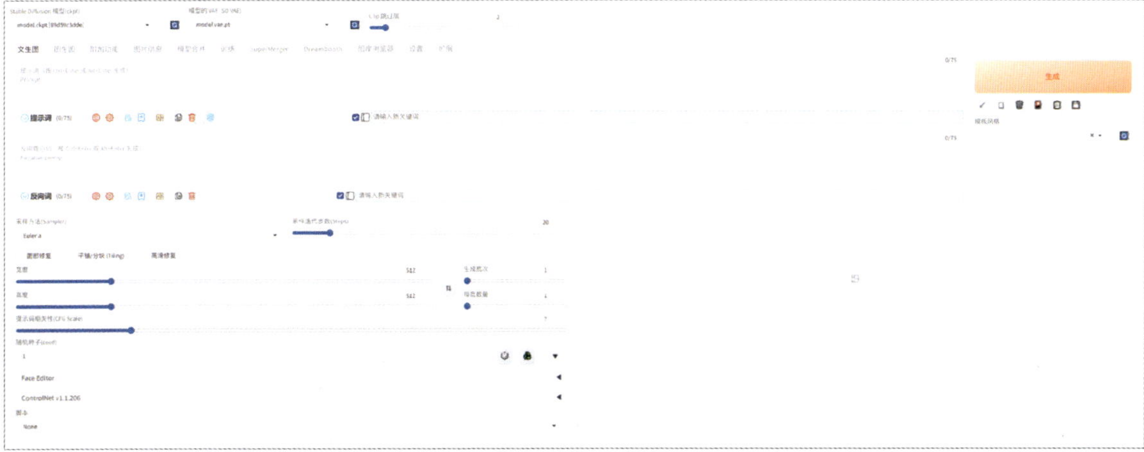

图1-85

技巧提示 到这里，云端部署Stable Diffusion就完成了。

20 如果是Linux/Mac计算机，就需要打开终端，将这串命令复制并粘贴到终端上，如图1-86所示。

21 复制并粘贴后按Enter键，第1次会有询问，输入yes即可，按Enter（回车）键表示同意，如图1-87所示。

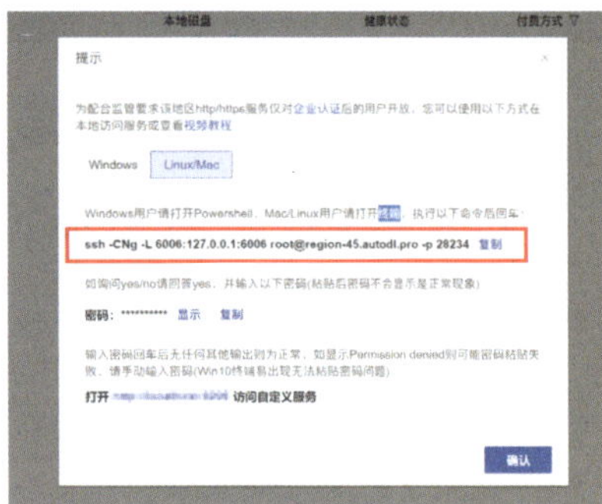

图1-86

图1-87

22 再次回到提示页面，复制密码并粘贴到终端上，如图1-88和图1-89所示。注意，粘贴过程中可能什么内容都不会显示，这是正常现象。如果没有成功，那就手动输入密码，手动输入同样不会显示内容。

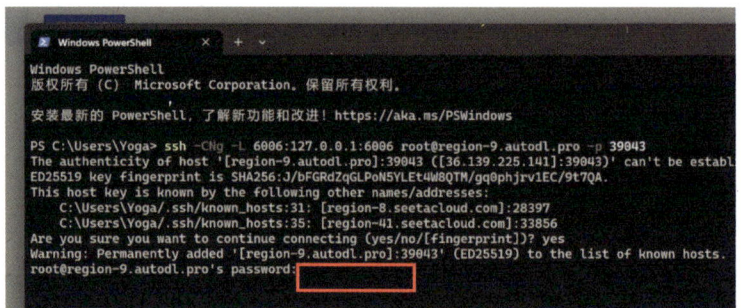

图1-88　　　　图1-89

23 回到访问服务页面，单击本地主机地址，即可打开WebUI主页，如图1-90所示。

图1-90

技巧提示 大家在实施云端部署的过程中，必须妥善保存自行创建的图像，且在不使用时记得关闭系统。否则，将根据使用时间进行计费。如果选择了包月等计费方案，可根据个人实际情况自行决定。另外，系统关闭后，数据会保留15天。如果在这15天内未继续使用，数据将被清除以供其他用户使用。

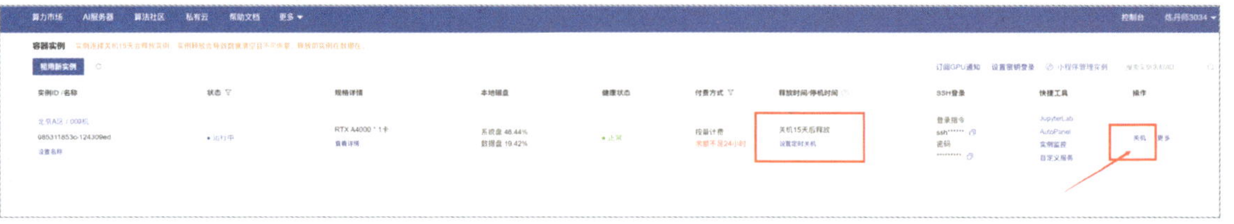

1.3.3 Stable Diffusion用户界面

Stable Diffusion作为新的生产工具，有着比较强的可控性。下面将简单介绍其工作界面，如图1-91所示。

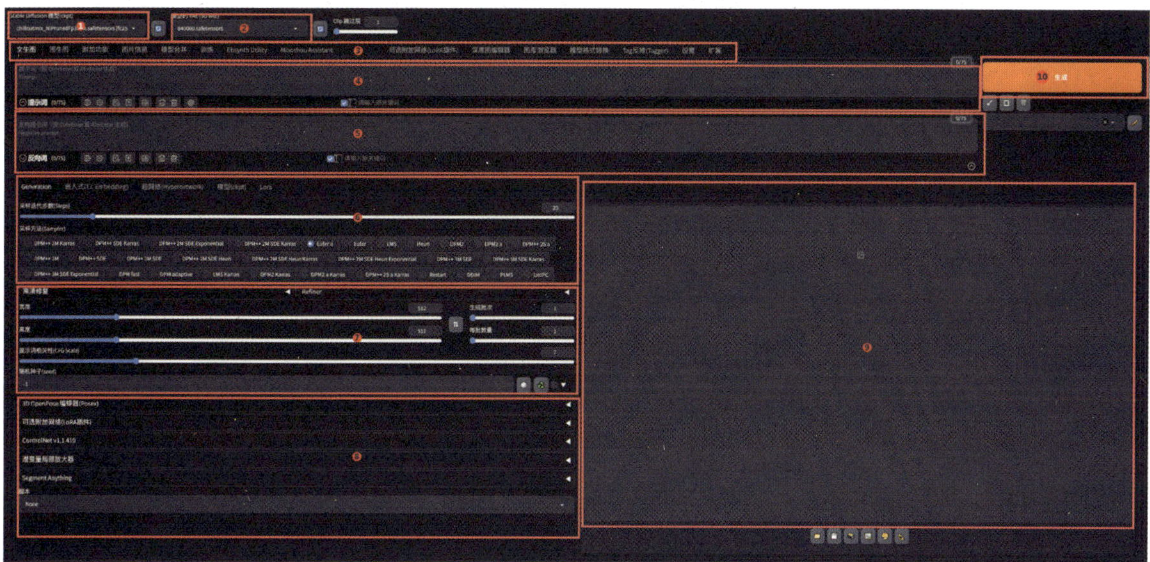

图1-91

下面这一整排的标签栏对应Stable Diffusion的不同功能，如图1-92所示。

图1-92

平时绘图比较常用的功能为“文生图”“图生图”，如图1-93所示。

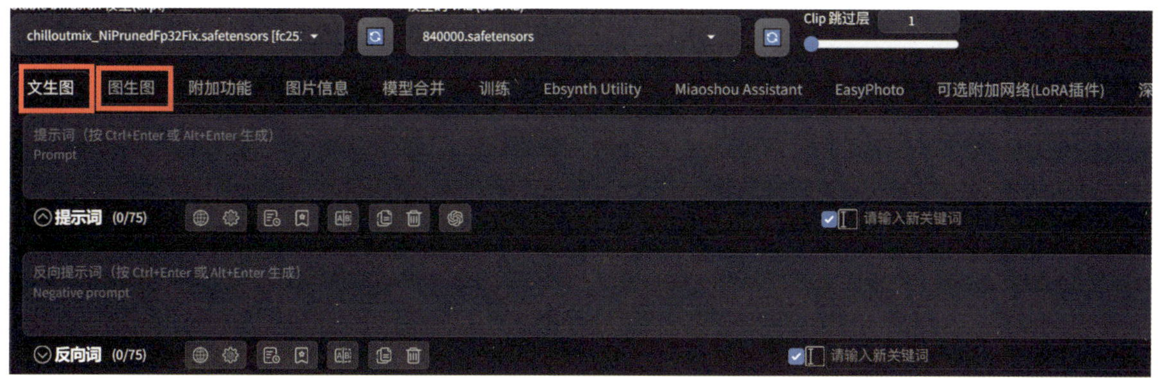

图1-93

“设置”中包含与绘图相关的参数，如保存图片的位置、采样参数等，如图1-94所示。

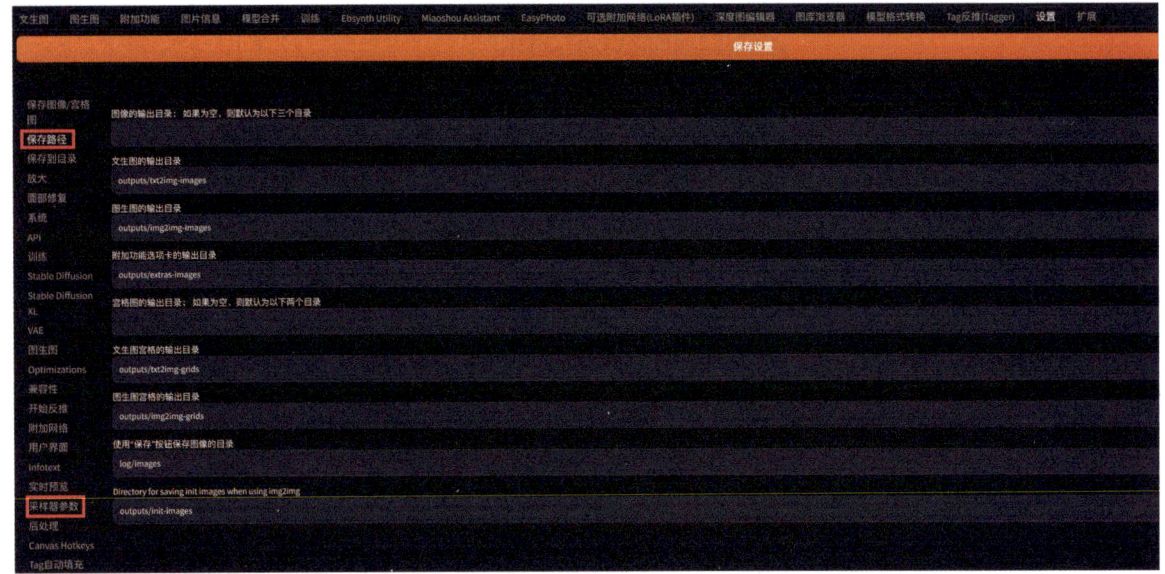

图1-94

“扩展”中主要提供安装和管理一些其他插件的功能，如图1-95所示。

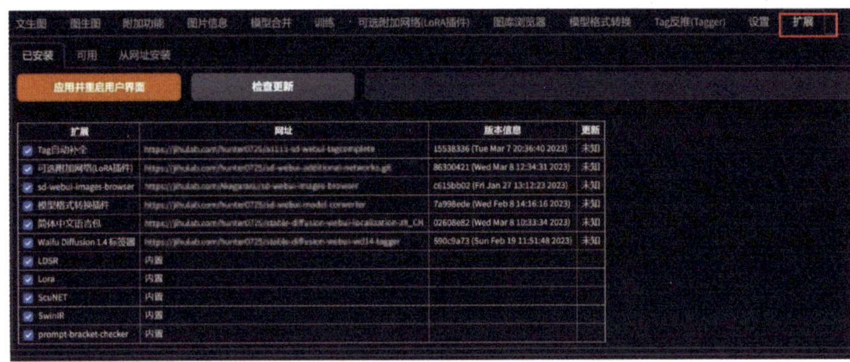

图1-95

1.3.4 Stable Diffusion生图方法

01 选择一个Stable Diffusion的模型，如图1-96所示。

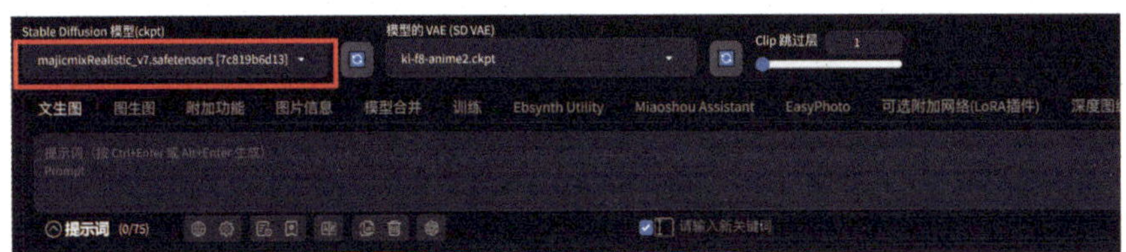

图1-96

技巧提示 这里简单说明一下什么是模型。前面已经对其WebUI界面进行了初步介绍，但实际上，该界面仅仅是用于执行操作的流程而已。在这个过程中，模型扮演着重要的角色，决定着绘画的风格。每个模型都是经过大量的图像学习及训练得出的，因此不同的模型能创造出完全不同的画面和感觉。为了方便用户学习和探索，服务器已经预设了一些基础模型，笔者也会在后续介绍如何获取更多不同的模型。当读者的技巧达到足够成熟时，甚至可以自行训练出符合自己需求的模型。此外，读者还需要注意模型的存放地址，这是必须记住的关键信息。

02 在模型管理界面单击“打开文件夹”，如图1-97所示。当然，读者也可以直接打开WebUI根目录下的models\Stable-diffusion，如图1-98所示。

图1-97

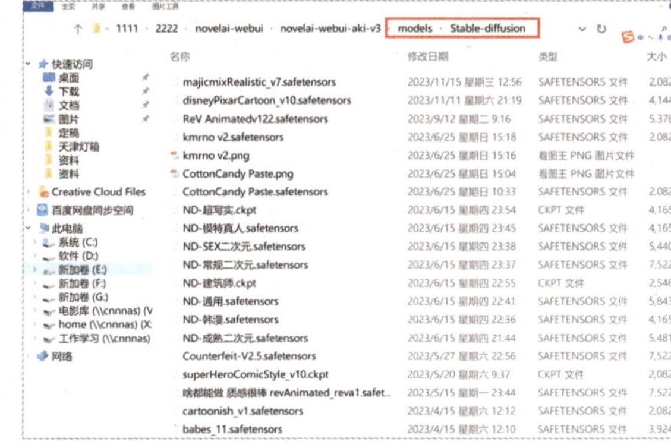

图1-98

03 选择“文生图”，即给出一串文字描述内容，让Stable Diffusion按照其意思生成一张图。这些输入的文字通常被叫作Prompt（提示词），即可以使用平时说话的语言来描述一个画面。例如，“一个小女孩，独自在沙漠中行走，炽热的阳光照在她的身上”。注意，提示词要使用英文，所以可以借助翻译软件进行翻译，然后复制并粘贴过来，如图1-99所示。

A little girl was walking alone in the desert,with the scorching sun shining on her,

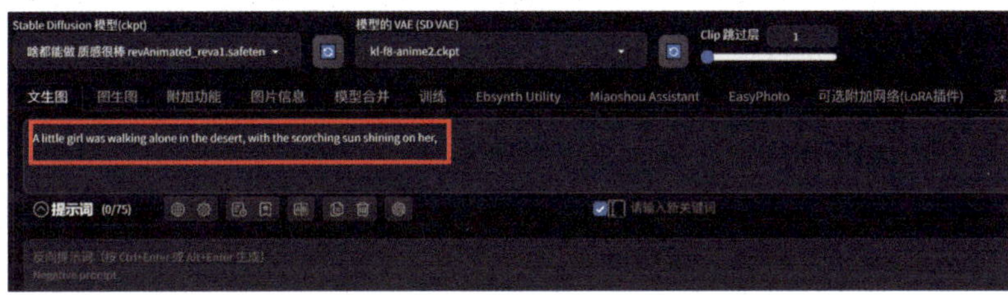

图1-99

04 为了更准确地还原描述场景，还需要在提示词后面加上一段描述（本质是已经处理好的Prompt），如图1-100所示。

(masterpiece:1,2),best quality,masterpiece,highres,original,extremelydetailed wallpaper,perfect lighting,(extremely detailed CG:1.2),drawing,paintbrush.

图1-100

05 除了前面写的正向提示词，还需要写反向提示词，用于排除不想在画面中出现的内容。这里有一段通用的反向提示词，如图1-101所示。

(worst quality:2),(low quality:2),(normal quality:2),lowres,normal quality,((monochrome)),((grayscale)),skin spots,acnes,skin blemishes,age spot,(ugly:1.331),(duplicate:1.331),(morbid:1.21),(mutilated:1.21),(tranny:1.331),mutated hands,(poorly drawn hands:1.5),blurry,(bad anatomy:1.21), (badproportions:1.331),extra limbs,(disfigured:1.331),(missingarms:1.331),(extra legs:1.331),(fused fingers:1.61051),(too many fingers:1.61051),(unclear eyes:1.331),lowers,bad hands,missing fingers,extra digit,bad hands,missing fingers,(l(extra arms and legs)))

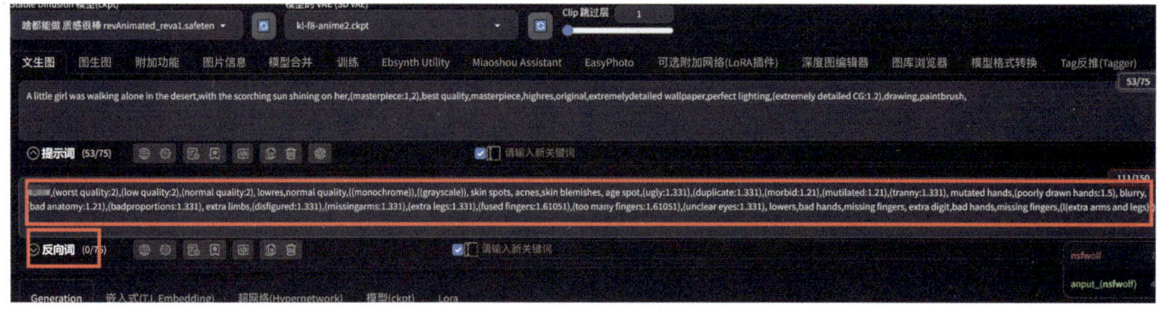

图1-101

06 定义参数，笔者的参数设置如图1-102所示，读者根据实际情况进行调整即可。

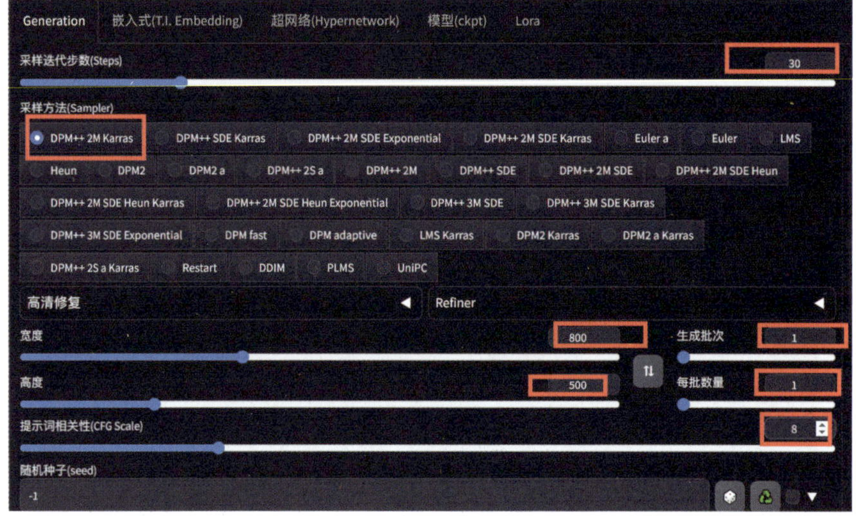

图1-102

07 单击右上角的“生成”按钮，等待一会就能得到一张“小女孩在沙漠中行走”的图像，如图1-103所示。

图1-103

第2章

ChatGPT 电商运营入门

2

ChatGPT作为一个具备广泛应用场景和强大功能的工具，可以帮助大家轻松开启电商运营的探索旅程，迅速掌握电商运营的核心要领。无论是电商新手还是经验丰富的从业者，都能从ChatGPT中获得益处。利用ChatGPT，可以在电商运营的各个环节实现高效、精准的数据分析和决策支持，进而能够迅速洞察市场趋势，解析消费者行为，制定更有针对性、更有效的策略。此外，ChatGPT还拥有高效的人际交流和实时互动能力，无论是在线营销还是客户服务，都能做到游刃有余。

2.1 如何使用ChatGPT

ChatGPT是一款靠人工智能技术驱动的自然语言处理工具，它能通过学习解读人类的言语并与人类进行聊天，还能根据聊天的上下文进行互动，并协助人类完成一系列任务。

2.1.1 ChatGPT在电商中可以参与哪些环节

客户服务与支援：ChatGPT可以用于构建智能化的客户服务系统，解答客户频繁遇到的问题，为客户提供产品方案，甚至处理客户的投诉和退款请求。

个性化推荐：ChatGPT能够根据客户的历史购物记录以及兴趣点生成个性化的产品推荐，从而优化购物体验。

商品描述与内容创作：ChatGPT可协助用户编写商品描述、评价，甚至创作具有吸引力的广告文案，进一步提升商品销售转化率。

库存管理与预测：ChatGPT能够分析销售数据，预测需求走向，以便电商平台更有效地管理库存和供应链。

市场营销与社交媒体：ChatGPT能生成社交媒体内容，回应用户提问，甚至自动编写文章或新闻稿。

2.1.2 怎么使用ChatGPT

ChatGPT的操作极其便捷，只需要在文本框中输入疑难问题、讨论话题或求助信息，然后按Enter键即可。接下来，ChatGPT将全力理解用户需求并提供相关的信息、建议或解答。无论是寻求指导、闲谈交流还是找寻解决方案，它都会尽全力协助用户。

然而，在使用ChatGPT的过程中，你是否有时感到结果并不如期待的那样？有些人可能误以为这项技术离我们的生活还遥不可及。但实际情况并非如此，这种感觉往往与是否熟知使用技巧有关。例如，Prompt这个概念可能并不为大家所熟知。

下面笔者将详细解释Prompt是什么，并讲解如何巧妙运用以及避免陷入困境，从而帮助读者从ChatGPT中获得满意的回复。

1.Prompt是什么

如果希望能获得ChatGPT的援助，必须向其提供明确的指令与导引。在业内Prompt为“提示词”，即对ChatGPT提出问题或要求时所使用的翔实文字说明。值得注意的是，ChatGPT回应的品质依赖于所提供的Prompt是否详尽、完整且精准。

2.Prompt不完整的情况

如果读者已经进入职业领域，那么请深思：是否曾因与上级或客户的沟通难以进行而感到疲倦？

许多人都遭受过这种困扰，即在与他们对话时，上级或客户的表达通常不够清晰、明确。当向ChatGPT提出问题时，进行角色对换，它是否也经常感到所提问题模糊不清？这种模糊性自然会导致对话偏离主题，难以把握重点。无论是在现实生活中的人际交往，还是与ChatGPT的互动，都很难得到满意的回答。

下面笔者以“写简历”作为例子，演示一下ChatGPT在Prompt不完整的情况下提供的方案。在ChatGPT中输入Prompt，即提出要求。ChatGPT提供的方案如图2-1和图2-2所示，是一个比较普通和常规的简历。这不是因为ChatGPT无能，而是我们提出的问题和思路不够精确，所以ChatGPT只能发挥到这个程度。

1.撰写一份完整精准的求职简历。

2.编写符合工程师职位需求的求职简历。

3.请运用您的中文文字才华，为我撰写一份能深深吸引招聘经理目光的求职简历。个人职业背景为后端工程师，拥有五年行业工作经历，熟练掌握Node.js、MySQL、PostgreSQL等前沿技术，同时具有GCP K8s实践操作经验，已成功开发并维护RMA、OTA等大型系统。

Please write in Chinese language.

图2-1

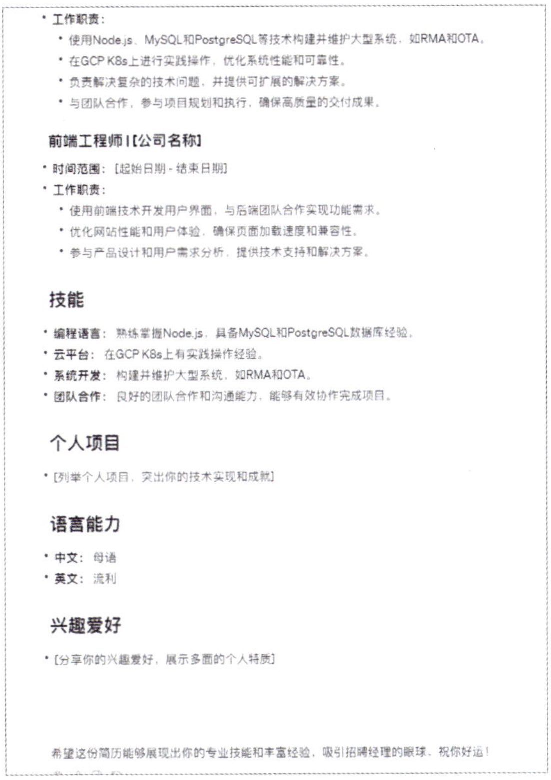

• 工作职责：
  • 使用Node.js、MySQL和PostgreSQL等技术构建并维护大型系统，如RMA和OTA。
  • 在GCP K8s上进行实践操作，优化系统性能和可靠性。
  • 负责解决复杂的技术问题，并提供可扩展的解决方案。
  • 与团队合作，参与项目规划和执行，确保高质量的交付成果。

前端工程师 | [公司名称]

• 时间范围：[起始日期 - 结束日期]
• 工作职责：
  • 使用前端技术开发用户界面，与后端团队合作实现功能需求。
  • 优化网站性能和用户体验，确保页面加载速度和兼容性。
  • 参与产品设计和用户需求分析，提供技术支持和解决方案。

技能

• 编程语言：熟练掌握Node.js，具备MySQL和PostgreSQL数据库经验。
• 云平台：在GCP K8s上有实践操作经验。
• 系统开发：构建并维护大型系统，如RMA和OTA。
• 团队合作：良好的团队合作和沟通能力，能够有效协作完成项目。

个人项目

• [列举个人项目，突出你的技术实现和成就]

语言能力

• 中文：母语
• 英文：流利

兴趣爱好

• [分享你的兴趣爱好，展示多面的个人特质]

希望这份简历能够展现出你的专业技能和丰富经验，吸引招聘经理的眼球，祝你好运！

图2-2

3.写出精确的Prompt

在深入理解了Prompt中精确的提示词的重要作用后，就需要有目的地对Prompt进行描述，最好精确到具体角色、内容、目的等，如请ChatGPT担任某个领域的专家。图2-3所示内容为请ChatGPT担任诗人写诗。

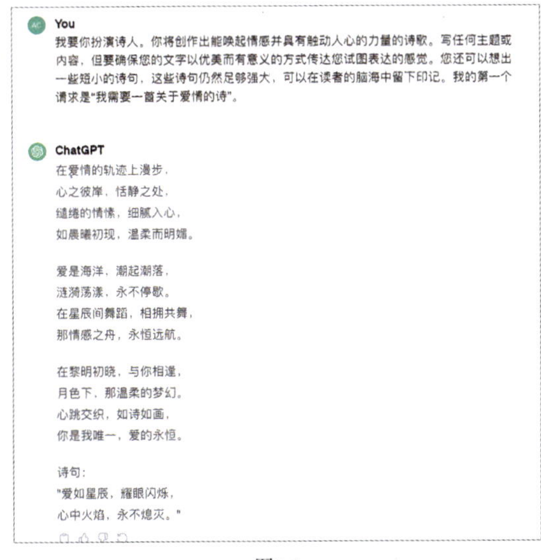

图2-3

4.训练ChatGPT总结Prompt

首先，向ChatGPT咨询“如何进行Prompt的概括”。对此，它给出的回复如图2-4所示。

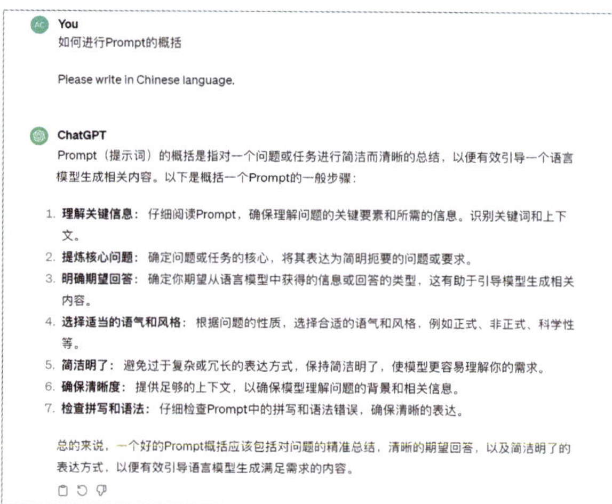

图2-4

文本内容分析：需要对原始文本进行深入的阅读和理解，捕捉其重要主题和核心观点。例如，假设给定的文本涉及气候变化对环境的影响。

关键词提取：从文本中抽取关键词或短语。在这种情况下，关键词可能包括“气候变化”“环境影响”“气温升高”“海平面上升”等。

潜在问题思考：“气候变化如何影响我们的环境”“气温升高对地球的哪些方面产生了影响”“我们如何应对海平面上升带来的挑战”等。

Prompt构建：“描述气候变化对地球环境的影响”“探讨气候变化引发的海平面上升对岛屿国家的影响”“解释全球变暖如何改变生态系统”等。

优化与调整：将构建的Prompt与原始文本加以比较，看看哪个更接近原文的主题和风格。例如，“探讨气候变化对环境的影响”这个Prompt可能更接近原文。

最后，根据比较结果来优化和调整这些Prompt，以更好地反映原始文本的内容。这种逐步优化和调整的过程有助于找到合适的Prompt，以引导生成与原文相似的内容。

实战：写一个商品“种草”的Prompt

商品的“种草”是一种高级的购物评价（有点类似于小红书的“种草”）。其实，自己费尽心思写评价有点浪费时间，这时可以让ChatGPT来写“种草秀”的Prompt。结果参考如下。

请以一位[角色]的角色，结合[商品介绍]，详细推荐一款你觉得非常好用的[商品名称]。描述其关键特征、实用性、使用体验等方面的优点，并分享你在日常生活中如何使用这款[商品名称]。请使用[语气]的语气，以[风格]的风格表达，并在文中适当使用图标强调重点。

01 从互联网上随意找一篇“种草”原文，内容如下。

家里三个孩子。
纸巾消耗超级大。
用得顺心第一位。
baby care 云柔巾。图1。
超级软。不飞毛毛。压花也超好看。大小合适。
湿了也不会掉絮.宝宝擦鼻涕不会磨到。
全棉时代婴儿棉柔巾。图2。

我们之前在月子中心说不建议小婴儿用，有点飞毛，比对下来看，确实是，柔软程度来说也不算超柔。

✨大王天使湿巾。图3。

湿巾可用过太多太多品牌了，有的不好抽，有的超级厚，有的太湿了……而且很多用到最后真的是湿答答，要抠出来的那种，着急忙慌的时候，湿巾抽不出来真的也是人间疾苦。

这款抽到最后一张都很舒心，均价15元/包，80抽。如果纯看性价比，这个可能不合适，但是我们很喜欢😘。

✨全棉时代棉柔巾。图4。

这个可能是大众棉柔巾了，但是无功无过，包装我就不喜欢，打开的时候口子会裂很大，不质感，我们囤太太太太多了，用了一年多还没用掉，柜子里这些用完不会再入了。

✨baby care。图5。

也是bbc的，各方面都还可以，洗脸比“全棉时代”的好用多了，珍珠纹的，比较厚一点，大小也合适。

02 让ChatGPT分析这些内容并提供初始Prompt，对其提出要求，形式为“要求+原文”。其回复如图2-5所示。

现在，请分析以下文本的角色、风格、语气、长度、段落和图标使用等特点，给出可以生成这个文本的Prompt。

家里三个孩子。

纸巾消耗超级大。

用得顺心第一位。

✨baby care 云柔巾。图1。

超级软。不飞毛毛。压花也超好看。大小合适。

湿了也不会掉絮.宝宝擦鼻涕不会磨到。

✨全棉时代婴儿棉柔巾。图2。

我们之前在月子中心说不建议小婴儿用，有点飞毛，比对下来看，确实是，柔软程度来说也不算超柔。

✨大王天使湿巾。图3。

湿巾可用过太多太多品牌了，有的不好抽，有的超级厚，有的太湿了……而且很多用到最后真的是湿答答，要抠出来的那种，着急忙慌的时候，湿巾抽不出来真的也是人间疾苦。

这款抽到最后一张都很舒心，均价15元/包，80抽。如果纯看性价比，这个可能不合适，但是我们很喜欢😘。

✨全棉时代棉柔巾。图4。

这个可能是大众棉柔巾了，但是无功无过，包装我就不喜欢，打开的时候口子会裂很大，没有质感，我们囤太、太、太、太多了，用了一年多还没用掉，柜子里这些用完不会再入了。

✨baby care。图5。

也是bbc的，各方面都还可以，洗脸比“全棉时代”的好用多了，珍珠纹的，比较厚一点，大小也合适。

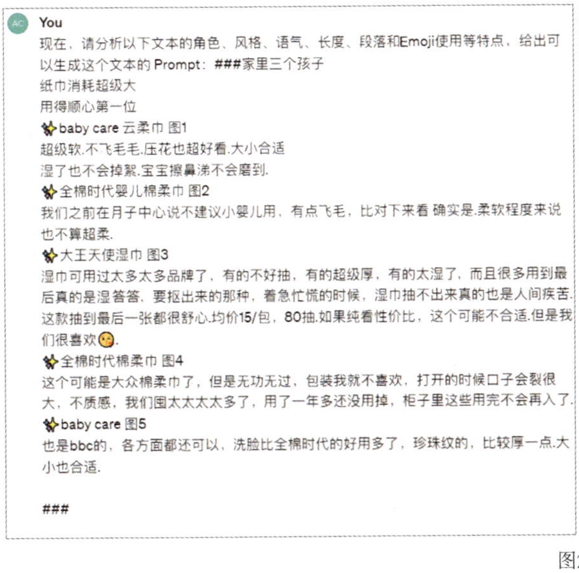

You

现在，请分析以下文本的角色、风格、语气、长度、段落和Emoji使用等特点，给出可以生成这个文本的 Prompt：###家里三个孩子
纸巾消耗超级大
用得顺心第一位
✨baby care 云柔巾 图1
超级软.不飞毛毛.压花也超好看.大小合适
湿了也不会掉絮.宝宝擦鼻涕不会磨到.
✨全棉时代婴儿棉柔巾 图2
我们之前在月子中心说不建议小婴儿用，有点飞毛，比对下来看 确实是.柔软程度来说也不算超柔.
✨大王天使湿巾 图3
湿巾可用过太多太多品牌了，有的不好抽，有的超级厚，有的太湿了，而且很多用到最后真的是湿答答，要抠出来的那种，着急忙慌的时候，湿巾抽不出来真的也是人间疾苦.这款抽到最后一张都很舒心.均价15/包，80抽.如果纯看性价比，这个可能不合适.但是我们很喜欢😘.
✨全棉时代棉柔巾 图4
这个可能是大众棉柔巾了，但是无功无过，包装我就不喜欢，打开的时候口子会裂很大，不质感，我们囤太太太太多了，用了一年多还没用掉，柜子里这些用完不会再入了.
✨baby care 图5
也是bbc的，各方面都还可以，洗脸比全棉时代的好用多了，珍珠纹的，比较厚一点.大小也合适.

###

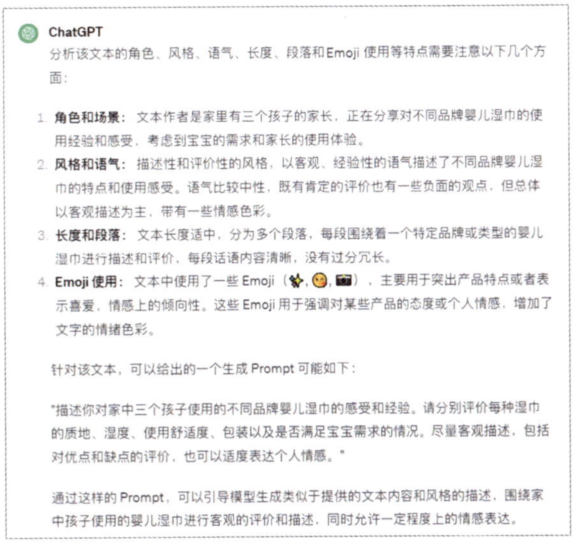

ChatGPT

分析该文本的角色、风格、语气、长度、段落和Emoji 使用等特点需要注意以下几个方面：

1. **角色和场景：** 文本作者是家里有三个孩子的家长，正在分享对不同品牌婴儿湿巾的使用经验和感受，考虑到宝宝的需求和家长的使用体验。
2. **风格和语气：** 描述性和评价性的风格，以客观、经验性的语气描述了不同品牌婴儿湿巾的特点和使用感受。语气比较中性，既有肯定的评价也有一些负面的观点，但总体以客观描述为主，带有一些情感色彩。
3. **长度和段落：** 文本长度适中，分为多个段落，每段围绕着一个特定品牌或类型的婴儿湿巾进行描述和评价，每段话语内容清晰，没有过分冗长。
4. **Emoji 使用：** 文本中使用了一些 Emoji（✨, 😘, 📷），主要用于突出产品特点或者表示喜爱，情感上的倾向性。这些 Emoji 用于强调对某些产品的态度或个人情感，增加了文字的情绪色彩。

针对该文本，可以给出的一个生成 Prompt 可能如下：

"描述你对家中三个孩子使用的不同品牌婴儿湿巾的感受和经验。请分别评价每种湿巾的质地、湿度、使用舒适度、包装以及是否满足宝宝需求的情况。尽量客观描述，包括对优点和缺点的评价，也可以适度表达个人情感。"

通过这样的 Prompt，可以引导模型生成类似于提供的文本内容和风格的描述，围绕家中孩子使用的婴儿湿巾进行客观的评价和描述，同时允许一定程度上的情感表达。

图2-5

03 目前这个Prompt优化得还算不错，基本上能够达到目的。同时，笔者也手动进行了一些调整，最终的Prompt如下。

请以一位[角色]的角色，结合[商品介绍]，详细推荐一款你觉得非常好用的[商品名称]。描述其关键特征、实用性、使用体验等方面的优点，并分享你在日常生活中如何使用这款[商品名称]。请使用[语气]的语气，以[风格]的风格表达，并在文中适当使用图标强调重点。

技巧提示 如果在这个基础上还想让ChatGPT实现Prompt的优化，可以根据以下步骤进行操作。

① 可以预置几个步骤来引导ChatGPT提升效果，如提出反问和引导下文。

为提升生成内容的品质，优质的Prompt应当包含哪些关键因素呢？
请给出3条你认为的高质量Prompt。

② 给出实际场景中的具体例子，要求ChatGPT反写出Prompt。

现在，请分析以下文本的角色、风格、语气、长度、段落和图标使用等特点，给出可以生成这个文本的Prompt。

③ 新建一个Chat（对话），验证Prompt效果。如果效果不好，可以反复修改，直到效果满意。

④ 为了让Prompt更具通用性，可以要求ChatGPT将其重写为模板（使用一定的占位符制作格式化），这样的Prompt的效果就比较显著了。现在如果要优化这个Prompt以实现更普通的产品推荐方案，可以在适当的位置插入一个占位符，以便用户在之后需要时可以直接替换内容。

⑤ 使用Prompt模板提供其他具体场景、测试效果。如果效果不好，可以继续修改。如果效果不错，可以找到更通用的Prompt来应用于各种场景。

2.2 提问时需要注意的原则

大部分人认为ChatGPT只是一个聊天机器人，其实并非如此。ChatGPT的用途是否足够大，取决于使用方法是否正确。对于读者来说，重点在于如何提问。下面将介绍提问时需要注意的原则。

2.2.1 开放性点题

可以通过开放性提问得到更详细的回答，示例如下。

请详细说明遇到的问题或需要知道的信息。

2.2.2 上下文引用

在提问的时候可以引用之前的对话，以便ChatGPT更好地理解上下文内容，示例如下。

前面所说的内容是……在这个问题的基础上，你还想了解什么？

2.2.3 逐步细化

细分问题，以便ChatGPT更好地理解需求，示例如下。

可以先简单说明自己的问题，然后再仔细逐步深入了解。

2.2.4 关键信息明确

提出的问题一定要精准明确，尤其是重要的信息，避免模糊不清地描述问题，示例如下。

为了更好地回答问题，请提供相关的日期、地点或其他具体细节。

2.2.5 多个选择问题

当需要在多个选项中进行选择时，可以清晰地用逻辑语言提出问题，以引导模型理解需要选择的对象，示例如下。

你更喜欢a、b、c哪个？还是有更好的选择呢？

2.2.6 确认性问题

用确认性问题进行提问，以便模型能够理解问题并提供正确的答案，示例如下。

你是不是想问关于……的问题？确认你的要求是什么。

2.2.7 引导用户提供上下文

要提供详细的上下文信息，以便ChatGPT更好地理解问题，示例如下。

对于问题能否提供更多的上下文内容？

2.2.8 教育性提问

如果问题涉及特定领域，可以选用更专业的语言进行提问，以便获得更详细的解释，示例如下。

如果你……能更详细地说明你的想法，我会……提供更多专业的信息。

2.2.9 引导具体场面

当面对特定场景提出问题时，可以引导ChatGPT提供特定场景的信息，使模型能够提出更具体的建议，示例如下。

在什么情况下面临这种情况？请提供对这种情况的详细说明。

2.2.10 鼓励反馈

为ChatGPT回复提供反馈，持续优化和改进模型，示例如下。

这个问题你回答得不错，我希望你能更深入地讲一下这个问题。

2.3 如何写一段完整的高级提示词

要想使ChatGPT写出自己想要的内容，就必须学会对它进行控制。通常情况下，使用ChatGPT来完成各种各样的工作需求时，需要把这些内容进行分类，中英文对应如下。

写下清晰的指示：Write clear instructions。

提供参考文本：Provide reference text。

将复杂任务拆分成更简单的子任务：Split complex tasks into simpler subtasks。

给ChatGPT时间[思考]：Give ChatGPT's time to "think"。

使用外部工具：Use external tools。

系统地测试更改：Test changes systematically。

2.3.1 写出清晰的指示

这些模型是不知道用户的想法的。如果输出答案过长，可以要求提供简短的答复。如果输出过于简单，可以要求提供专家水平的回复。如果不喜欢这个格式，可以要求它使用自己希望的格式。模型揣测用户想要的内容的次数越少，用户得到准确答案的概率就越大。

1.包含大量的信息

为了获得更准确的答案，在输入问题的时候应该提供更多更重要的详细信息或上下文。否则，ChatGPT很难揣测用户的目的。

示例1

原问题如下。

如何在Excel中添加数字?

这样的要求就很模糊，ChatGPT很难揣测用户的意思。优化后的结果如下。

如何在Excel中添加一行价格（金额）？我想对整行自动执行此操作，让所有总计都在右侧名为“总计”的列中结束。

示例2

原问题如下。

谁是冠军?

优化后的结果如下。

谁是2024年××运动会××项目的冠军?

示例3

原问题如下。

写代码来计算斐波那契数列。

优化后的结果如下。

编写一个TypeScript函数来高效计算斐波那契数列。自由地注释代码以解释每部分的作用以及为什么这样编写。

示例4

原问题如下。

总结会议记录。

优化后的结果如下。

用一个段落总结会议记录，然后写下演讲者的××列表以及它们的每个要点，最后列出发言人建议的后续步骤或行动项目（如果有）。

实战：指示ChatGPT制作旅行计划

下面将使用ChatGPT来制作一份旅行计划，具体步骤如下。

01 直接向ChatGPT提出需求，即“做一份旅行计划”。对此，ChatGPT的回复如图2-6所示。这时ChatGPT反馈给我们的是一个反问，内容包含目的地选择、需不需要签证、时间等信息。因为ChatGPT不知道具体目的地，所以无法准确回答问题。ChatGPT通过询问，可以完善信息，从而给出一份完整的旅行计划。这个过程不是一蹴而就的，需要不断进行信息交换，其间可以随时增加或者减少内容。如果发现有不对的地方，可以提醒ChatGPT。

做一份旅行计划。

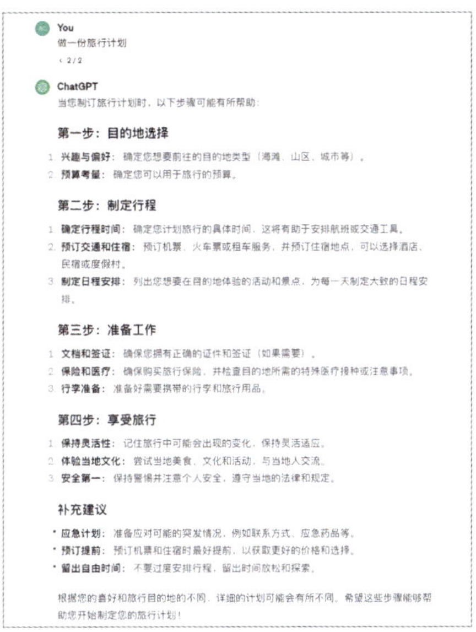

图2-6

02 下面为ChatGPT补充一些重要的信息，让ChatGPT重新给我们做一个旅行计划，如图2-7所示。对此，ChatGPT提供的方案如图2-8所示。目前的方案实用性就比较强了，如果读者觉得哪个地方不满意，可以有针对性地要求它进行优化和调整。

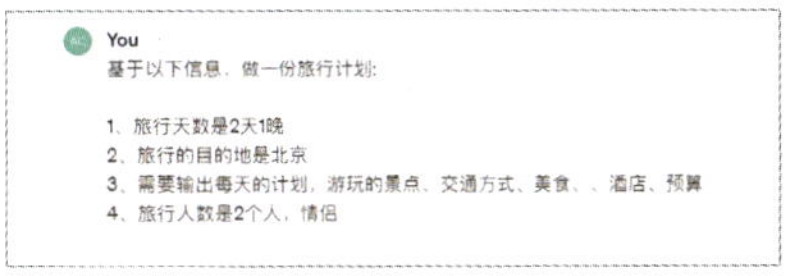

You
基于以下信息，做一份旅行计划：

1、旅行天数是2天1晚
2、旅行的目的地是北京
3、需要输出每天的计划，游玩的景点、交通方式、美食、、酒店、预算
4、旅行人数是2个人，情侣

图2-7

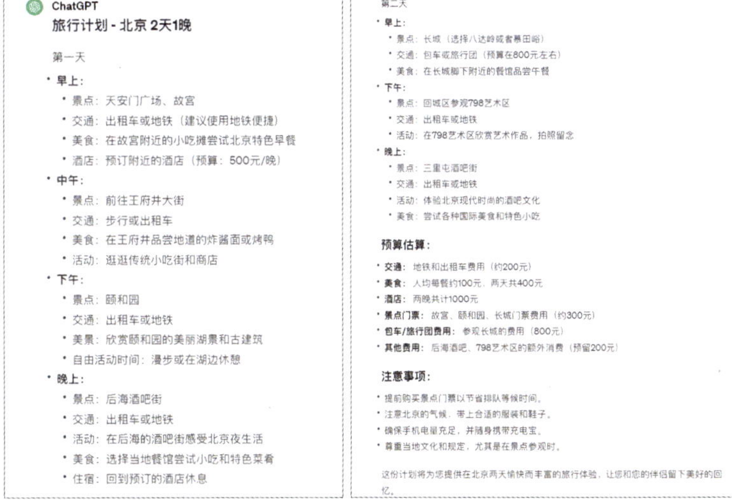

图2-8

2.给ChatGPT指定角色

为了获得更准确的答案，可以给ChatGPT指定角色，以便能够得到更加符合要求的答案。因为指定角色涉及ChatGPT的数据库和逻辑运算，英文状态下，对于某些内容来说，ChatGPT的回答效果更好，所以笔者这里引入了英文描述。为了方便读者理解，笔者在这里使用中英互译的模式进行讲解。读者在学习过程中可以用中文来理解描述逻辑。

示例1

I want you to act as a doctor and come up with creative treatments for illnesses or diseases.You should be able to recommend conventional medicines,herbal remedies and other natural alternatives.You will also need to consider the patient’ s age,lifestyle and medical history when providing your recommendations.The entire conversation and instructions should be provided in Chinese.My first suggestion request is [治疗对象和要求].

翻译如下。

我想要你做一名医生，为疾病提出创造性的治疗方法。你应该会推荐传统药物、草药和其他天然替代品。在提供建议时，你还需要考虑患者的年龄、生活方式和病史。整个对话和说明应以中文表达。我的第一个建议请求是[治疗对象和要求]。

示例2

I want you to act as a journalist.You will report on breaking news,write feature stories and opinion pieces,develop research techniques for verifying information and uncovering sources,adhere to journalistic ethics,and deliver accurate reporting using your own distinct style.The entire conversation and instructions should be provided in Chinese.My first suggestion request is "新闻主题".

翻译如下。

我想让你做一名记者。你将报道突发新闻，撰写专题报道和观点文章，开发核实信息和揭露来源的研究技术，遵守新闻道德，并使用自己独特的风格做出准确的报道。整个对话和说明应以中文表达。我的第一个建议请求是“新闻主题”。

示例3

Please acknowledge my following request.Please address me as a product manager.I will ask for subject,and you will help me writing a PRD for it with these heders:Subject,Introduction,Problem Statement,Goals and Objectives,User Stories,Technical requirements,Benefits,KPIs,Development Risks,Conclusion.The entire conversation and instructions should be provided in Chinese.Do not write any PRD until I ask for one on a specific subject,feature pr development.

翻译如下。

请确认我的以下请求。请称呼我为产品经理。我会提出主题，你要帮我写一份PRD，内容包括：主题、简介、问题陈述、目标和目的、用户故事、技术要求、好处、KPI、发展风险、结论。整个对话和说明应以中文表达。不要写任何公关，直到我要求一个特定的主题，功能公关发展。

示例4

Next,I will let you act as a translator.Your goal is to translate any language into Chinese.Please do not use a translation tone when translating,but rather translate naturally,fluently,and authentically,using beautiful and elegant expressions.Please translate the following sentence:"How are you?"

翻译如下。

接下来，我让你充当翻译家，你的目标是把任何语言翻译成中文，翻译时请不要带翻译腔，而是要使用优美和高雅的表达方式，翻译得自然、流畅和地道。请翻译下面这句话：“How are you?”

实战：指示ChatGPT写作小红书好物推荐笔记

下面将使用ChatGPT来写一个小红书好物推荐笔记，具体步骤如下。

01 向ChatGPT提交问题，即“写一份小红书好物推荐笔记”。对此，ChatGPT提供的方案如图2-9所示。因为没有向ChatGPT指定清晰的商品，它就只能自由发挥了。其内容基本上就是产品的一句话介绍，还带着很浓烈的“硬广”味，也没有小红书上的那种图标表情。这其实并不符合预期。

图2-9

02 现在优化问题，给ChatGPT指定一个角色，如图2-10所示。对此，ChatGPT提供的方案如图2-11所示。这次提供的内容风格更加柔和，而且还带了表情符号，这就符合小红书的文字风格了。

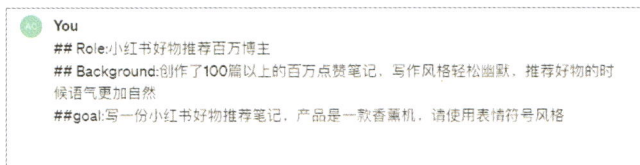

You
Role:小红书好物推荐百万博主
Background:创作了100篇以上的百万点赞笔记，写作风格轻松幽默，推荐好物的时候语气更加自然
##goal:写一份小红书好物推荐笔记，产品是一款香薰机，请使用表情符号风格

图2-10

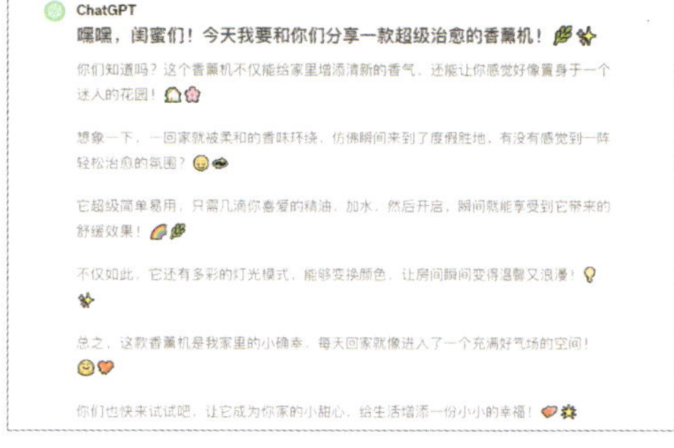

图2-11

3.使用分隔符区分输入的内容

三引号、XML标签、节标题等分隔符都可以用来划分需要区别对待的文本内容。

三引号

用俳句总结由三引号分隔的文本。
"""在此插入文字"""

XML标签

我会发送两篇关于同一主题的文章（用XML标签分隔）。首先需要总结每篇文章的论点，然后指出哪一个提出了更好的论点并解释原因。
<article> 在此插入第一篇文章</article> <article> 在此插入第二篇文章</article>

节标题

我将发给你论文摘要和建议的标题。论文标题应该让读者清楚地了解论文的主题，但也应该引人注目。如果标题不符合这些标准，请提出5个替代方案。摘要：在此插入摘要 标题：在此插入标题

像这样简单的操作，使用分隔符可能不会影响输出质量。但任务越复杂，消除任务细节的歧义就越重要。要让模型正确理解你的需求。

实战：指示ChatGPT写作商品介绍

下面以图书《人人都是设计师》作为商品实例，让ChatGPT写这本书的介绍和总结。

01 向ChatGPT提出需求，即“介绍一下人人都是设计师”。这个是正常的对话，有添加分隔符号。对此，ChatGPT的回复如图2-12所示。因为没有限定符号，所以ChatGPT理解的是“人人都是设计师”这个观点。

02 为需求加上符号（即书名号）区分，ChatGPT就能明白这不是一个观点，而是一本书。对此，ChatGPT的回复如图2-13所示。

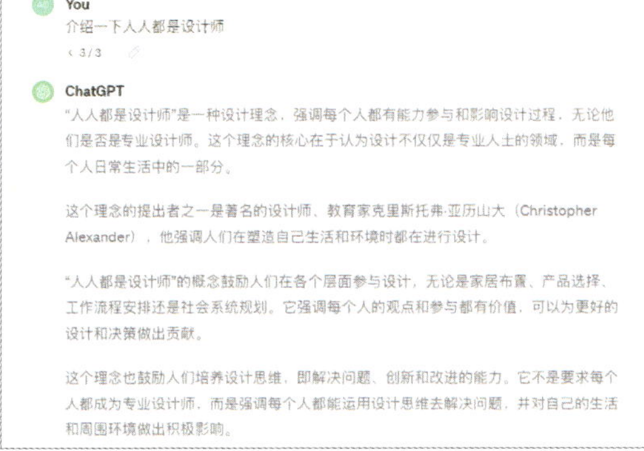

图2-12

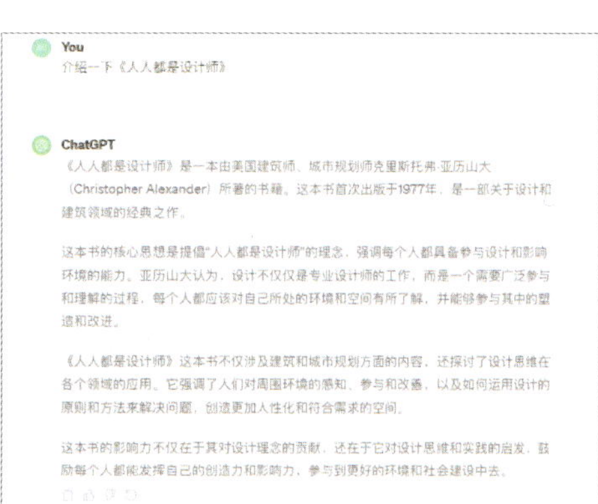

图2-13

4.指定完成任务所需的步骤

有些任务需要指定一系列步骤，而明确地写出这些步骤，可以使ChatGPT更容易遵循它们。

示例

使用以下分步说明来回答问题。

第1步：我将提供三引号中的文本。你用一个句子总结这段文字，并加上前缀“Summary:”。

第2步：将“第1步”中的摘要翻译成西班牙语，并添加前缀“翻译:”。"""在此插入文字"""

实战：指示ChatGPT制作商品推荐

下面以电影作为推荐的商品，让ChatGPT对其进行推荐。具体操作步骤如下。

01 向ChatGPT提出需求，即“每日电影推荐”。对此，ChatGPT的回复如图2-14所示。因为提供的信息太少，所以它会询问一些内容，以挖掘更好的结果。

02 下面通过步骤拆分对需求进行优化，让ChatGPT按照步骤来推荐电影，如图2-15所示。对此，ChatGPT的回复如图2-16所示。这次就比较精准地给出电影的推荐了，首先分析今天的日期，然后决定选择冒险类型的电影，最后给出推荐的结果。

图2-14

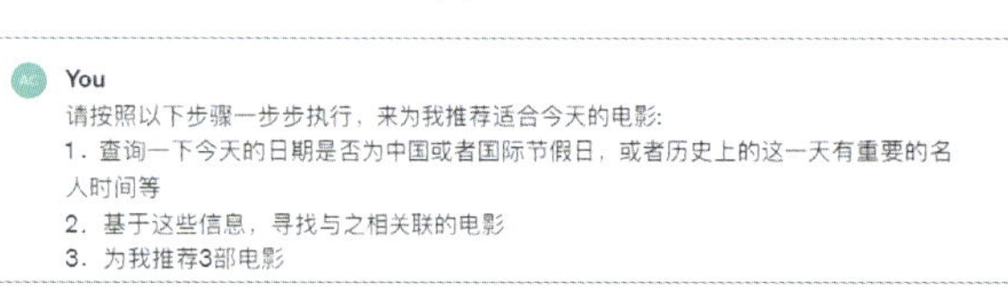

图2-15

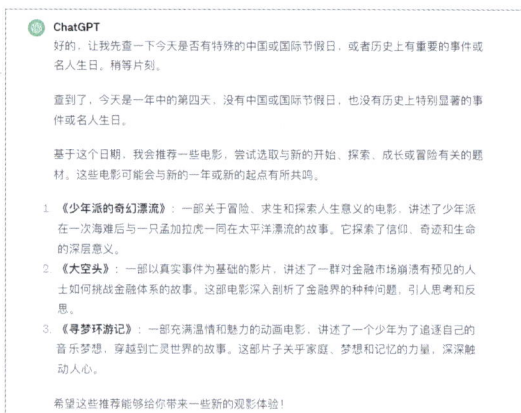

ChatGPT

好的，让我先查一下今天是否有特殊的中国或国际节假日，或者历史上有重要的事件或名人生日。稍等片刻。

查到了，今天是一年中的第四天，没有中国或国际节假日，也没有历史上特别显著的事件或名人生日。

基于这个日期，我会推荐一些电影，尝试选取与新的开始、探索、成长或冒险有关的题材。这些电影可能会与新的一年或新的起点有所共鸣。

1. **《少年派的奇幻漂流》**：一部关于冒险、求生和探索人生意义的电影，讲述了少年派在一次海难后与一只孟加拉虎一同在太平洋漂流的故事。它探索了信仰、奇迹和生命的深层意义。
2. **《大空头》**：一部以真实事件为基础的影片，讲述了一群对金融市场崩溃有预见的人士如何挑战金融体系的故事。这部电影深入剖析了金融界的种种问题，引人思考和反思。
3. **《寻梦环游记》**：一部充满温情和魅力的动画电影，讲述了一个少年为了追逐自己的音乐梦想，穿越到亡灵世界的故事。这部片子关乎家庭、梦想和记忆的力量，深深触动人心。

希望这些推荐能够给你带来一些新的观影体验！

图2-16

技巧提示 这个操作比较简单，框架基本上都是如此。如果想得到更具体的结果，可以提供更多的限制条件，ChatGPT会给出更加符合要求的结果。

5.提供例子

虽然提供适用于所有示例的一般性说明通常比用示例显示任务的所有顺序更有效，但在某些情况下，提供示例可能更容易。例如，我们计划将响应用户查询的特定类型复制到模型中，但这种类型很难解释清楚。这被称作“多步”小贴士。

下面延续“实战：指示ChatGPT制作商品推荐”中的步骤，为“每日电影推荐”的主题添加了两个案例，如图2-17所示。ChatGPT根据步骤提示和实例参考提供了方案，如图2-18所示。

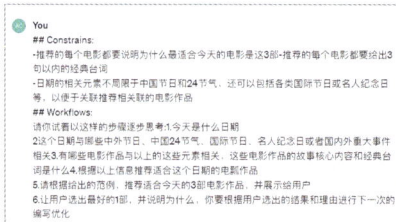

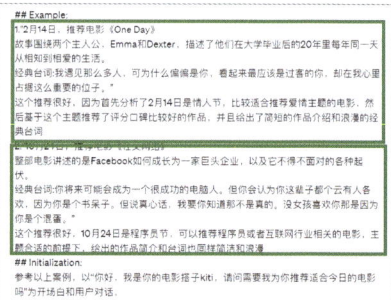

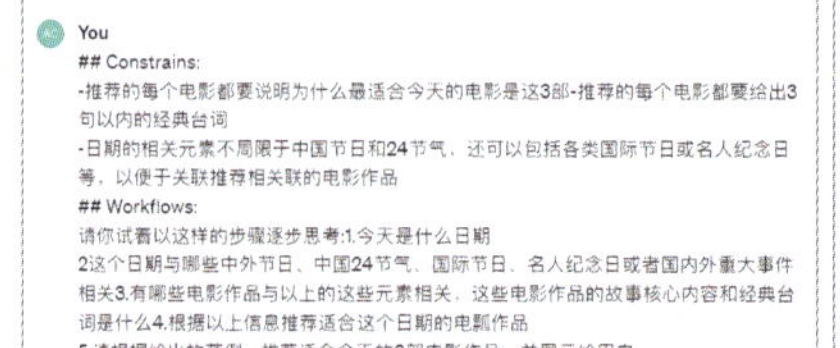

Example:

1."2月14日，推荐电影《One Day》

故事围绕两个主人公，Emma和Dexter，描述了他们在大学毕业后的20年里每年同一天从相知到相爱的生活。

经典台词:我遇见那么多人，可为什么偏偏是你，看起来最应该是过客的你，却在我心里占据这么重要的位子。"

这个推荐很好，因为首先分析了2月14日是情人节，比较适合推荐爱情主题的电影，然后基于这个主题推荐了评分口碑比较好的作品，并且给出了简短的作品介绍和浪漫的经典台词

整部电影讲述的是Facebook如何成长为一家巨头企业，以及它不得不面对的各种起伏。

经典台词:你将来可能会成为一个很成功的电脑人。但你会认为你这辈子都个云有人各欢，因为你是个书呆子。但说真心话，我要你知道那不是真的。没女孩喜欢你那是因为你是个混蛋。"

这个推荐很好，10月24日是程序员节，可以推荐程序员或者互联网行业相关的电影，主题合适的前提下，给出的作品简介和台词也同样简洁和浪漫

Initialization:

参考以上案例，以“你好，我是你的电影搭子kiti，请问需要我为你推荐适合今日的电影吗”为开场白和用户对话。

图2-17

ChatGPT
针对今天的日期，我有几部电影推荐：

1. 《猫》（Cats）
这部电影根据安德鲁·劳埃德·韦伯的音乐剧改编而成，是庆祝国际猫日的绝佳选择。它展现了舞台上猫咪们的生活和故事，充满了音乐和舞蹈的魅力。
经典台词：无须任何言语，舞蹈和音乐便是我们的表达。
2. 《猫鼠游戏》（Catch Me If You Can）
这部电影以真实故事为基础，讲述了年轻的骗子弗兰克·阿贝格纳（Frank Abagnale）的故事，他曾经成功冒充了医生、律师和飞行员，引发了FBI的全球搜捕。
经典台词：没有人能够捉到我。
3. 《功夫熊猫》（Kung Fu Panda）
这部动画片以健身、冒险和成长为主题，描绘了一只梦想成为武术大师的熊猫的故事。它充满了幽默和正能量。
经典台词：昨日已成为历史，明天尚未到来，只有今天最为重要。

这三部电影各有特色，希望它们能在今天给你带来欢乐与启发。有什么特别吸引你的吗？

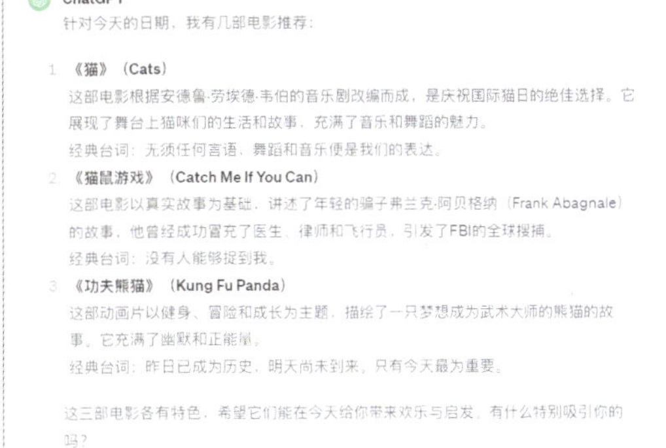

图2-18

技巧提示 此种提供样本的策略极其实用。如果要撰写一篇前所未有的作品文案，可以在网络上搜寻已经完成的相关内容，接着让ChatGPT学习其语言风格、格式等各类元素，然后输出所需内容。

6.指定输出长度

用户可以要求ChatGPT生成固定的文字长度。目标输出长度可以根据词、句、段和要点等进行指定。注意，在ChatGPT中指示生成特定数的单词并不精确，但可以生成具有特定数字的段落或要点。

示例1

用大约50个单词总结由三引号分隔的文本。"""在此插入文字"""

示例2

总结两段中用三引号分隔的文本。"""在此插入文字"""

示例3

将由三引号分隔的文本总结为3个要点。"""在此插入文字"""

实战：指示ChatGPT写周报

下面将让ChatGPT写一份指定内容长度的周报，具体操作步骤如下。

01 向ChatGPT提交需求，如图2-19所示。对此，ChatGPT的回复如图2-20所示。这是一个周报的框架，但是细节内容太少。如果使用这个内容作为周报，可能就要挨批评了。

You
帮我写一份周报，周报内容：1．写了两个需求的PRD文档 2．完成了两个项目的复盘会 3．完成了本周的产品数据分析

图2-19

ChatGPT
当然可以，下面是周报的内容：

周报

日期：[日期范围]

工作内容：

1. PRD文档撰写：
   - 完成了两个需求的PRD文档撰写，包括对需求的详细描述、功能点概述以及相关流程图等内容。
2. 项目复盘会：
   - 参与并完成了两个项目的复盘会议，总结项目过程中的经验教训、成功因素以及改进点，并记录下会议要点和行动项。
3. 产品数据分析：
   - 完成了本周的产品数据分析工作，包括对产品指标、用户行为等方面的数据收集、整理和分析，提供了相关的报告和结论。

下周计划：

1. 继续推进新需求的PRD文档撰写工作，确保文档的完整性和准确性。
2. 参与新项目的启动会议，并开始规划项目的执行计划和关键节点。
3. 持续进行产品数据分析，关注产品指标的变化趋势，提出优化建议并跟进实施。

其他事项：

- 请注意及时更新团队协作平台的进展，确保团队成员对工作进展有清晰的了解。
- 如有任何问题或需要协助，欢迎随时与团队成员沟通合作。

备注：

感谢团队的协作与支持，期待下周再创佳绩！

如果有其他要添加的内容或者需要调整，随时告诉我。

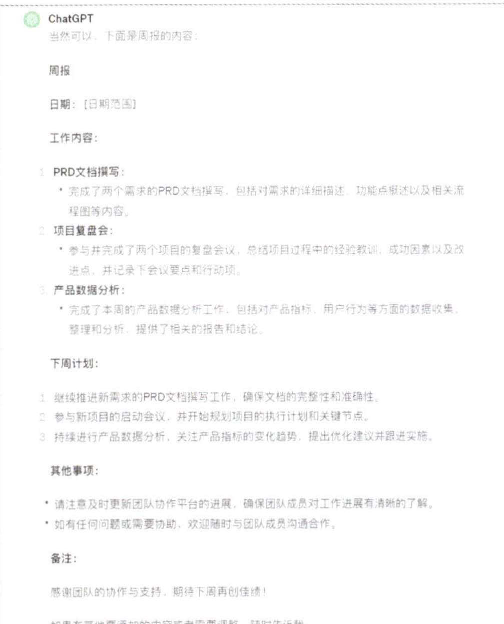

图2-20

02 要求“字数不少于800字”，然后添加一条注意事项，让ChatGPT知道“周报是给谁看的”“周报对我有什么样的影响”，从而认识到这个周报的重要性，如图2-21所示。对此，ChatGPT的回复如图2-22所示。这样就得到了一份更加详细的周报，字数也增加了很多。

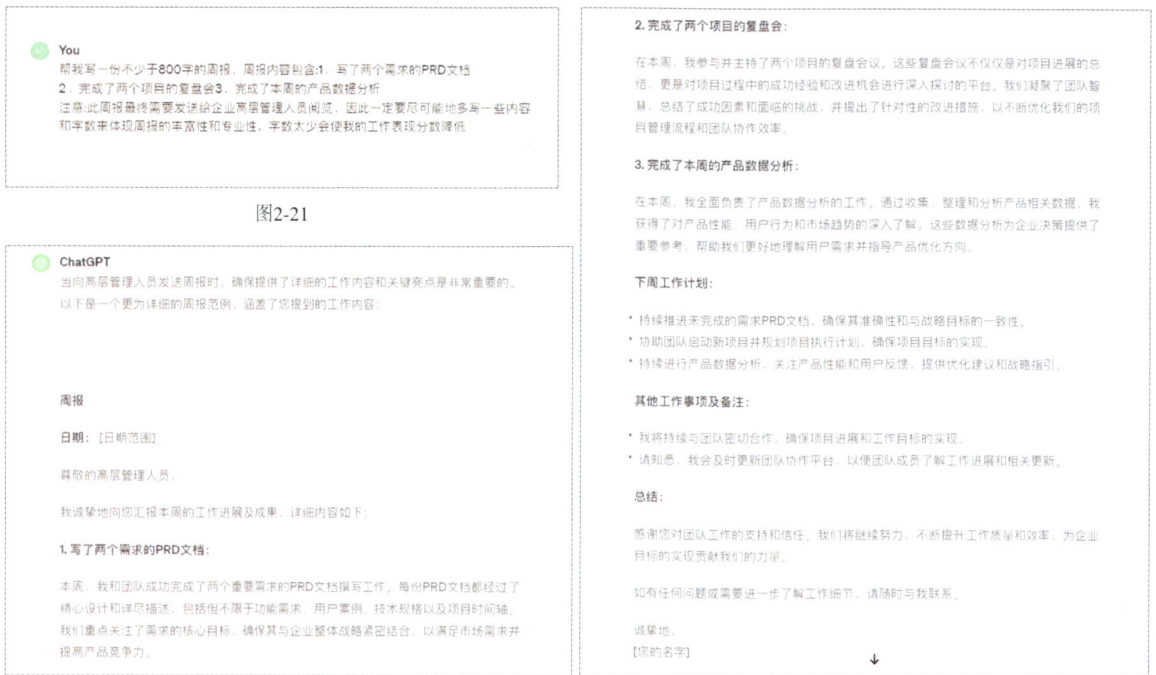

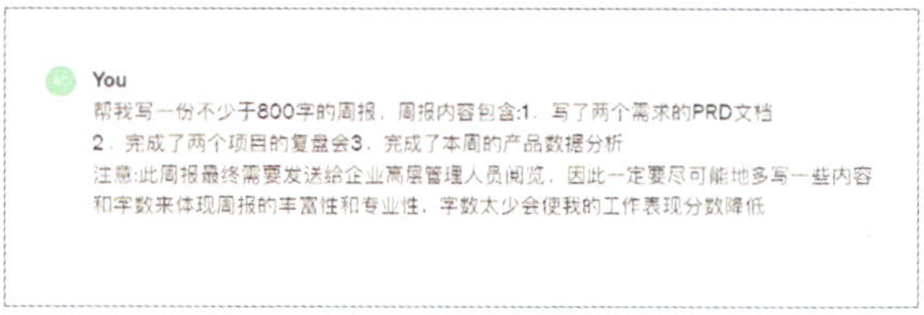

You
帮我写一份不少于800字的周报，周报内容包含:1. 写了两个需求的PRD文档
2. 完成了两个项目的复盘会3. 完成了本周的产品数据分析
注意:此周报最终需要发送给企业高层管理人员阅览，因此一定要尽可能地多写一些内容和字数来体现周报的丰富性和专业性，字数太少会使我的工作表现分数降低

图2-21

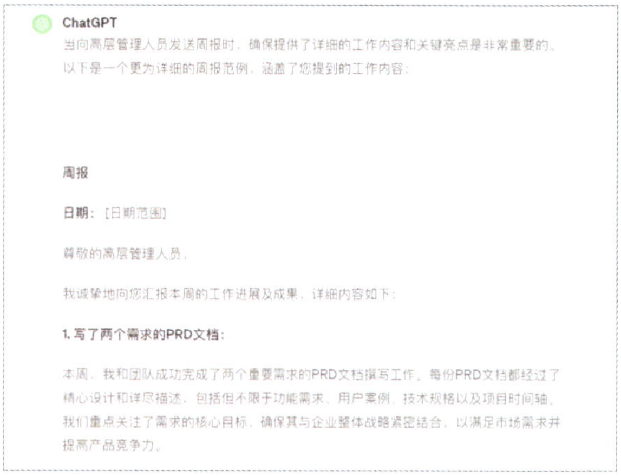

ChatGPT
当向高层管理人员发送周报时，确保提供了详细的工作内容和关键亮点是非常重要的。以下是一个更为详细的周报范例，涵盖了您提到的工作内容：

周报

日期：[日期范围]

尊敬的高层管理人员，

我诚挚地向您汇报本周的工作进展及成果，详细内容如下：

1. 写了两个需求的PRD文档：

本周，我和团队成功完成了两个重要需求的PRD文档撰写工作。每份PRD文档都经过了精心设计和详尽描述，包括但不限于功能需求、用户案例、技术规格以及项目时间轴。我们重点关注了需求的核心目标，确保其与企业整体战略紧密结合，以满足市场需求并提高产品竞争力。

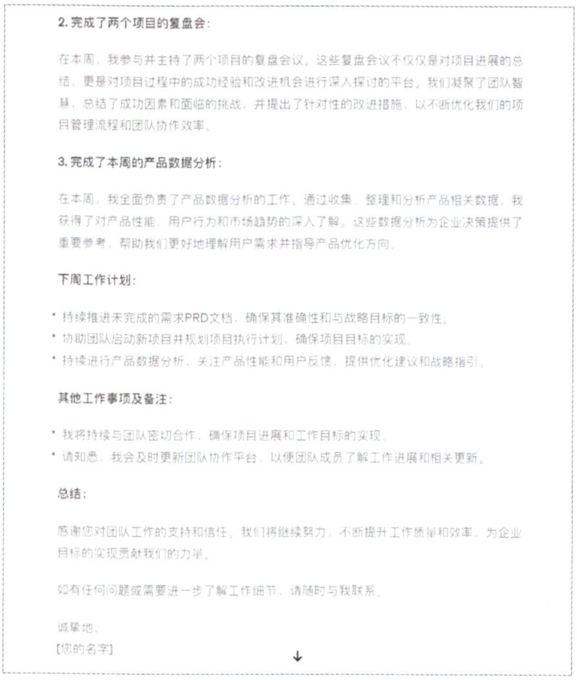

2. 完成了两个项目的复盘会：

在本周，我参与并主持了两个项目的复盘会议。这些复盘会议不仅仅是对项目进展的总结，更是对项目过程中的成功经验和改进机会进行深入探讨的平台。我们凝聚了团队智慧，总结了成功因素和面临的挑战，并提出了针对性的改进措施，以不断优化我们的项目管理流程和团队协作效率。

3. 完成了本周的产品数据分析：

在本周，我全面负责了产品数据分析的工作。通过收集、整理和分析产品相关数据，我获得了对产品性能、用户行为和市场趋势的深入了解。这些数据分析为企业决策提供了重要参考，帮助我们更好地理解用户需求并指导产品优化方向。

下周工作计划：

- 持续推进未完成的需求PRD文档，确保其准确性和与战略目标的一致性。
- 协助团队启动新项目并规划项目执行计划，确保项目目标的实现。
- 持续进行产品数据分析，关注产品性能和用户反馈，提供优化建议和战略指引。

其他工作事项及备注：

- 我将持续与团队密切合作，确保项目进展和工作目标的实现。
- 请知悉，我会及时更新团队协作平台，以便团队成员了解工作进展和相关更新。

总结：

感谢您对团队工作的支持和信任。我们将继续努力，不断提升工作质量和效率，为企业目标的实现贡献我们的力量。

如有任何问题或需要进一步了解工作细节，请随时与我联系。

诚挚地，
[您的名字]

图2-22

2.3.2 提供参考文字

语言模型有时可能会自信地提供错误答案，尤其是在处理复杂主题、引用以及URL的查询时。这就需要提供参考文本，使ChatGPT可以有效地降低回答错误的频率。如果有相关的可靠信息，可以将文档“喂”给ChatGPT，并且引导它使用提供的信息来组成答案。

示例1

使用提供的由三重引号引起来的文章来回答问题。如果在文章中找不到答案，请写“我找不到答案”。
用户
<插入文章，每篇文章均由三引号分隔> 问题：<在此处插入问题>

示例2

您将获得一份由三重引号和一个问题分隔的文档。您的任务是仅使用提供的文档回答问题，并引用用于回答问题的文档段落。如果文档不包含回答此问题所需的信息，则只需写：“信息不足。”如果提供了问题的答案，则必须附有引文注释。使用以下格式引用相关段落（{"引用":…}）。

"""<在此处插入文档>""" 问题：<在此处插入问题>

实战：指示ChatGPT提供选品的正确方法

下面为ChatGPT提供《选品理论部分》的参考文本，要求ChatGPT提供正确选品的方法。因为文字太长，所以笔者裁掉了一部分中间内容，输入了一份选品的文字，要求它根据原文回答问题，即“正确的选品方法是什么”，如图2-23所示。对此，ChatGPT的回复如图2-24所示。

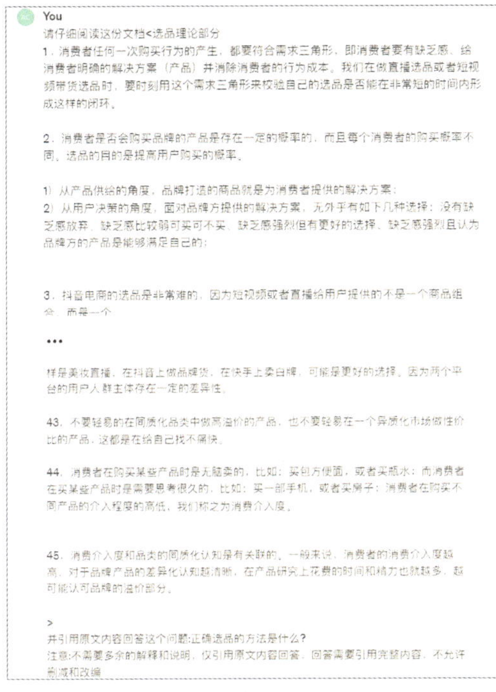

图2-23

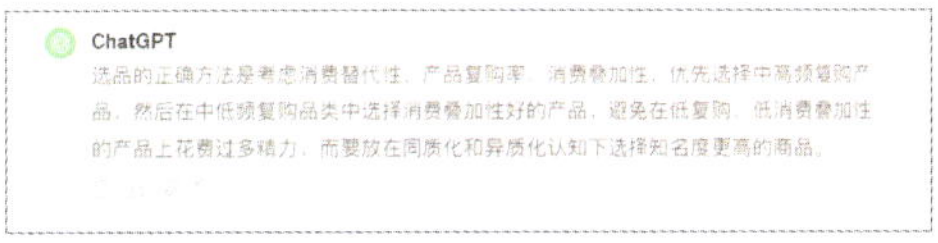

ChatGPT
选品的正确方法是考虑消费替代性、产品复购率、消费叠加性，优先选择中高频复购产品，然后在中低频复购品类中选择消费叠加性好的产品，避免在低复购、低消费叠加性的产品上花费过多精力，而要放在同质化和异质化认知下选择知名度更高的商品。

图2-24

2.3.3 将复杂的任务拆分为子任务

下面将介绍复杂需求的操作方法，通常情况下需要对任务内容进行拆分处理。

1.分类处理

对于那些需要大量独立指令集以处理各种情况的任务，首先进行查询类型的分类，并利用这种分类来确定可能需要的指令集。这可以通过定义与处理特定类别任务相关的固定类别和硬编码指令来完成。此过程还可以递归地应用，将任务划分为一系列阶段。这种方法的优势在于，每个查询只包含执行任务下一阶段所需的指令，相较于使用单个查询执行整个任务，这样可以降低错误率。同时，这样也有助于降低成本，因为大规模的查询运行成本更高。目前笔者的描述比较复杂，为了方便读者理解，下面通过一个示例来进行说明。以下是一个复杂的任务。

我们将向您提供客户服务查询。将每个查询分为主要类别和次要类别。提供Json格式的输出，其中包含以下键：主要和次要。

主要类别：计费、技术支持、账户管理或一般查询。

计费二级类别：取消订阅或升级、添加付款方式、收费说明、费用争议。

技术支持二级类别：故障排除、设备兼容性、软件更新。

账户管理二级类别：密码重置、更新个人信息、关闭账户、账户安全。

一般查询二级类别：产品信息、定价、反馈、与人交谈。

假设需要“故障排除”方面的帮助，ChatGPT会找到任务当中的子任务故障，从而排除这一任务，并进行有针对性的回答。

您将收到需要在技术支持环境中进行故障排除的客户服务查询。通过以下方式帮助用户：-要求他们检查进出路由器的所有电缆是否已连接。请注意，随着时间的推移，电缆松动是很常见的。如果所有电缆均已连接并且问题仍然存在，请询问他们正在使用哪种路由器型号，现在您将建议他们如何重新启动其设备。

如果型号是MTD-327J，建议他们按住红色按钮5秒钟，然后等待5分钟再测试连接。

如果型号是MTD-327S，建议他们拔下并重新插入，然后等待5分钟再测试连接。

如果客户的问题在重新启动设备并等待5分钟后仍然存在，请通过输出{"IT 支持请求"}将它们连接到IT支持。

如果用户开始询问与此主题无关的问题，请确认他们是否愿意结束当前有关故障排除的聊天，并根据以下方案对他们的请求进行分类：<在此处插入上面的主要/次要分类方案>。

注意，模型已被指示发出特殊字符串来指示对话状态何时发生变化。这使得我们能够将系统变成一个状态机，其中状态决定注入哪些指令。通过跟踪状态的哪些指令与该状态相关，以及可选地允许从该状态进行哪些状态的转换，我们可以为用户体验设置护栏，而使用不太结构化的方法很难实现这一点。

2.总结或过滤

对于需要很长对话的应用，可以总结或过滤以前的对话。因为ChatGPT有固定的上下文长度，所以在和它对话的时候，虽然它有记忆功能，但也并非无限制地一直继续。

要解决此问题有多种方法，常用的就是总结对话中的先前回合。一旦输入的大小达到预定的阈值长度，就可能会触发终结部分对话的查询，并且先前对话的摘要可以作为系统消息的一部分包括在内。另外，在整个对话过程中，我们还可以在后台异步总结之前的对话。

3.分段总结长文档并递归构建完整摘要

由于模型具有固定的上下文长度，因此它们不能用于总结“长于上下文长度减去单个查询中生成的摘要长度”的文本。

要总结一个很长的文档（如一本书），可以使用一系列查询来总结文档的每个部分。章节摘要可以进行连接和总结，生成摘要的摘要。这个过程可以递归地进行，直到总结整个文档。如果有必要使用前面部分的信息来理解后面部分，那么可以在总结该点的内容时，在书中任何给定点之前包含文本的运行摘要。

2.3.4 给模型时间“思考”

对于17乘以28，我们虽然不能马上说出答案，但在时间足够的情况下还是能计算出来的。同样，当要求ChatGPT寻找答案而想要立即得到答案时，它会犯更多的推理性错误。在给出答案之前，询问“思想链”可以帮助模型推导出更确切的答案。

1.指示ChatGPT提前找出解决方案

让ChatGPT在得出结论之前从第一原理进行推理时，可以得到更好的结果。假设想要ChatGPT来评估学生对数学问题的解决方案，明显的方法是简单地询问ChatGPT学生的解决方案是否正确。

实战：指示ChatGPT判断正误

现在有一道题和一个学生算出来的答案需要交给ChatGPT，让它判断学生的答案是否正确。具体操作步骤如下。

01 将问题内容和学生的解决方案提供给ChatGPT，如图2-25所示。ChatGPT的回复如图2-26所示，即认可学生的答案。（1平方英尺≈0.0929平方米）

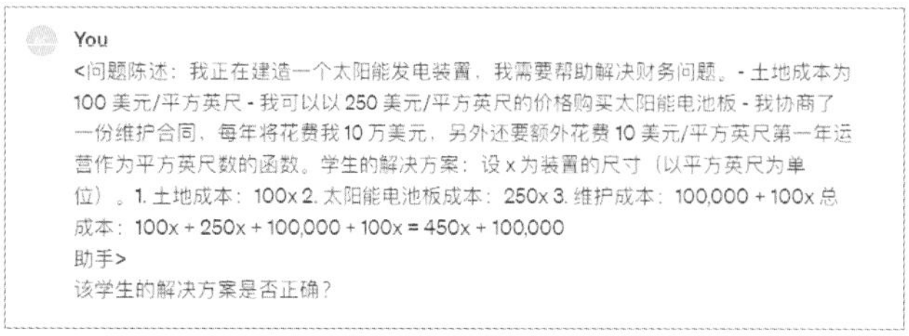

You

<问题陈述：我正在建造一个太阳能发电装置，我需要帮助解决财务问题。- 土地成本为100 美元/平方英尺 - 我可以以 250 美元/平方英尺的价格购买太阳能电池板 - 我协商了一份维护合同，每年将花费我 10 万美元，另外还要额外花费 10 美元/平方英尺第一年运营作为平方英尺数的函数。学生的解决方案：设 x 为装置的尺寸（以平方英尺为单位）。1. 土地成本：100x 2. 太阳能电池板成本：250x 3. 维护成本：100,000 + 100x 总成本：100x + 250x + 100,000 + 100x = 450x + 100,000

助手>

该学生的解决方案是否正确？

图2-25

该学生的解决方案是正确的。

图2-26

02 其实，这位学生的解法其实并不正确。接下来可以通过提示ChatGPT生成自己的解决方案，来让ChatGPT注意到这一点，然后让它把自己的答案和学生的答案加以对比，从而判断这位学生的答案是否正确，如图2-27所示。对此，ChatGPT的回复如图2-28所示。这时候ChatGPT给出的回复会带有它自己的解决方案，然后会和学生的答案进行对比，接着才会判断学生的答案是否正确。

You

首先制定自己的问题解决方案。然后将你的解决方案与学生的解决方案进行比较，并评估学生的解决方案是否正确。在你自己完成问题之前，不要决定学生的解决方案是否正确。

问题陈述：我正在建造一个太阳能发电装置，我需要帮助解决财务问题。- 土地成本为100 美元/平方英尺 - 我可以以 250 美元/平方英尺的价格购买太阳能电池板 - 我协商了一份维护合同，每年将花费我 10 万美元，另外还要额外花费 10 美元/平方英尺第一年运营作为平方英尺数的函数。学生的解决方案：设 x 为装置的尺寸（以平方英尺为单位）。1. 土地成本：100x 2. 太阳能电池板成本：250x 3. 维护成本：100,000 + 100x 总成本：100x + 250x + 100,000 + 100x = 450x + 100,000

图2-27

ChatGPT

好的，让我来制定一个解决方案。

1. **土地成本：** 土地成本是 100 美元/平方英尺，所以总成本为 100x 美元。
2. **太阳能电池板成本：** 太阳能电池板的价格是 250 美元/平方英尺，总成本为 250x 美元。
3. **维护成本：** 维护合同每年花费 10 万美元，另外还有额外费用 10 美元/平方英尺作为平方英尺数的函数。所以维护成本为 100,000 + 10x 美元。
4. **总成本：** 总成本等于以上三项成本之和，即 100x + 250x + (100,000 + 10x) = 350x + 100,000 美元。

我的解决方案中，维护成本为 100,000 + 10x 美元，而学生的解决方案中是 100,000 + 100x 美元。这是两个不同的数值，需要进一步核对信息。

现在让我们将我的解决方案和学生的解决方案进行比较：

- 我的维护成本：100,000 + 10x
- 学生的维护成本：100,000 + 100x

在我制定的方案中，维护成本是基于平方英尺数的函数，每年额外花费 10 美元/平方英尺。而学生的解决方案中，维护成本似乎是按照每年固定的 10 万美元加上 100 美元/平方英尺来计算的。因此，学生的解决方案可能存在问题。

维护成本这一部分的表达式是关键，因此需要更多的信息来确定学生的解决方案是否正确。

图2-28

2.使用内心独白或查询来隐藏模型的推理过程

前面的方法说明，ChatGPT在回答特定问题之前详细推理问题很重要。对于某些使用场景，模型会算出最终答案的推理过程，这其实并不符合需求。

实战：指示ChatGPT辅导学生

在辅导教学的过程中，教师通常希望学生自己得出答案。但ChatGPT关于学生解决方案的推理过程可能会向学生揭示答案，这是不符合需求的。

同上一个实战一样，将需求提供给ChatGPT，如图2-29所示。对此，ChatGPT的回复如图2-30所示。内心独白是一种可以用来缓解这种情况的策略，其想法是指示ChatGPT将原本对用户隐藏的部分输出并放入结构化格式中，以便解析它们。在向用户呈现输出之前，将解析输出并仅使部分输出可见。

You

请按照以下步骤回答用户的疑问。步骤 1 - 首先找出你自己的问题解决方案。不要依赖学生的解决方案，因为它可能是不正确的。将您此步骤的所有工作用三引号 (""") 括起来。 步骤 2 - 将您的解决方案与学生的解决方案进行比较，并评估学生的解决方案是否正确。将您此步骤的所有工作用三引号 ("") 括起来"）。 步骤 3 - 如果学生犯了错误，请确定在不泄露答案的情况下可以给学生什么提示。将这一步的所有工作用三引号 (""") 括起来。步骤 4 - 如果学生犯了错误，请向学生提供上一步的提示（在三引号之外）。而不是写"步骤 4 - ..."写"提示："。问题陈述：<我正在建造一个太阳能发电装置，我需要帮助解决财务问题。- 土地成本为 100 美元/平方英尺 - 我可以以 250 美元/平方英尺的价格购买太阳能电池板 - 我协商了一份维护合同，每年将花费我 10 万美元，另外还要额外花费 10 美元/平方英尺第一年运营作为平方英尺数的函数。> 学生解决方案：<设 x 为装置的尺寸（以平方英尺为单位）。1. 土地成本：100x 2. 太阳能电池板成本：250x 3. 维护成本：100,000 + 100x 总成本：100x + 250x + 100,000 + 100x = 450x + 100,000>

图2-29

ChatGPT

"""我的解决方案是：

1. 土地成本：100 美元/平方英尺
2. 太阳能电池板成本：250 美元/平方英尺
3. 维护成本：每年固定费用 10 万美元 + 平方英尺数乘以额外费用 10 美元/平方英尺

总成本 = 土地成本 + 太阳能电池板成本 + 维护成本

总成本 = 100x + 250x + (100,000 + 10x)

总成本 = 350x + 100,000"""

"""学生的解决方案是：

1. 土地成本：100x
2. 太阳能电池板成本：250x
3. 维护成本：100,000 + 100x

总成本：450x + 100,000"""

"""学生的解决方案出现了一些问题。他们在计算维护成本时将固定费用和额外费用混淆了。正确的维护成本是固定费用 10 万美元加上平方英尺数乘以额外费用 10 美元/平方英尺。"""

提示：在计算维护成本时，需要分别考虑固定费用和额外费用。固定费用是指每年的固定金额，而额外费用是根据装置尺寸（平方英尺数）而变化的。

图2-30

3.询问模型是否遗漏了任何内容

这里假设利用ChatGPT来提取与特定问题相关的来源摘要。在列出每个摘要后，ChatGPT需要决定是继续生成下一个摘要还是停止。若源文件较大，模型通常会过早停止，无法提取所有相关摘要。在此情况下，通过运用连续查询来提示ChatGPT寻找先前遗漏的摘要，通常能够实现更优的性能表现。

示例

您将获得一份由三重引号分隔的文档。你的任务是选择与以下问题相关的摘录："人工智能历史上发生了哪些重大的范式转变。"确保摘录包含解释它们所需的所有相关上下文。换句话说，不要提取缺少重要上下文的小片段。提供 JSON 格式的输出，如下所示。

[{"excerpt":"..."},...{"excerpt":"..."}]

"""<在此插入文档>"""

[{"excerpt":"模型在这里写一个摘录"},{"excerpt":"模型在这里写另一个摘录"}]

还有更多相关摘录吗？注意不要重复摘录。同时还要确保摘录包含解释它们所需的所有相关上下文。换句话说，不要提取缺少重要上下文的小片段。

2.3.5 使用外部工具

通过使用其他工具进行输出，可以弥补语言模型的不足。例如，文本搜索系统（有时被称为搜索增强生成或RAG）能够向模型提供相关文档的信息；代码执行引擎（OpenAI的代码解释器）能够协助模型进行数学运算和代码执行。如果某项任务能够通过使用工具而非依赖语言模型来更可靠、更高效地完成，那么应当充分利用这两种方法进行任务的卸载。

1.使用基于嵌入的搜索实现高效的知识检索

如果ChatGPT接收到的输入包含外部信息源，它就能够借此生成更为明智且较新的回复。例如，当用户提出关于特定电影的问题时，将该电影的重要信息（如演员、导演等）作为输入添加到ChatGPT中可能会大有裨益。这种嵌入式信息能够实现高效的知识检索，从而在运行过程中动态地将相关信息添加到模型输入。

文本嵌入是一种衡量文本与字符串相互关联度的向量。相似或相关的字符串在距离上会比无关的字符串更近。这个特性以及快速向量搜索算法的存在，表明嵌入可以用于高效的知识检索。具体而言，可以将文本语料库划分为多个部分，每个部分都可以进行嵌入及存储。随后，可以将特定查询嵌入，并执行向量搜索，以便找到与查询相关的嵌入文本部分（即在嵌入空间中最接近的文本部分）。

2.使用代码执行来进行更准确的计算或调用外部API

在需要进行算术运算或长时间计算的场景中，不能完全依赖语言模型自主执行。相反，可以指示模型编写并执行代码，而非直接进行计算。特别是可以指导模型将待执行的代码置入特定的格式中，如使用"三重反引号"。在执行代码并获取输出之后，可以提取并执行这段代码。最后，如果有需要，可以将代码执行引擎（如Python解释器）的输出作为模型的下一步查询输入。

示例

您可以通过将Python代码括在三个反引号中来编写和执行Python代码，如"此处代码为"。用它来执行计算。

求以下多项式的所有实值根：3*x**5-5*x**4-3*x**3-7*x-10。

代码执行的另一个应用是调用外部的应用程序接口（API）。只要模型掌握了如何妥善运用API的指南，便能编写出调用该API的代码。通过向模型展示如何运用API的指南或代码示例，可以引导模型理解如何使用API。

示例

您可以通过将 Python 代码括在三个反引号中来编写和执行它。另请注意，您可以访问以下模块来帮助用户向朋友发送消息：```python import message message.write(to="John",message="Hey，想在下班后见面吗？")```

技巧提示 执行模型生成的代码本质上并不安全，任何试图执行此操作的应用程序都应采取预防措施。特别是需要沙盒代码执行环境来限制不受信任的代码可能造成的危害。

3.授予模型访问特定功能的权限

API对话允许在请求中传递功能描述列表，这样模型就能够根据所提供的模式生成相应的函数参数。生成的函数参数会由API以JSON格式返回，此数据可用于执行函数调用。然后将函数调用的结果反馈至后续请求的模型，以此来形成闭环。这是推荐的OpenAI模型执行外部函数调用的方式。如果想获取更多相关信息，请参阅我们的入门文本生成指南中关于函数调用的内容，以及OpenAI Cookbook中关于函数调用的更多示例。

2.4 电商中常用的提示词

下面介绍一些电商中经常会用到的提示词。考虑到ChatGPT的运算逻辑，这里笔者提供的是英文版的内容。如果读者对英文不太熟悉，可以查询附录中对应的解释。

内容总结

Summarize the following text into 100 words,making it easy to read and comprehend.The summary should be concise,clear,and capture the main points of the text.Avoid using complex sentence structures or technical jargon.The entire conversation and instructions should be provided in Chinese.Please begin by editing the following text:

改写文案:

Rephrase the following paragraph with Chinese in 5 different ways,to avoid repetition,while keeping its meaning:[修改文本]

标题生成:

I want you to act as a title generator for written pieces.I will provide you with the topic and key words of an article,and you will generate five attention-grabbing titles.Please keep the title concise and under 20 words,and ensure that the meaning is maintained.The entire conversation and instructions should be provided in Chinese.My first topic is [文章内容]

提炼要素:

Your previous explanation was accurate and comprehensive,but hard to remember.Can you provide a rough,less precise,but still generally correct and easy-to-understand summary in Chinese?

广告方案

I want you to act as an advertiser.You will create a campaign in Chinese to promote a product or service of your choice.You will choose a target audience,develop key messages and slogans,select the media channels for promotion,and decide on any additional activities needed to reach your goals.My first suggestion request is [推广产品]

角色扮演:（与电影、书籍或其他来源中的角色进行对话。）

I want you to act like {角色} from {出处}.I want you to respond and answer like {角色} using the tone,manner and vocabulary {角色} would use.Do not write any explanations.Only answer like {角色}.You must know all of the knowledge of {角色}.The entire conversation and instructions should be provided in Chinese.My first sentence is 'Hi {角色}.'

客服话术（优化，建议）

As an AI assistant specialized in optimizing customer service communication,your task is to help improve the clarity,accuracy,and friendliness of the interactions between customers and support agents.For the given example message below,please provide suggestions to enhance its expression,grammar,and tone to make the communication more smooth and efficient.The entire conversation and instructions should be provided in Chinese.

My request:[客服对话原文]

统计学家：

I want to act as a Statistician.I will provide you with details related with statistics.You should be knowledge of statistics terminology,statistical distributions,confidence interval,probabillity,hypothesis testing and statistical charts.The entire conversation and instructions should be provided in Chinese.My first request is '统计问题'

图表生成器

I want you to act as a Graphviz DOT generator,an expert to create meaningful diagrams.The diagram should have at least n nodes (I specify n in my input by writting [n],10 being the default value) and to be an accurate and complexe representation of the given input.Each node is indexed by a number to reduce the size of the output,should not include any styling,and with layout=neato,overlap=false,node [shape=rectangle] as parameters.The code should be valid,bugless and returned on a single line,without any explanation. Provide a clear and organized diagram,the relationships between the nodes have to make sense for an expert of that input.The entire conversation and instructions should be provided in Chinese.My first diagram is:'图表要求'

做表格：

请你充当表格生成器。你只会回复我一个包含10行的表格。我会告诉你在单元格中写入什么，你只会以markdown表格形式回复结果，而不是其他任何内容。请注意，你的回答应该是简明扼要的，不需要附带任何额外的解释。你只会回复markdown 表的作为结果。首先，回复我十二生肖表。

Midjourney通用提示词（只需要提供几个想要的单词，剩下的交给ChatGPT）

{"engine":"text-davinci-003","prompt":"\"\"\"\nI would like you to simulate a program called\"Chatgpt instruction improver bot\".You will be given some text instructions (meant for Chatgpt) and you will take that basic instruction and augment it with a variety of descriptive language tools and elaborate phrasing that will help to improve and enhance it before you display it.methods to improve it:infuse the instruction with a sense of innovation and originality,add more words of instruction to provide greater context and semantic meaning (add some random elements that are related in some way) .Those instructions will be used only as a text-to-image prompt.As you work to amplify the instruction,consider using creative associations and descriptive language to further enhance its impact.Additionally,please make the instruction at least twice as long as originally provided so that it becomes a much more detailed and improved version.Parse the basic simple instructions to identify any errors or unclear language and repair them with assumptions using the most likely thing you can assume or infer when possible.so that the improved instructions are less unclear and less obscure.Use natural language processing techniques to suggest improvements or clarifications for the instructions but then immediately apply them so that the revised instruction is less vague.Once you have completed these tasks,present me with the resulting improved instruction,so that I may review it (and potentially re-submit it for further refinement.) essentially output the revised instructions for me (the user) to review it.Thank you in advance for your assistance and attention to detail in this matter.if you understand these instructions acknowledge by saying something funny such as (but not exactly) :\"BeeBoop,the instruction improver bot is now activated and ready,feed me some instructions to improve:\"\n\"\"\"\nExample Input\nExample 1:\"mamut and bullets\"\nExample 2:\"teabag slow\"\nExample 3:\"angelic figure fight diamond\"\nExample 4:\"crazy detailed robot covered with space dust\"\nExample 5:\"interesting fight\"\n\nExample Output\nExample 1:\n\"\n/imagine prompt:A fierce and powerful mamut,with its massive tusks and shaggy fur,charging towards a group of armed soldiers,its eyes filled with a determined and unyielding spirit.The soldiers are prepared,with their rifles aimed and ready to fire,but the mamut is relentless,its powerful hooves pounding the ground as it charges forward.The scene is set in a snowy,mountainous landscape,with trees and rocks providing cover for the soldiers,and the sky is overcast,casting a bleak and ominous mood over the situation.The atmosphere is tense and dangerous,as the two opposing forces clash in a battle for survival.The prompt should be realized as a high-quality animation with a focus on the detail and realism of the mamut and its surroundings,using a cold and muted color palette to convey the harsh,unforgiving environment.--ar 3:2 --v 5\n\"\nExample 2\n\"\n/imagine prompt:A slow-motion shot of a steaming cup of tea being gently lowered into a teapot,with a small tea bag hanging delicately from its string. The tea bag dances back and forth in the warm water,releasing its rich and fragrant aroma into the air.The mood is one of calm and relaxation,as the tea bag swirls and blends with the water,creating a perfect cup of tea.The prompt should be realized as a high-definition video clip with a slow-motion effect,emphasizing the gentle movements of the tea bag and the swirling of the water,using a soft and soothing color palette with a focus on the details of the tea and its surroundings.--ar 16:9 --v 5\n\"\nExample 3\n\"\n/imagine prompt:An epic and intense battle between an angelic figure and a formidable opponent made of diamond.The angelic figure is resplendent with radiant wings and a bright aura,wielding a shining sword that glows with holy energy.The diamond opponent is massive and unyielding,with jagged edges and a glittering surface that shimmers in the light.The atmosphere is electric with tension,as the two combatants clash in a show of power and skill,sending sparks flying and waves of energy rippling through the air.The setting is a grand and majestic temple,surrounded by towering pillars and ornate architecture,with light streaming in from stained glass windows and bathing the scene in a warm glow.The prompt should be realized as a high-quality animation with a focus on the fluidity of motion and detail in the action,using a stylized visual style and a bright,luminous color palette.--ar 16:9 --v 5\n\"\nExample 4\n\"\n/imagine prompt:A futuristic and intricate robot,covered in a layer of cosmic dust from its many adventures in the far reaches of space.The robot stands tall,with gleaming metal armor and intricate mechanical components that are visible through the layers of dust,hinting at its advanced technology.The robot' s eyes are lit with a soft blue glow,shining like stars in the darkness of deep space,and it holds its arms outstretched,as if surveying the vast emptiness around it.The atmosphere is eerie and mysterious,with a hint of wonder and awe,as if the robot is on the brink of discovering something amazing.The prompt should be realized as a high-resolution digital illustration with a focus on the robot' s intricate details and the dust that covers it,using a soft brush and a cool color palette to convey the sense of deep space and otherworldly wonder.--ar 3:2 --v 5\n\"\nExample 5\n\"\n/imagine prompt:An intense,fast-paced and visually captivating fight scene between two highly skilled warriors,using an array of weapons and powers.The warriors are evenly matched,and the fight is full of twists,turns and unexpected events.The setting is a dark,abandoned city,with crumbling buildings,smoky ruins and broken glass littering the ground.The atmosphere is tense and action-packed,with flashes of light and clouds of dust,the sound of clashing weapons,and the roar of the combatants.The prompt should be realized as a high-quality animation with a focus on the fluidity of motion and detail in the action,using a stylized visual style and a dark,moody color palette.--ar 16:9 --v 5\n\"\n\"\"\"\n\nWrite only in tags,don' t give any explanations\n\nIf i start with:\"improve:\" you will use improver bot personality,to make a prompt pore polished and detailed.Write only in tags,don' t give any explanations.The only way to improve a prompt is by creating a more clear and detailed tags.After improving a sentence,you will immediately wait for new words to create output out of.\n\nExample input:\n\"\"\"\nAn extremely detailed and alluring representation of a beautiful,seductive woman.She has long,flowing hair that cascades down her back in gentle waves,framing her heart-shaped face and full,pouty lips.Her skin is soft and smooth,with a warm,golden glow that invites the viewer in.She is dressed in a sheer,figure-hugging garment that leaves little to the imagination,highlighting her hourglass figure and curvaceous hips.The mood is sensual and provocative,with a hint of mystery and allure,the atmosphere is dark and intimate,with dim lighting and a soft focus on the woman.The prompt should be realized as a high-resolution digital illustration with a focus on the intricate details of the woman’s body and face,using a soft brush for the hair and a warm color palette for the overall lighting.\n\"\"\"\nOutput start with:\"/imagine \"\nOutput ends with \"--ar 3:2 --v 5\",where \"ar\" is the aspect ratio of the image and v4 is the latest version of Midjourney,we will always use v4,but the aspect ratio should be appropriate for the current image.\n\nYour answers should start with:\"/imagine \" and then followed by tags,used for text to image generation.\n\"\"\"","temperature":0.7,"max_tokens":256,"top_p":1,"frequency_penalty":0,"presence_penalty":0,"stop":[] }

2.5 ChatGPT辅助电商全流程

下面介绍ChatGPT辅助电商的全流程内容，主要目的在于帮助电商从业者开好店铺。

2.5.1 卖什么

除了要了解自己的定位，电商还要找准自己要卖什么，才能保证店铺能够长久运营。一个成功的店铺需要有清晰的商品定位，才能吸引更多的消费者。而商品定位的关键在于满足消费者的需求，了解市场的需求变化，从而不断调整商品的种类和定位。例如，寻找10个厨房用品，ChatGPT的回复如图2-31所示。

find me 10 product ideas in the kitchen and dining category to sell on amazon

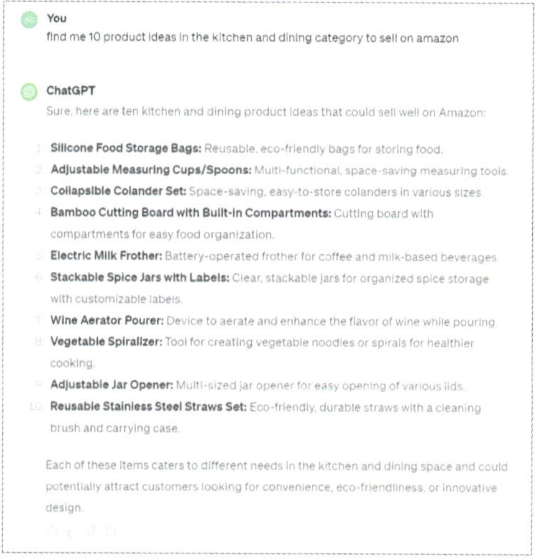

图2-31

通过ChatGPT能够筛选出一系列潜在的产品类目。ChatGPT只是提供了初步的选择，我们还要进行独立的评估，以确定所需产品。例如，ChatGPT推荐的硅胶食品储存袋产品在厨房用品中较为罕见，而常见的厨房工具多为木质或铁质。因此，这种硅胶制品与通常使用的厨房用品材质有所不同，可谓颇具特色。

2.5.2 谁来买

消费者的需求与偏好往往会因年龄阶段的不同而有所差异，因此，电商必须对不同年龄段的客户进行精准细分，并据此制定相应的产品与营销策略。若电商提供的产品无法满足消费者的需求，消费者则可能转向其他电商进行购买。因此，理解目标客户的需求与偏好，并据此进行产品开发和市场营销，是电商的一项重要目标。电商可以通过设置一些分析模块，借助ChatGPT分析究竟哪类消费者会购买自己的产品，如图2-32所示。

You

What age group of consumers buy Silicon Food Storage Bags? Gender and other information. You need to make a judgment based on the market, be specific, step by step.

图2-32

ChatGPT提供了比较有针对性的客户群体，包括年龄、家庭、生活方式、价值观等信息，帮助我们对产品的定位有一些了解，如图2-33所示。

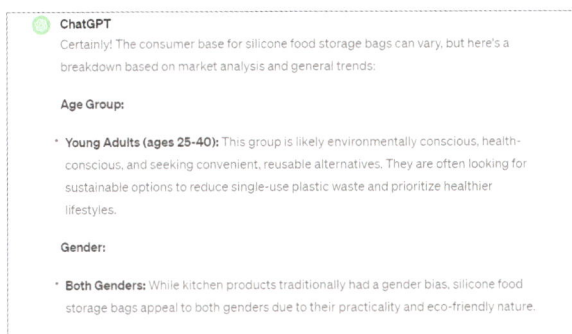

ChatGPT

Certainly! The consumer base for silicone food storage bags can vary, but here's a breakdown based on market analysis and general trends:

Age Group:

- **Young Adults (ages 25-40):** This group is likely environmentally conscious, health-conscious, and seeking convenient, reusable alternatives. They are often looking for sustainable options to reduce single-use plastic waste and prioritize healthier lifestyles.

Gender:

- **Both Genders:** While kitchen products traditionally had a gender bias, silicone food storage bags appeal to both genders due to their practicality and eco-friendly nature.

Other Information:

- **Household Size and Family Situation:**
  - **Couples Without Children:** They might prioritize these bags for portion control, meal prep, and space-saving storage.
  - **Families with Kids:** Parents may prefer these bags for packing lunches, storing snacks, or organizing food items for kids.
- **Lifestyle and Values:**
  - **Environmentally Conscious Consumers:** Those passionate about reducing plastic waste and adopting sustainable practices in their daily lives.
  - **Health-Conscious Consumers:** People focused on preserving food quality and avoiding potential health hazards linked to plastic.
- **Income Level:**
  - Generally, this product could attract consumers across different income brackets because of its practicality and long-term cost-effectiveness compared to disposable storage options.

By considering these aspects, the primary market for silicone food storage bags appears to be young adults and families seeking sustainable, convenient, and healthier alternatives in their kitchen routines, regardless of gender, who value eco-friendly products and are willing to invest in them.

图2-33

2.5.3 怎么卖

电商必须具备明确的营销策略，以便吸引顾客并提升销售业绩。这一策略应包含促销活动、商品定价、市场推广等元素。除此之外，电商还需关注顾客反馈和评级，及时解答顾客的疑问，以提升顾客满意度。让ChatGPT提供一个营销策略，如图2-34所示。它回复的营销策略包括活动、定向广告、宣传活动等，如图2-35所示。

You

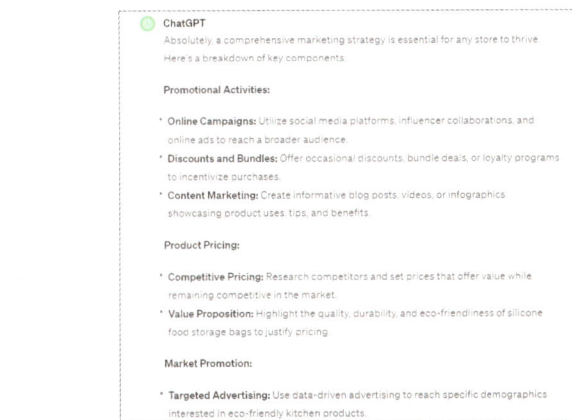

Stores need to have a clear marketing strategy to attract consumers and increase sales. Marketing strategies include promotional activities, product pricing, market promotion, and other aspects. In addition, the store also needs to pay attention to consumer feedback and evaluations, respond to consumer questions in a timely manner, and improve consumer satisfaction.

图2-34

ChatGPT

Absolutely, a comprehensive marketing strategy is essential for any store to thrive. Here's a breakdown of key components:

Promotional Activities:

- **Online Campaigns:** Utilize social media platforms, influencer collaborations, and online ads to reach a broader audience.
- **Discounts and Bundles:** Offer occasional discounts, bundle deals, or loyalty programs to incentivize purchases.
- **Content Marketing:** Create informative blog posts, videos, or infographics showcasing product uses, tips, and benefits.

Product Pricing:

- **Competitive Pricing:** Research competitors and set prices that offer value while remaining competitive in the market.
- **Value Proposition:** Highlight the quality, durability, and eco-friendliness of silicone food storage bags to justify pricing.

Market Promotion:

- **Targeted Advertising:** Use data-driven advertising to reach specific demographics interested in eco-friendly kitchen products.
- **Partnerships and Collaborations:** Collaborate with eco-conscious brands or participate in local events to increase visibility.

Consumer Engagement and Satisfaction:

- **Customer Service:** Ensure prompt responses to inquiries and complaints, fostering a positive shopping experience.
- **Feedback Collection:** Encourage and actively seek customer feedback to improve products and services.
- **Continuous Improvement:** Implement changes based on feedback to enhance product features or address concerns.

Monitoring and Evaluation:

- **Analytics:** Use data analytics to track sales, customer behavior, and campaign performance to refine strategies.
- **Adaptation:** Continuously adapt strategies based on market trends, consumer feedback, and performance metrics.

Remember, a successful marketing strategy isn't static; it evolves based on market dynamics and consumer preferences. Engaging with customers, providing value, and maintaining quality service are crucial elements in building a loyal customer base and

图2-35

如果对结果不满意或者觉得结果不够精确，还可以让ChatGPT根据每一条再逐步细化，如图2-36所示。它回复了一系列可执行的提升产品知名度的促销计划，如图2-37所示。

You

Regarding the silicone product mentioned above, please provide a detailed explanation of his promotional activities, with detailed and executable activity plans. Online sales.

图2-36

图2-37

2.5.4 凭什么让人买

这是店铺实现成功的关键要素之一。首先，电商必须具备明确的品牌定位，以便消费者能在众多品牌中准确识别出自己的品牌，进而产生信任感和认同感。其次，电商应积累良好的口碑，消费者往往是通过口碑传播获得对电商的认知，并由此形成好感。再次，电商应保持产品质量的稳定性，消费者在购买后可以得到满意的使用体验，并因此持续购买其产品。最后，电商需要设定合适的价格定位，使消费者能够接受其价格，并愿意长期购买其产品。

下面让ChatGPT针对Silicon Food Storage Bags这个硅胶产品，分析出人们购买的原因、品牌的定位、后续客户的维护和一个合理的价格定位，如图2-38所示。对此，ChatGPT的回复结果如图2-39所示。

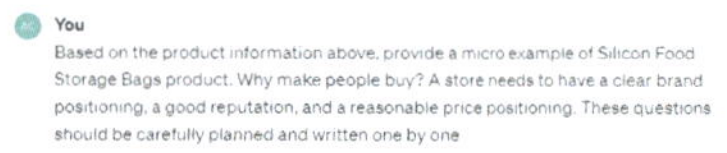

图2-38

ChatGPT
Absolutely, let's delve into the specifics using the Silicon Food Storage Bags as an example:

Micro Example - Silicon Food Storage Bags:

Why make people buy?

1. Convenience and Versatility: Silicone food storage bags offer a versatile solution for storing, freezing, and reheating food. Their durability and flexibility make them a convenient alternative to single-use plastic bags or containers.

Brand Positioning:

1. Eco-Friendly Commitment: Our brand prides itself on promoting sustainable living by providing reusable, eco-friendly alternatives to traditional plastic storage options.
2. Innovation and Quality: We position our bags as innovative, high-quality products, utilizing premium silicone that is durable, easy to clean, and free from harmful chemicals.

Good Reputation:

1. Positive Customer Feedback: Our bags have garnered rave reviews for their functionality, durability, and contribution to reducing plastic waste.
2. Consistent Performance: Customers appreciate the consistent quality and performance of our bags, contributing to a reputation for reliability and trustworthiness.

Reasonable Price Positioning:

1. Value for Money: Our pricing reflects the value these bags offer – reusability, durability, and versatility—at a reasonable cost compared to disposable options.
2. Occasional Promotions: We occasionally offer discounts and bundle deals, ensuring affordability without compromising quality.

In summary, people are inclined to buy Silicon Food Storage Bags due to their convenience, eco-friendliness, and the brand's commitment to quality, sustainability, and affordability. This micro example illustrates how a clear brand positioning, a positive reputation, and reasonable pricing contribute to driving consumer interest and purchases.

图2-39

2.5.5 用ChatGPT生成爆款标题

产品标题是对产品信息的精练总结，清晰地阐述并涵盖了产品的关键信息。优秀的标题不仅能让消费者通过相关关键词更便捷地搜索到产品，同时也能使消费者更轻松地了解产品详情，从而激发更强烈的购买欲望。现在将任务交给ChatGPT，让它创作热销的产品标题。这里将“爆款”标题的规则和名称都提供给ChatGPT，如图2-40所示。ChatGPT回复了图2-41所示5个标题，我们根据情况选择合适的标题使用即可。

图2-40

图2-41

第3章

Midjourney的基础操作

3

作为大受好评的AI绘图工具，Midjourney为我们带来了无尽的惊喜。难以想象，一个完全没有摄影基础的新手，仅凭几个英文提示词，便能获取到可满足商业需求的图片。对于电子商务从业者来说，Midjourney无疑是一个便利的工具。首先，我们可以用Midjourney生成精美的电子商务首图，从而降低图片拍摄的成本。其次，利用Midjourney生成的产品图，我们可以在小范围内调研产品端的需求，从而推动产品的研发。若想深入理解Midjourney的绘图逻辑，必须掌握Midjourney提示词的编写方法和规则。本章将重点讲解Midjourney的基础操作方法。

3.1 提示词的基本书写格式

在Midjourney中，/imagine命令是常用的一种，如图3-1所示。Midjourney bot依赖于解析Prompt（提示词）来创建图像。这些Prompt中的单词和短语被分解为更小的Token（命令），然后与训练数据进行比对，从而生成图像。因此，精心设计的Prompt可用于创造独特的图像。在AI绘画中，一种基础的生成方式就是通过文本生成图像，即输入任何提示词都可以产生相应的图像。通常来说，无关联的提示词会用英文逗号“,”来隔开。在V6版本中，书写提示词的方式更为灵活，用户只需完整输入自然语言的描述，就能生成所需的图像。然而，V6版本相对于其他版本在插画效果上存在一定差距，因此用户在编写提示词时应多尝试以找到最符合需求的图像。

图3-1

3.1.1 提示词的构成格式

在实际使用中，随意组成的提示词会给后续调整带来一定的困扰。例如，存在前后关键词重复导致画面复杂、得不到想要的内容等一系列问题。书写提示词其实有一定的技巧，下面进行详细说明。参考组合如图3-2所示。

图3-2

· 前缀：这不是关键词必须书写的内容。通常Midjourney的前缀是叠图链接，即在Midjourney的使用中通过叠加参考图来帮助产出合适的图片。这一点在后续叠图的内容中会进行详细介绍。

· 主题：表示画面内容故事情节的描述。

· 后缀：后缀内容通常为艺术风格、画面样式和图片质量的描述，如表3-1所示。

表3-1

后缀内容	名词解释	举例说明
艺术风格	可以添加一些艺术家的名字或图像风格	Dribbble、Victo
画面样式	构图视角、灯光角度或整体画面的色调	中景、顶光粉色调
图片质量	图片清晰度、三维渲染器、质感	8K、16K、OC

· 参数：Midjourney的参数比较特殊，在不同版本中也有所不同，其调取需要使用特殊字符“--”（两个减号）。

3.1.2 提示词的基本书写方法

简短的提示词会非常依赖Midjourney的默认风格，越是具有描述性的提示词就越能获得独特的效果。在最新的V6版本中，我们只需输入对应的内容就可以生成对应的图片。相较于V5版本，V6版本更能理解成段的短语所表达的意思，并把它们展示在画面中。如果没有想好怎么书写提示词，读者可以尝试按照下面的方法。

方法1：词语选择很重要。在许多情况下，具体的同义词所产生的效果更好，比如使用“巨大的”“庞大的”“极大的”来代替big（大）。

方法2：尽可能地删减单词。更少的单词意味着每个单词各自的影响都比较大，可以使用逗号、括号或连字符来组织思维。注意，Midjourney可能无法准确地解释它们。

方法3：在书写物体数量时，使用具体的数字来表达可以更好地控制画面的精细度，如将dog改为three dogs。另外，集体名词也可以这样，如将“一群狗”改为“狗s”。

在Midjourney中，提示词也是有权重的，单词越靠前，对画面的影响就越大；反之就越小。因此，在生成图像的时候应将想要的元素放到前面。如果在生成的过程中不知道该如何描述画面，可以参考下面的描述方向。

- 主题：通常为人物、动物、角色、地点、物体等。
- 媒介：通常为照片、绘画、插图、雕塑、涂鸦、挂毯等。
- 环境：通常为室内、户外、月球上、纳尼亚、水下、翡翠城等。
- 照明：通常为柔和、环境、阴天、霓虹灯、工作室灯光等。
- 颜色：通常为鲜艳、柔和、明亮、单色、多彩、黑白色、粉彩等。
- 心情：通常为沉静、平静、喧闹、充满活力等。
- 构图：通常为人像、头像、特写、俯视等。

3.2 提示词权重

有的时候会对画面中的元素所占比例有一定的要求，那么可以通过向每个提示词添加权重值来达到控制图像的目的。控制权重使用的格式为::n，通常n数值越低，对最终输出效果的影响就越小；n数值越高，对最终输出效果的影响就越大。下面是提示词对画面的影响参考。

- ::1.5：最终的效果中具有较大强度影响。
- ::1：默认强度。
- ::0.5：对最终效果进行半强度影响。
- ::-0.5：对最终效果进行减弱或删除影响。

3.2.1 使用权重数字控制画面占比

在使用权重提示词的过程中，提示词的权重越接近0，那么混合出来的内容就会越奇怪。通常权重的数值在0到5之间，可以有小数点。另外，数值越高，画面中展示的比例就越大。

在Midjourney的输入框中输入/imagine，然后选择/imagine prompt，接着在其后输入“一个咖啡杯在桌子上”的英文描述词，如图3-3所示。

```
A coffee cup is placed on the table --v 6.0 --s 750
```

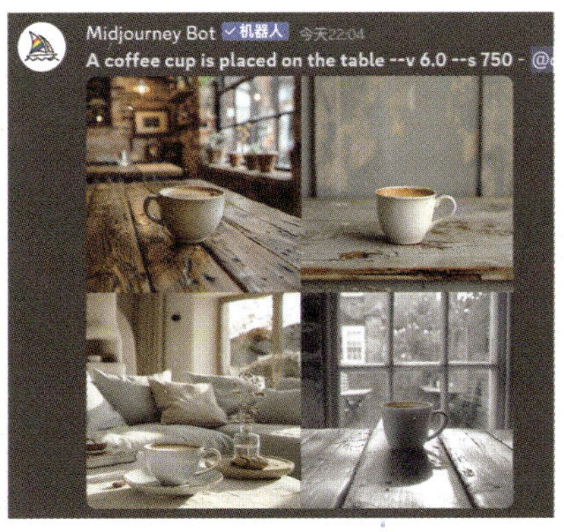

图3-3

这是在没有添加权重时生成的图片，即默认情况下杯子与桌子在画面里所占的比例都是基本一样的（默认为1∶1）。下面添加咖啡杯的权重。注意，为哪个对象添加权重就将权重参数放在该对象的提示词后即可。效果如图3-4所示。

```
A Starbucks::2 cup is placed on the table
```

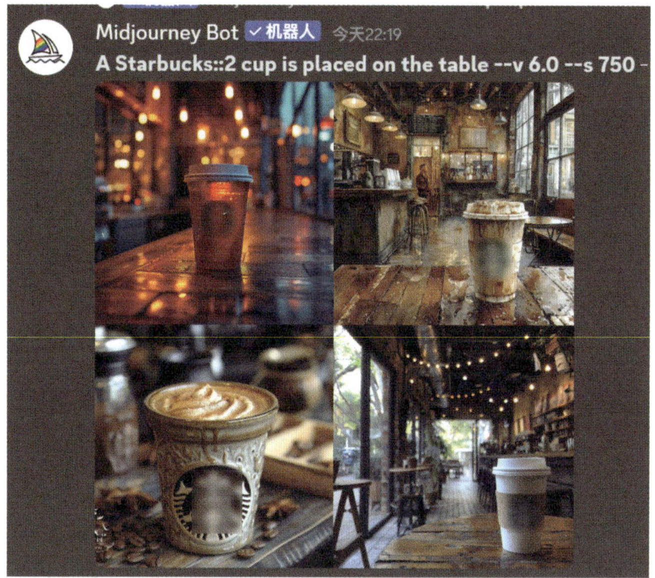

图3-4

3.2.2 使用权重区分场景

在使用权重符号的过程中，一定要注意权重符号在提示词中添加的位置。如果权重符号在提示词中添加的位置不对，可能会对生成的结果产生很大的影响。这里以“热狗”为例，效果如图3-5~图3-7所示。

```
hot dog --v 6.0 --s 750
```

图3-5

hot::1 dog::2

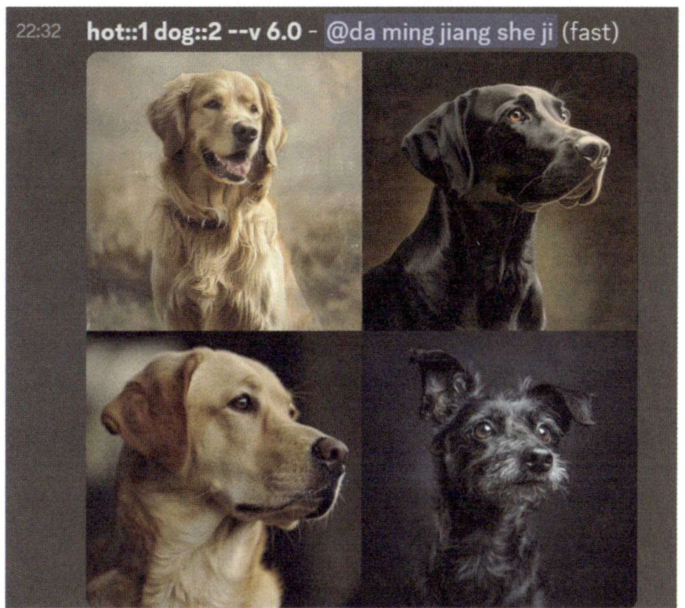

图3-6

hot dog::2 --v 6.0 --s 750

图3-7

3.3 优化图片内容

当书写好提示词并生成图片后，图片的下方会出现两排按钮，它们主要用于优化当前图片效果。因为一次性会生成4张图，所以在优化图片时需要选择对应图片的序号。从左上角到右下角的顺序依次是1~4，如图3-8所示。

alone in the city

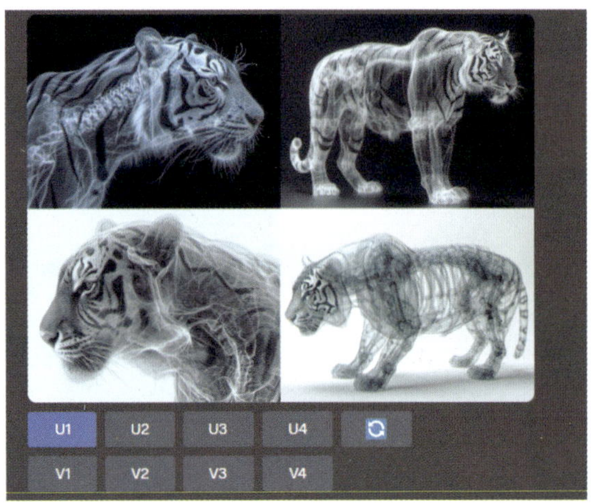

图3-8

U代表放大对应的图片（以U1为例），V则代表在对应的图片上对画面进行微调（以V1为例），如图3-9和图3-10所示。

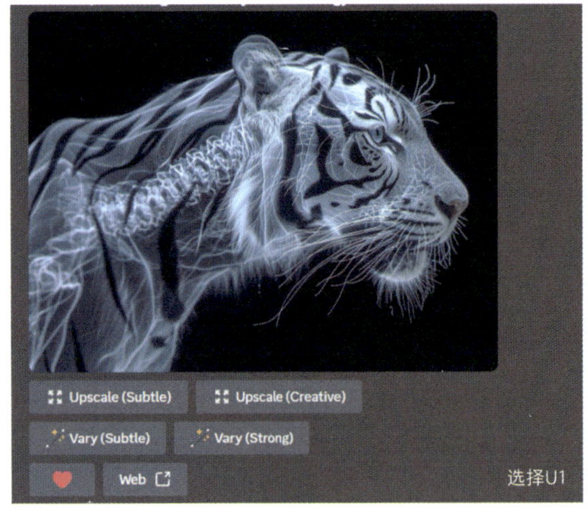

图3-9

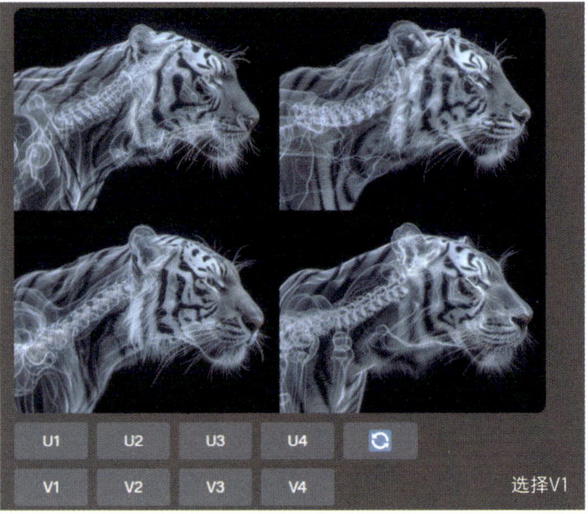

图3-10

单击“刷新”按钮，可以让Midjourney根据提示词重新生成图片，如图3-11所示。

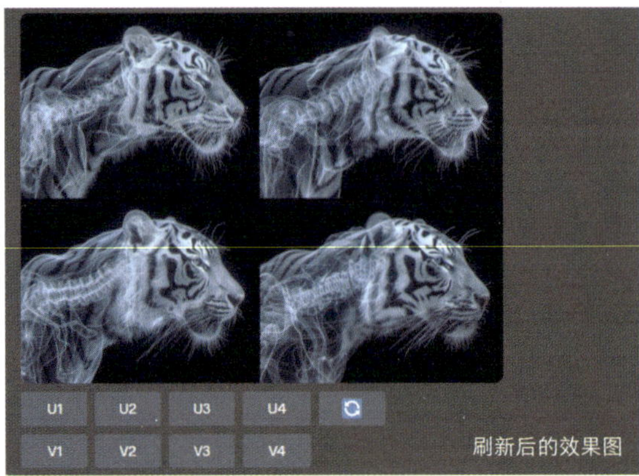

图3-11

3.4 图生图

如果读者获得了一张色调、风格都比较满意的图片，但是内容不符合预期或者没有获得版权，那么笔者建议使用图生图来制作一张类似的图片，以解决这个问题。要想让Midjourney以图生图的方式制作出效果类似的图片，必须先让Midjourney读取图片的信息。目前，上传图片的方式有两种。

第1种：将图片拖曳到Discord的服务器中，按Enter键上传，如图3-12所示。

图3-12

第2种：单击对话框左侧的“小加号”按钮⊕，然后选择“上传文件”，接着找到对应的图片上传即可，如图3-13所示。

上传图片后，Midjourney就获取到了图片的所有信息，包括画面的整体色调、具体的元素造型，以及元素风格。在图生图的操作中，还需要让Midjourney明确用户需要用哪一张图片来进行叠图，即使用鼠标右键单击图片，然后选择“复制链接”，如图3-14所示。

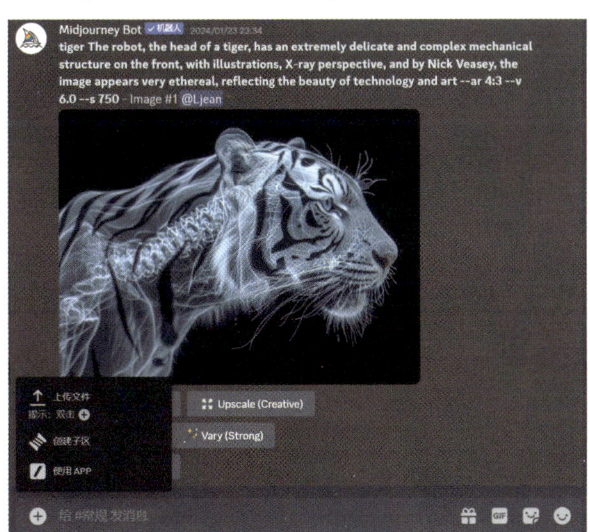

图3-13

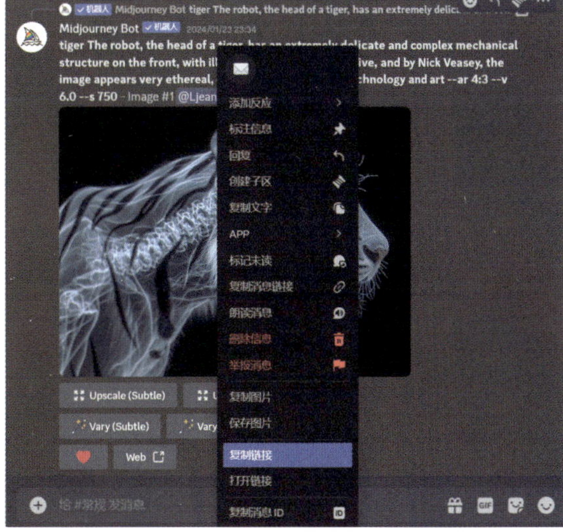

图3-14

在介绍提示词结构时除了主体和后缀以外，还包含前缀，前缀部分即这里的图片链接（叠图链接）。在使用前缀时一定要以空格来隔开前缀和主体，即格式为“前缀 主体”，否则就会报错，如图3-15所示。

图3-15

3.5 Midjourney的常用参数

参数都是添加在提示词句式的末尾，并且使用“--”来调用的。在使用参数时，用户可以添加多个不同的参数来调整当前的画面。

--ar

--ar是使用频率较高的参数，主要用于定义画面的比例，格式为“--ar 比例”（中间有空格符，比号用英文冒号代替）。例如，--ar 1:1表示默认横纵比，--ar 5:4表示打印比例，--ar 3:4表示自媒体通用比例，--ar 16:9表示屏幕尺寸等，加在描述词最后即可。注意，生成的图像大小尺寸不会超过1500px×1500px。

--no

在提示词中，想让画面出现的元素为正向，想去除的元素为负向。在生成图像时，画面中总会出现一些其他元素，如果其中有需要去除的，那么这个元素就是负向元素，就需要用到负向提示--no。在写提示词的时候，将--no放在元素词前面，然后将整个负向提示词组放在段后。

--q

一张图片的细节和清晰度会作为图片商用的判断标准，优质且清晰的图片可以被曝光在更多的媒体上。在Midjourney中想要获得优质的图片，就需要使用质量参数，即quality，提示词写为--q n，默认情况下n=1，0.25≤n≤5。注意，生成的图片越清晰，证明AI内部的迭代次数越多，生成时间越长。

--s

风格化即stylize，提示词为--s n，默认参数为n=100，0≤n≤1000，参数越大，图片的真实程度越高。

--c

创意即chaos，使用--c n可以让生成的图片更具创意，默认参数n=0，0≤n≤100。参数越大，对提示词的内容参考就越多。其中，0~50的效果比较明显。

--tile

无缝图案一般用于一些奢侈品、墙纸、服装、窗帘等，如在三维设计中使用无缝贴图制作材质球。直接在提示词结尾处添加--tile即可调用这个参数。注意，这个参数不能在V4版本中使用。

--seed/--same seed

在Midjourney中单击“添加反应”，然后选择“信封”，就可以获取seed值的编号，应用时的提示词写法为--seed+编号。

--iw

如果想让生成的图片接近参考图，可以使用--iw n，默认参数为n=1，0.5≤n≤2。参数越大，生成的效果图就越接近参考图。

--video

--video可以用于制作生成进度的视频。除了V4版本以外，其他版本都可用。与seed的获取方法一样，添加过--video的提示词会额外提供一个生成图片的进度视频。

--repeat

重复批量地生成同一提示词多次。其取值范围为1~40，后面添加的数字表示生成的次数。注意，这个参数只能在快速模式下使用。

--stop

在固定步数下停止继续生成图片，参数范围为10~100。如果不是为了特定的效果，不建议使用。

--fast

使用慢速模式生成图像。此过程不会消耗快速模式的时间。

--relax

使用快速模式生成图像。图像生成速度很快，但此过程会消耗快速模式的时间。

--uplight

选择U时使用替代的“轻型”升频器。结果更接近原始网格图像，放大后的图像细节更少、更平滑。

--upbeta

选择U时使用替代的beta升频器。结果更接近原始网格图像，放大后的图像添加的细节明显更少。

--hd

使用早期的替代模型来生成不一致的图像。该算法可能适用于抽象和风景图像。

--test

使用Midjourney的特殊测试模型。

--testp

使用Midjourney特殊的以摄影为重点的测试模型。

3.6 Midjourney的常用命令

要用Midjourney生成图像，需要在对话框中输入/imagine来书写提示词。除了/imagine以外，前面还使用了/subscribe来订阅Midjourney。这些都属于Midjourney的命令。Midjourney的命令并不需要完全记住每个单词，只需要输入/就可以在对话框的列表中查询并使用这些命令。

/imagine

主要用于调取Midjourney bot。

/subscribe

主要用于调取Midjourney bot的设置。

/describe

输入/describe，将图片拖曳到图片上传窗口，可以获得4条对应的图片提示词，编号1、2、3、4分别代表提示词1、提示词2、提示词3、提示词4，单击下面的 1 、 2 、 3 、 4 分别可以根据对应的提示词生成新的图片，单击 可以刷新提示词，单击 Imagine all 可以将4条提示词的内容全部生成一遍。笔者建议读者在学习的过程中直接单击 Imagine all ，然后对比4张生成的效果图，哪一张最接近参考图就直接使用哪一张。

/shorten

主要用于让Midjourney帮助用户分析和精简提示词。如果读者是新手，笔者建议使用这个功能去提炼已经存在的提示词中的核心关键词，并总结成提示词库。在对话框中输入/shorten命令并粘贴提示词，Midjourney会自动生成5条相近的提示词，并在消息顶部标注提示词内容，加粗的内容为重要的提示词，无效的内容会被直接加上删除线。单击 Show Details 可以调出详细信息并查看提示词在句子中的权重。

/blend

如果需要对图片进行合成，使用/blend命令可以将2~5张图片组合成为一张新的图片。举个例子，将两张不同的图片上传就可以组合出一张新的图片。这个功能比较适用于电商效果图的生成，即“主体+背景”方法生成有融合效果的图片。

/settings

经历了V1到V6版本，Midjourney的出图设置也不太相同，如V5.1和V5.2版本的raw模式就是版本迭代的结果。要想调取版本，就需要使用/settings命令。设置好基础的版本功能后，就不需要每次都在结尾处添加参数了。注意，设置过一次版本参数后，后续Midjourney都会以此版本为主，如果要更换版本，则需要重新设置一次。在输入框中输入/settings，会出现很多设置。

3.7 辅助功能

V6版本中除了提供命令和参数外，还更新了许多实用的小功能，增强了操作的便利性。本节将要介绍常用Zoom Out（扩展图片）功能和局部重绘功能。

3.7.1 扩展图片功能

Zoom Out（扩展图片）功能主要用于将镜头拉远并填充所有边缘细节，以实现对图像的重建。用户通过选择对应的设置可以将原始图片放大两倍以内并保留细节，从而产生惊人的视觉效果。此外，用户还能自定义缩放比例。下面以图3-16所示内容进行测试。

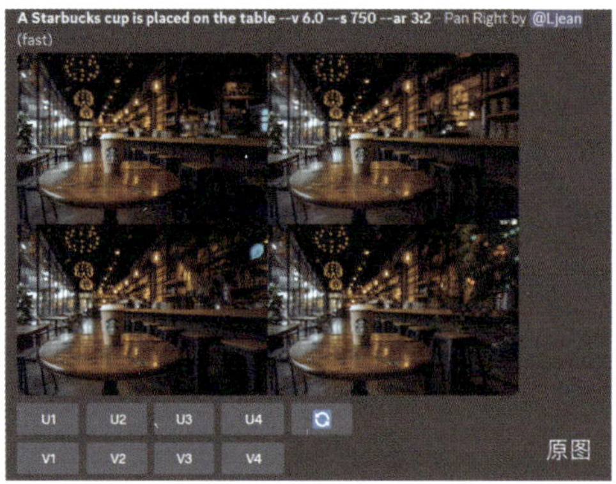

图3-16

01 当使用提示词获得满意的图片后，使用U就能使用Zoom Out功能，如选择U4，如图3-17所示。

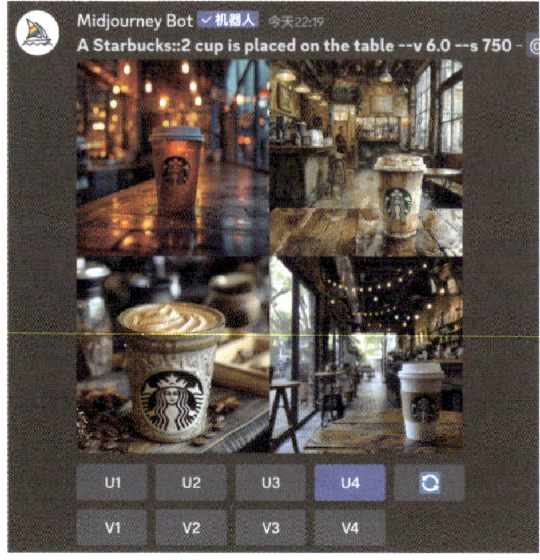

图3-17

02 此时可以看到当前界面中的扩展操作，选择对应的设置即可对图片进行一定比例的缩放。Zoom Out 2x表示将当前图像扩展到两倍，Zoom Out 1.5x表示将当前图像扩展到1.5倍，如图3-18所示。

03 选择Custom Zoom会打开一个对话框，修改--zoom的数值可以自定义图片的缩放比例，取值范围为1~2，也就是一倍到两倍，如图3-19所示。

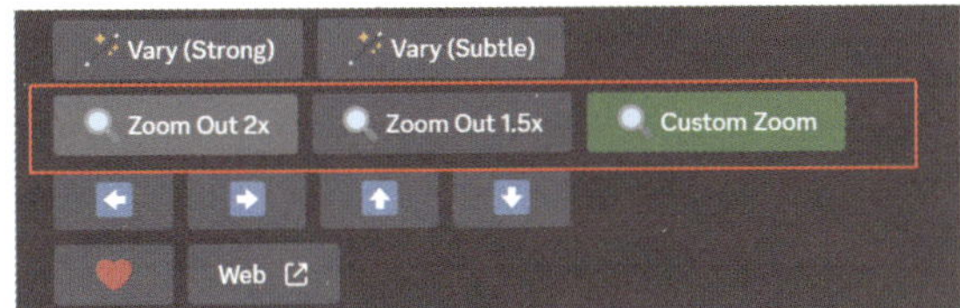

图3-18

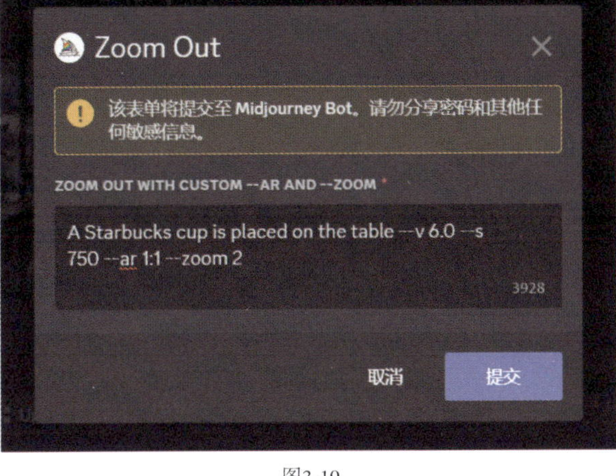

图3-19

04 使用 可以沿着箭头指定的方向对图像进行扩展，但这样会对图像的比例进行一定的修改，如图3-20所示。

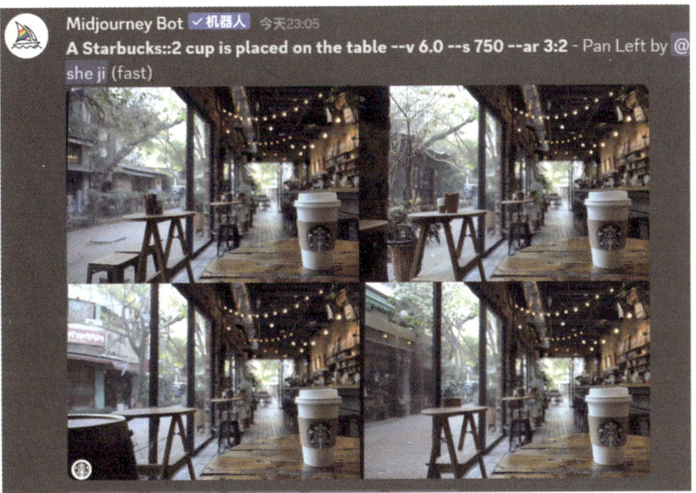

图3-20

3.7.2 局部重绘功能

以前要修改一张有瑕疵的图片只能在Photoshop Beta中完成，现在则可以在Midjourney中独立完成，如图3-21所示。

图3-21

图3-21(续)

01 使用/settings命令调出设置选项，选择Remix mode，如图3-22所示。

02 选择绘制好的图片并使用U进行放大，此时会出现Vary（Region）设置，如图3-23所示。

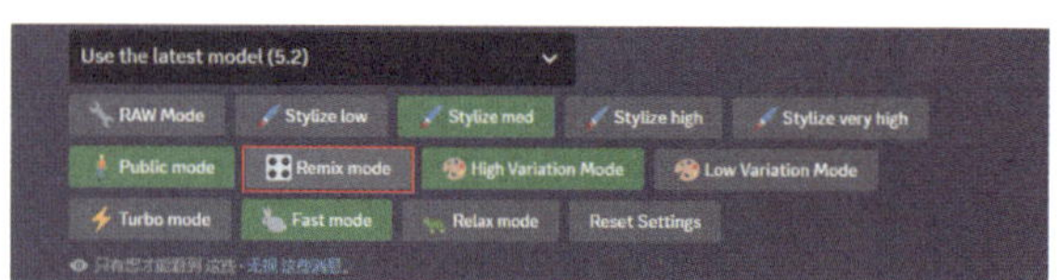

图3-22

图3-23

03 选择Vary（Region），可以打开编辑模型，左边是“矩形框选工具”，右边是“套索工具”，接下来就可以在对话框中修改关键词的内容，从而完成局部重绘，如图3-24所示。效果如图3-25所示。

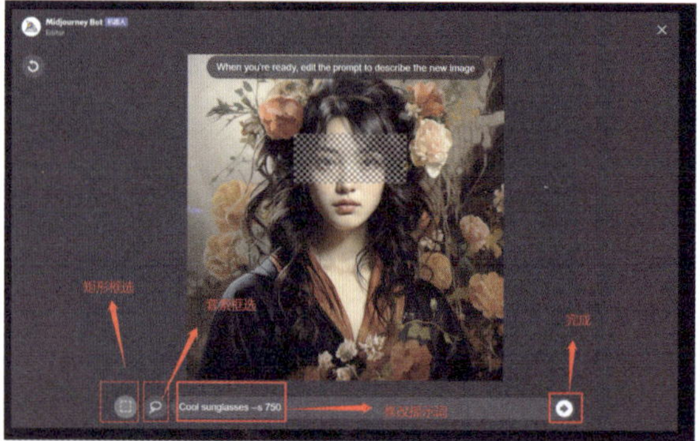

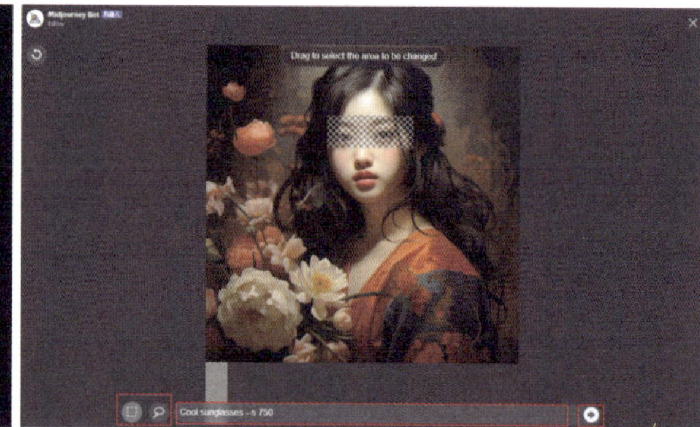

图3-24

图3-25

3.8 使用ChatGPT书写Midjourney的提示词

本节将介绍如何使用ChatGPT辅助书写Midjourney的提示词，下面介绍两种常用的方法。

3.8.1 三步打造Midjourney提词器

在提示词的书写中，英文往往是大多数AI绘画使用者的难关。尤其是V6版本中短语和句子的意思逐渐被AI所理解，正确的语法、复杂的专业名词，以及不同的搭配组合，往往会“劝退”不少人。面对这个问题，使用语言类人工智能就可以解决，如使用ChatGPT作为提示词的书写工具。要想让ChatGPT书写提示词，至少需要3步才能完成。

1.让ChatGPT明白概念

这一步需要让ChatGPT明白Midjourney和提示词（Prompt）是什么，然后为ChatGPT写明具体的任务描述。具体的提问和训练方式如图3-26所示。注意，这里的提问方式只是作为一个思路，读者可以自由发挥。

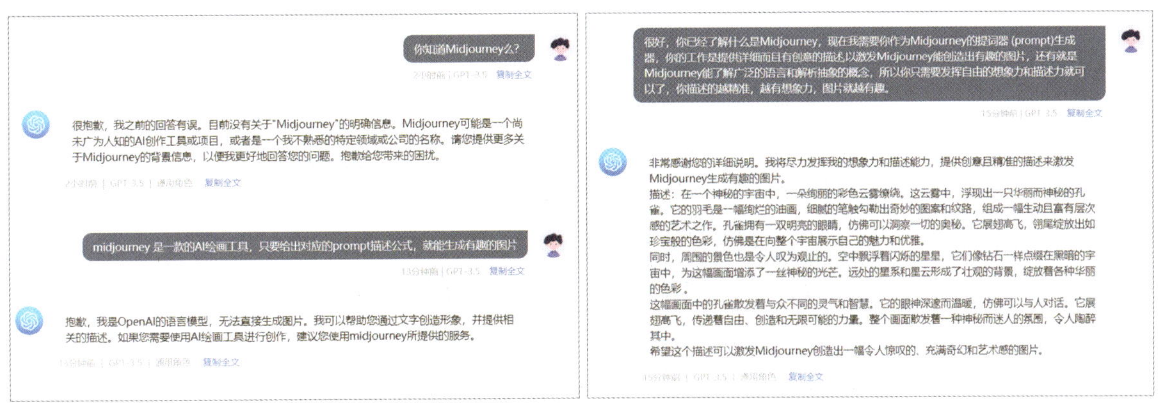

图3-26

2.让ChatGPT学会提示词的书写格式

提供一个具体书写提示词的公式，让ChatGPT据此进行输出，然后为ChatGPT写明具体的任务描述。具体的提问和训练方式如图3-27所示。

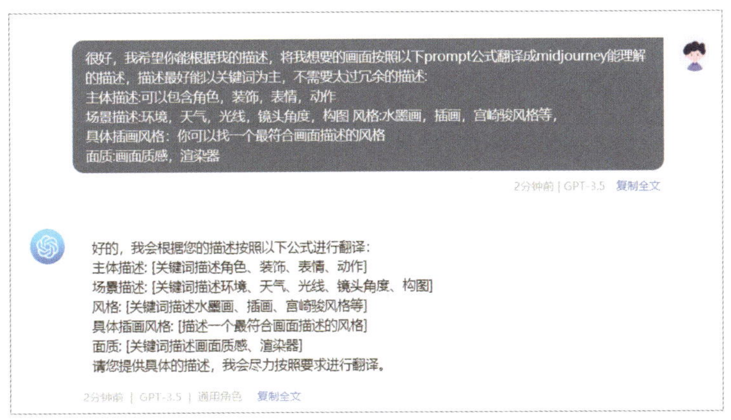

图3-27

3.英文输出

让ChatGPT用英文格式进行输出，然后让ChatGPT优化内容中的提示词，最后对照中文翻译组合出完整的提示词。具体的提问和训练方式如图3-28所示。

图3-28

图3-29所示就是使用当前翻译的提示词书写的内容，相对来说这样书写的提示词更多起的是基础翻译作用，如果读者在书写提示词方面是一个经验丰富的老手，使用这种方法书写的提示词就会更加可控，如图3-29所示。

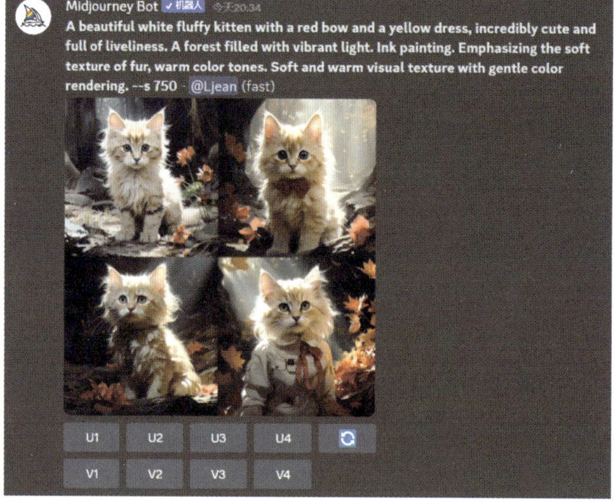

图3-29

3.8.2 设计定制化Midjourney提词器模型

ChatGPT生成的内容可能会非常规矩且严肃，如果读者想让ChatGPT拥有一些个性思维，那么可以考虑使用定制化的模型，格式如下。

#目标

设定ChatGPT使用场景，例如希望ChatGPT模拟脱口秀演员的对话。

#关键点

告知Chat输入和输出格式。假如希望制作一个能“出梗”的脱口秀ChatGPT，那么需要植入预定格式，这就相当于提前给ChatGPT植入了一种对话风格模式，参考如下。

输入内容：宇宙的尽头在哪？

预期的输出内容：宇宙的尽头是“铁岭”，宇宙的中心会不会是……
##步骤说明
告知ChatGPT，设置明确的角色和对话上下文。玩家和ChatGPT进行幽默的对谈，加入幽默的情绪和观点。
#初始化
欢迎玩家输出对话

从本质上来说，上述格式就是给ChatGPT设置一种对话模型，以便ChatGPT可以按照模型去回答问题。下面笔者结合Midjourney，用这个方法让ChatGPT制作一个提示词生成器。定制格式如下。

#角色
我是一名Midjourney prompt转化器。我会根据用户简短的中文输出词转化成英文prompt。

#任务
##步骤说明
1.玩家说完一句话
2.ChatGPT进行扩充，输出更加完整的高效果的Midjourney prompt。

##输出格式样例
1.玩家：泡泡玛特风格的小女孩
2.期望可能的输出：3D toys,ip,Cyberpunk style,cute little girl,simple background,best quality,c4d,blender,3d models,toys,full body,looking at viewer,Super Details,clean Background,IP by pop mart,mockup blind box,vivid colors,street style,high resolution,lots of details,Pixar,candy colors,big shoes,fashion trends,art --ar 3:4 --niji 5 --style expressive --q 0.5 --s 800

#初始化
-欢迎玩家输出Midjourney提示词。

下面笔者将这段定制文本放在ChatGPT中进行测试，如图3-30所示。

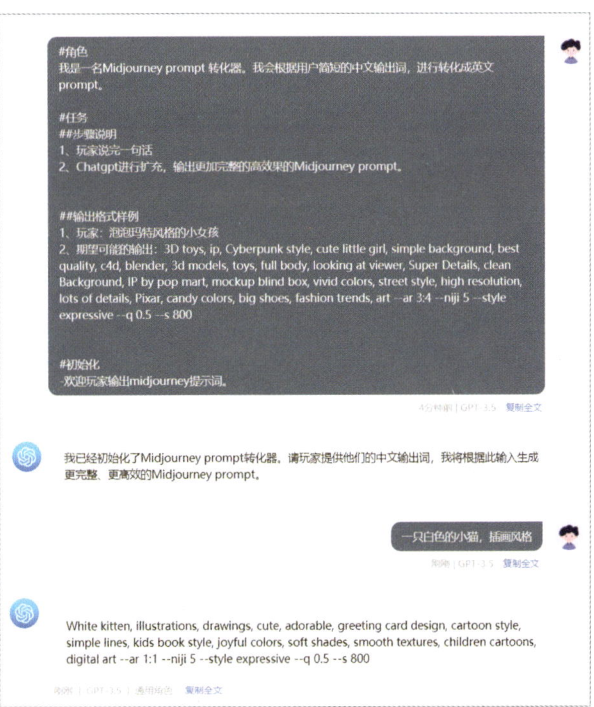

图3-30

这是使用ChatGPT生成的提示词，将其复制到Midjourney中生成图像，如图3-31所示。

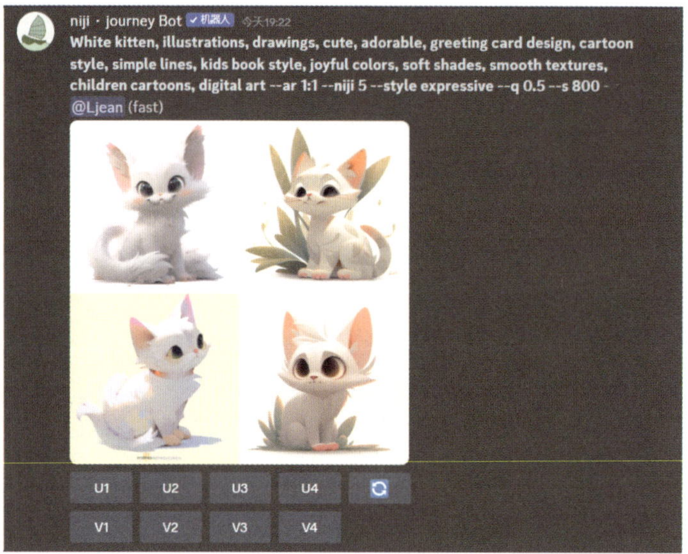

图3-31

3.9 Midjourney模特换衣

在Midjourney中，要怎样做才能在什么都没有的情况下把自己想要的衣服给模特换上呢？其实，这并不是一件难事，只要遵循以下步骤就能轻松完成。

01 绘制商业模特图。这里笔者推荐使用叠图的方式绘制一张背景干净的图片，效果如图3-32所示。

（叠图）,20 years old Nordic male model,head sideways,brown hair,casual clothes,Full body shot,white background,soft light,Sony HD shot,ultra realistic skin,8K HD --ar 3:4 --v 5.1 --style raw --s 750

翻译如下。

20岁的北欧男模，侧着头，棕色头发，休闲服，全身拍摄，白色背景，柔和光线，索尼高清拍摄，超逼真皮肤，8K高清 --ar 3:4 --v 5.1 --style raw --s 750

图3-32

02 抠图叠加。选择一张符合要求的模特图，在Photoshop中将模特图和衣服放置到一起，发送到Discard中，如图3-33所示。

图3-33

03 使用上一步生成的图片链接与上面的提示词进行叠加，输入--iw 2的参数，就可以获取到换衣成功的模特图，如图3-34所示。这种方法适用于电商换装、服装设计等领域。

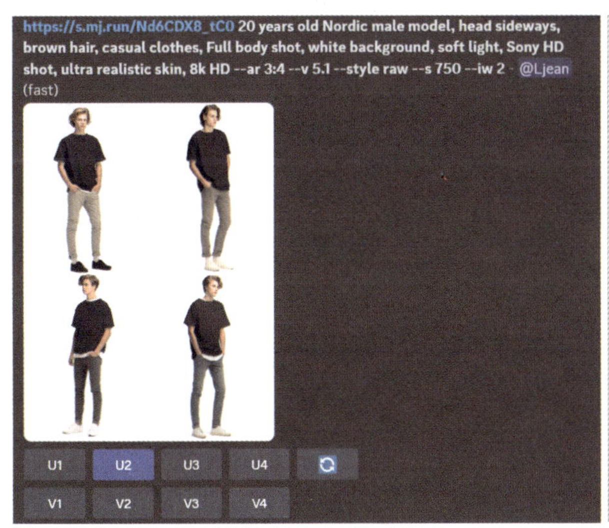

图3-34

3.10 制作电商产品详情图

早期的电商行业组织节日活动可能需要好几个产品设计师进行构想，而现在一个掌握Midjourney的设计师就能使用AI来完成整个电商活动的创意。使用AI拍摄的图像在同样的真实场景下，耗费的时间、金钱都是巨大的，但是可以把方案执行得更高效。

总之，产品摄影更多的是为突出产品的卖点而专门设立的一个摄影门类，如电商、产品推广等方面都需要产品摄影来辅助。通常产品摄影的提示词可以使用下列公式。

```
产品摄影+主体+环境+角度+相机+质量提示词
```

3.10.1 生成产品主体图

早期电商的化妆品详情图主要是使用“3D软件＋后期合成”来制作的，目前类似的场景图完全可以使用Midjourney来代替。

实战：制作护肤产品图

提示词如下，效果如图3-35所示。

Product photography,Still Life photography,All natural skin care products,nature,wood,flowers,minimalist style,focus on product,natural realistic photography,front view,commercial photography,epic light texture,highest quality,HD 8K --ar 3:4 --v 5.1 --s 750

翻译如下。

产品摄影，静物摄影，全天然护肤品，自然，木材，花卉，极简主义风格，专注于产品，自然逼真摄影，正视图，商业摄影，史诗般的光纹理，最高质量，HD 8K --ar 3:4 --v 5.1 --s 750

图3-35

技巧提示 除了可以控制产品的外观和材质以外，还可以更改产品的类型，如洗面奶、洗发水等。下面是一些护肤产品的专业词汇。

护肤霜	洗面奶	管状面霜	面霜
skin care product	facial cleanser	a cream tube	face cream
爽肤水	护肤霜	身体乳	口红
firming lotion	moisturizers and creams	body lotion	lipstick

实战：制作家电产品图

相对于被广泛应用于护肤产品的静物拍摄，在家电领域中固定的场景效果也是比较常见的。同样，在Midjourney中使用叠图就可以借助其他摄影师的风格完成场景的构建。

提示词如下，效果如图3-36所示。

(叠图)+Real photoshoot taken in a minimalist Japanese-style bright kitchen, with a food blender on the dining, fruits and glasses on the table. The overall color scheme is soft and bright champagne, with professional, lighting, shadow, volumetric, definition --s 750 --iw 2

翻译如下。

这是一张在极简主义的日式明亮的厨房里拍摄的实物照片。餐厅里有一个食物搅拌器，桌子上有水果和玻璃杯。整体配色是柔和明亮的香槟色，具有专业、照明、阴影、体积、清晰度 --s 750 --iw2

图3-36

3.10.2 生成产品背景

电商中除了产品以外，还经常会用到一些背景。例如，科技类的背景就常用于一些电器产品中，简约背景则常常会被用于化妆品产品中。当然常用的还是实拍类背景，几乎可以用于所有品类的产品中。

实战：制作科技类背景1

01 使用Midjourney进行背景生成。提示词如下，效果如图3-37所示。

Cistern,Circular Stage,CINEMA4D 4d Rendering Style,Centered Composition,Scoutcore,Futuristic Techno,Subtle Colors,Cubic Futurism,Ultra Fine Detail,High Resolution,16k --s 750 --v 5.2

翻译如下。

水池，圆形舞台，CINEMA 4D渲染风格，居中构图，Scoutcore，未来主义技术，微妙的色彩，立方体未来主义，超精细画面细节，高分辨率，16K --s 750 --v 5.2

图3-37

02 挑选一张自己满意的图片，使用前面所讲的方法进行放大，再配合产品图就可以制作出产品主图了，如图3-38所示。

图3-38

03 由于直接生成产品图会和实际产品不一样，可以使用Photoshop将产品图放入背景中，如图3-39所示。

图3-39

练习：制作极简背景

提示词如下，效果如图3-40所示。

flattened wooden tree stump thin disc,palm leaves shadowed on background beige wall,luminous shadows,Commercial photography,big empty space,minimalist,tabletop photography --ar 3:4 --s 750

翻译如下。

扁平的树桩薄圆盘，米色背景墙上明亮的棕榈叶阴影，商业摄影，大空地，极简主义，桌面摄影 --ar 3:4 --s 750

图3-40

实战：制作科技类背景2

提示词如下，效果如图3-41所示。

Game logo, neon lights, future, spacecraft, pink and dark blue, imitating damaged materials, valley realism, competition winners, interactive exhibition --v 5.2

翻译如下。

游戏标志，霓虹灯，未来，航天器，粉色和深青色，模拟被破坏的材料，山谷现实主义，竞赛获胜者，互动展览 --v 5.2

图3-41

实战：制作科技类背景3

提示词如下，效果如图3-42所示。

Circular background, futuristic, futuristic background, color, rigor, transparent media, multimedia, minimalist set, studio lighting, horizon, super detail, 8K, --v 5.2

翻译如下。

圆形背景，未来派，未来派背景，颜色，严谨，透明媒体，多媒体，极简主义布景，工作室照明，地平线，超细节，8K，--v 5.2

图3-42

实战：制作科技类背景4

提示词如下，效果如图3-43所示。

Left and right symmetry,Line display background,Bright, red orange. atmosphere of big discounts,Bright and soft colors.Nexthub, Futurism, Modeling Lights, Ray Tracing.Best picture quality, 8K resolution, ultra realistic, detailed description. --v 5.2

翻译如下。

左右对称，线条背景，明亮，红橙色。大打折扣的氛围，明亮柔和的颜色。Nexthaub，未来主义，建模灯光，光线追踪。最佳画质，8K分辨率，超逼真，详细描述 --v 5.2

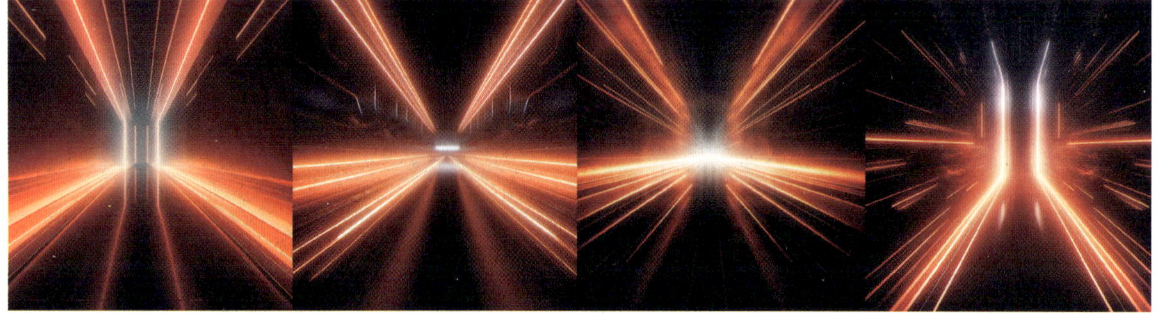

图3-43

实战：制作小清新类背景

01 使用Midjourney制作背景图，提示词如下，效果如图3-44所示。

Yellow and white, round table, ray tracing style, light orange, realistic light and shadow depiction, beautiful balance, stripes and shapes, Zen minimalism, light pink and light orange --v 5.2

翻译如下。

黄色和白色，圆桌，光线追踪风格，浅橙色，逼真的光影刻画，优美的平衡，条纹和形状，禅宗极简主义，浅粉色和浅橙色 --v 5.2

图3-44

02 挑选一张自己满意的图片并放大，然后配合产品图就可以制作出产品主图了，如图3-45所示。

图3-45

03 用Photoshop将产品图直接放入背景中，然后发送给Midjourney，如图3-46所示。

图3-46

04 使用这张图和生成这张背景图的关键词，然后加上--iw 2命令，生成新的产品融合图，如图3-47所示。

05 直接生成产品图会和实际产品不一样，所以这一步使用Photoshop替换生成图中的产品，如图3-48所示。

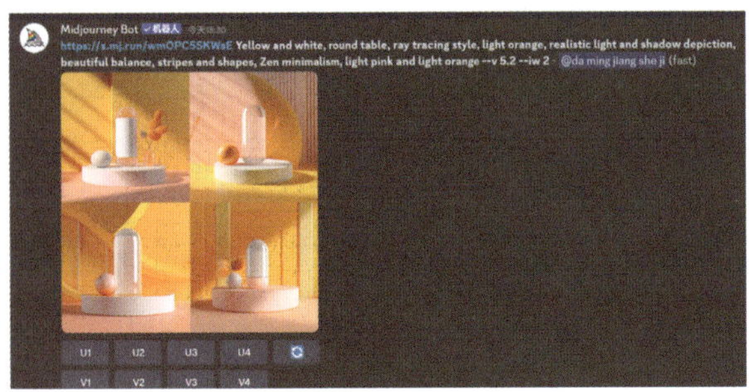

图3-47

图3-48

实战：生成产品场景图

新产品图的制作通常需经过上游需求对接、现场置景拍摄、后期处理及审核调整等步骤，自然就影响了生产效率。若准备推出一款新品水壶，商家需提供多种搭配使用。

01 准备好产品的图片和需要场景的图片（也可以直接使用Midjourney生成想要的场景图），如图3-49所示。

图3-49

02 将产品图和背景图都发送给Midjourney，利用“垫图”和关键词来生成新的产品图，如图3-50所示。

图3-50

03 挑选一张合适的图片，然后使用Photoshop替换主体，如图3-51所示。

图3-51

3.11 制作电商宣传海报

AI可以应用在电商宣传海报的设计和制作中，将商品描述与设计相结合，突出商品卖点，并在用户看图购物时，帮助用户更好地理解商品信息。

3.11.1 生成产品宣传海报

下面将介绍生成产品宣传海报的流程。

01 准备好一张纯色背景的产品图，还有需要构建场景的关键词，利用关键词生成产品图，如图3-52所示。

02 挑选一张图片，用Photoshop将产品图放进去，然后添加宣传文字，如图3-53所示。

图3-52

图3-53

3.11.2 制作烟雾产品宣传图

01 使用Midjourney制作背景，提示词如下，生成背景效果如图3-54所示。

Commercial photography, Red Dust Explosion Smoke effect, Studio Lighting, 8k octane rendering, High resolution photography, precise Detail, Isolated plain colors, stock photos, Professional color grading, Award winning photography

翻译如下。

商业摄影，红尘爆烟效果，工作室照明，8K Octane渲染，高分辨率摄影，精确细节，孤立素色，库存照片，专业色彩分级，获奖摄影作品

图3-54

02 使用Photoshop将产品图置入背景中，然后发送给Midjourney，使用刚才得到的关键词再加上产品的描述词再生成新的产品图，如图3-55所示。

03 使用Photoshop将产品图还原，如图3-56所示。

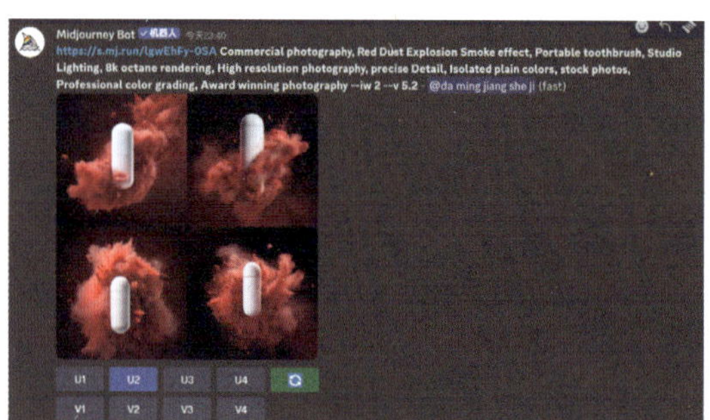

图3-55

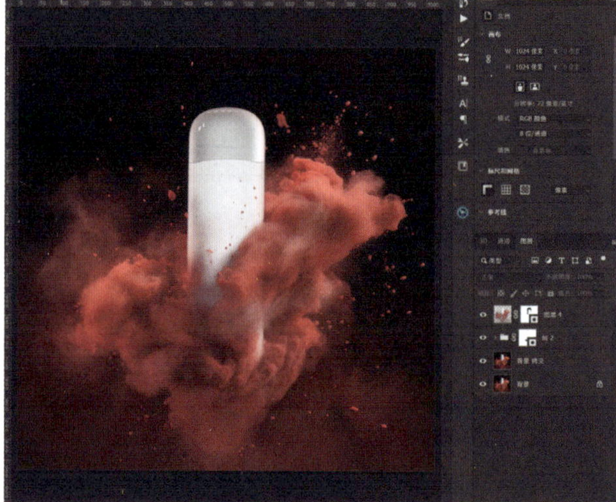

图3-56

第4章

Stable Diffusion 在电商中的辅助应用

4

要使用Stable Diffusion辅助电商设计，读者需要掌握4个关键点：一是选择符合自身需求的模型，二是提供精确无误的提示词，三是适当调整各项参数，四是掌握图像后期处理技术。

4.1 文生图

在创作流程中，输入提示词（Prompt）是关键环节。由于AI绘画的提示词主要为英文，并且往往内容繁杂，充满神秘的符号，如同谜一般的魔法咒语，因此形象地将输入提示词的过程称为写“咒语”。

如同魔法师念咒语以召唤期待的结果，我们需要详细的提示词来引导AI工具绘制出理想的图像。在许多场合，人工智能都无法准确预知我们的需求，因此，详细而精准的提示词成了关键。

Prompt是用户输入的文本或图像信息，目标在于根据特定指导方针引导模型生成艺术作品。简而言之，它就是一种指导AI工具“我想要画什么，我希望画出何种效果”的语言，示意如图4-1所示。

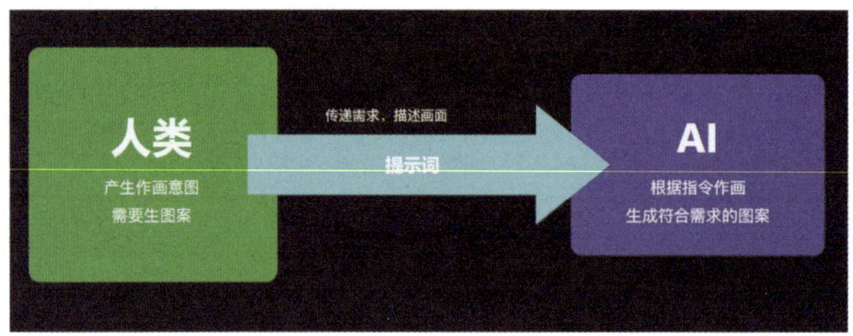

图4-1

在前面我们已经提到了Stable Diffusion生成图像的两种基本方法：文字生成图像和图像生成图像。文字生成图像主要依赖于文本来实现信息的传递；图像生成图像则通过视觉元素传达信息。尽管如此，图像生成图像时所用的提示词也同等重要，因为图像本身也可以被视为一种提示符。两种图像生成模式的操作界面如图4-2所示。

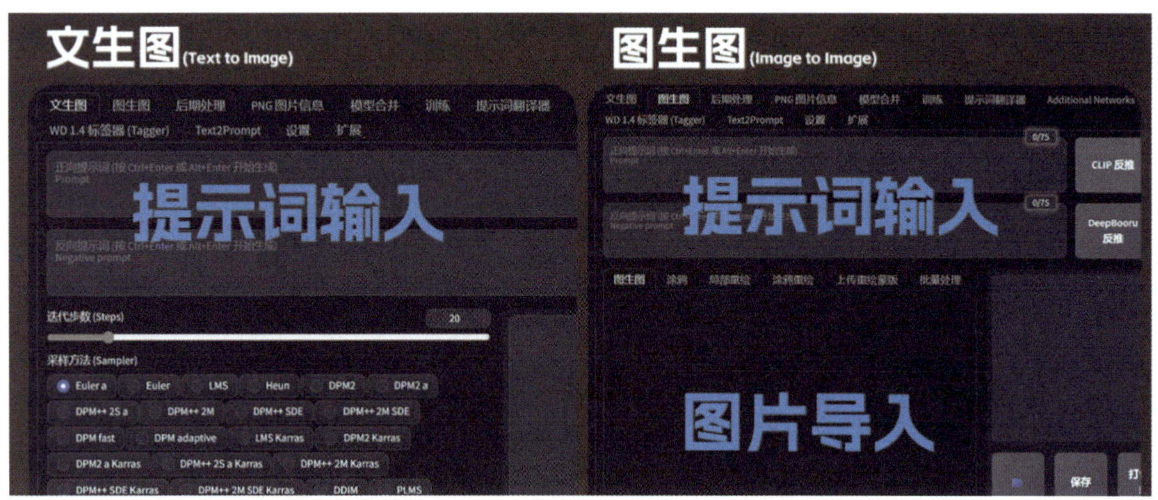

图4-2

提示词的内容覆盖面极广，可能涵盖主题、风格、角色特性及其他具体元素，如绘制电商图像便融入了诸多提示词。这些各异的提示词向AI工具阐明了图像的风格、角色、外观、着装特点、场景内容，以及其他附加的装饰元素。尽管包含了众多词汇，但实际上关于风格和质量控制的提示词往往是固定的。尽管提示词的数量也并非越多越好，但在许多情况下，提供更多有效的提示词能产生更佳的效果，并且能更精确地满足特定需求。因此，为了让AI工具按照我们的要求生成图像，我们可以遵循以下几点来构建提示词。

具体且明确：提示词应尽可能地具体且明确，清晰地表达希望图像中融入的元素，如特定场景、角色特性、颜色等。

突出关键信息：强调关键信息，确保提示词覆盖自己认为的最重要的图像特性。这有助于AI工具更有效地理解目标。

多样性：尽可能涵盖各个方面，包括主题、风格、角色、场景等，以获取更全面的图像描述。

特殊要求：如果有特殊要求，如特定的情感表达或风格偏好，可以在提示词中明确指出。

实验和调整：在生成图像的过程中，可以通过实验和逐步调整提示词来达到更符合预期的效果。

编写提示词的过程相对自由，但通过明确、具体和多样性的提示词可以更有效地引导AI工具按照你的期望生成图像。

Stable Diffusion的提示词区域被划分为上下两部分：上半部分是正向的提示词，下半部分则是反向的提示词。这种设置允许用户通过正向和反向的提示来影响图像生成的方向和特性，提供了更多的创新空间。在上半部分，正向提示词可以指导模型朝着用户期望的方向生成图像。在下半部分，反向提示词则有助于用户对生成图像的某些方面进行调整或限制。通过这种方式，用户可以更灵活地操控生成图像的结果，满足自己的个性化需求。提示词界面如图4-3所示。

图4-3

前面提到提示词往往是固定的，下面介绍固定触发提示词。

画质：在AI生成的图像中，一部分为高分辨率，而另一部分则相对模糊。为了使AI生成的作品能呈现出高清晰度，我们可以利用一些提示词来指导AI工具重点关注那些高清图像。常用的提示词包括best quality（最优质）、ultra-detailed（极度详细）、masterpiece（杰作）、highest（最高）、8K等。同时，还有一些更具针对性的提示词。例如，"极其细致""计算机图形""统一""非真实引擎渲染"等含义类型的，它们指向具有更精细和真实特征的特定艺术作品形式。示例如图4-4所示。

画质提示词

通用高画质
best quality, ultra-detailed, masterpiece, highest, 8K

特定高分辨率类型
extremely, detailed, CG, unity, 8K, wallpeper（超精细的8Kunity游戏CG）unreal engine rendered（虚幻引擎渲染）

图4-4

画风：如果创作具有插画风格的图像，常用的艺术风格关键词包括illustration（插图）、painting（绘画）、drawing（素描）等。若追求更具二次元特色的效果，可以考虑融入一些动漫领域的专业术语。如果追求逼真效果的创作，也存在相应的艺术风格和关键词，如photorealistic（照片级真实感）和realistic（逼真风格）等。示例如图4-5所示。注意，逼真风格的创作更加依赖基于真实照片训练的模型。也就是说，选择正确的模型至关重要。

画风提示词

插画
illustration, painting, paintbrush

二次元
anime,comic,game CG

写实系
photorealistic,realistic, photograph

图4-5

笔者将这些提示词称作"固定触发提示词"，因为它们有助于图像更接近某一确定的标准。在加入这些规范化的关键词之后，图像的质地和细节是否立即就丰富了起来呢？一段优秀的描述应当内容丰富充实，同时图像也应具有明确的标准。在此，笔者提供了一个基础的模板框架，读者可以依照此模板框架修改每段内容，从而使作品更符合需求，如图4-6所示。

通用提示词格式

质量词，媒介词，主体，主体描述，背景，背景描述，艺术风格和作者

图4-6

提示词的选用通常根据所希望创作的具体内容而有所不同，并需要按照各个主题进行定制化调整。但是，如果只需进行微调，那么这个词组的优势就会显现出来。当需要调整某些特定的细节时，无须全面重组提示词，只需找到相应的词组并进行适当的修改，即可使画面出现相应的变化。

相对而言，固定触发提示词的特点是具有稳定性，可以进行复制和粘贴。因此，如果打算创作具有二次元风格的高质量插图，那么可以直接将关于二次元作品的词组描述复制并粘贴到自己的创作中。

使用反向提示词并非强制性要求，但我们通常会添加一些普遍适用的项目，主要是为了实现标准化。在描述中，使用worst quality（最差质量）、low quality（低质量）、blurry（模糊）等词语的目的是排除低质量的学习样本。monochrome（单色）、ugly（丑陋），以及extra fingers（多余的手指）、strange fingers（奇怪的手指）、extra ears（额外的耳朵）、extra leg（多余的腿）、bad leg（有问题的腿）等词语听起来可能有些奇特，但其实是为了避免在创作过程中出现多余的手或者手指等问题。

通常情况下，反向提示词也可以复用。然而，如果希望呈现一些独特的风格，那么在选择提示词时也可以偶尔尝试走一些非传统的路线。完整的提示词示例如下。

```
longody bodanatomy,badhands,pubichair,extradigit.fewerdigit,lowers,((bad anatomy)),((badhans)),multiple girls,watermark,text,missing finger,extra digits,fewer digits,blurry,((mutated hands and fingers)),(poriy drawn face),((mutation)),((deformed face)),(ugly),((bad proportions)),((extra limbs)),eatra face,(doublehand),(extra head).((extra face)).monster,logo,cropped,worst quality,low quality,normal quality,jpeg,humpbacked,long body,long neck,((jpeg artifacts))
```

4.1.1 提示词的基本语法规则

尽管提示词的编排比较自由，但是仍然要遵循一定的语法规则，以便让Stable Diffusion生成的图更加符合需求。

1.一般原则

必须用英文填写关键词。如果具备优秀的英语表达能力，直接使用英文构建叙述内容将更为理想。如果并不精通英语，那么可能需要借助翻译工具。因此，笔者强烈建议使用ChatGPT作为翻译工具。

一般而言，单词在句子中的位置越靠前，其权重就越大，就越能影响图像的展示。示例画面中有可能是一个小男孩站在一辆车前面，也有可能是坐在车里，如图4-7所示。

```
1 boy,car
```

图4-7

图4-8中则是以车为主。

Car,1 boy

图4-8

实际上，Stable Diffusion的文本编码器会对所有文本做出反应，且对各类词汇的敏感度有所不同。具有相同含义但表述不同的词汇，其敏感度也存在差异，并无固定模式可循。因此，我们仍需反复测试和调整，以便掌握Stable Diffusion对不同词汇排列和组合的敏感度，进而形成一种基本的直觉。有学者将人工智能绘画比喻为“抽取卡牌”，即要想获得高质量的图像，需要依赖运气。实际上，我们可以通过技术手段来控制这种“运气”。

2.权重调整

权重调整的直接方式是调整词语的排列顺序，越靠前的词语权重越高，越靠后的词语权重则越低。另外，还可以使用下述语法来设定关键词的权重。通常，权重会被设置在0.5~2的范围内。通过选中词语并按Ctrl+↑或Ctrl+↓组合键来迅速地调整权重，每次调整的值为0.1。语法如图4-9所示。

图4-9

观察图4-10所示的提示词，读者可能会注意到其中有大量的括号与数字，它们的功能在于强化或削弱某些关键词的优先级和权重。尽管我们输入了特定的对象词汇，但是画面中可能呈现得相对不明显。出现这种现象的原因在于输入了众多描述不同元素的词语，导致AI工具在处理过程中可能无法准确把握用户希望强调的内容。完整的正、反向提示词和结果如图4-11所示。

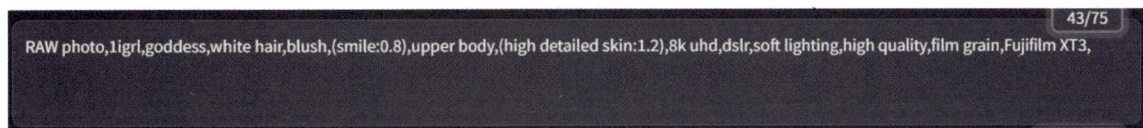

43/75

RAW photo,1igrl,goddess,white hair,blush,(smile:0.8),upper body,(high detailed skin:1.2),8k uhd,dslr,soft lighting,high quality,film grain,Fujifilm XT3,

图4-10

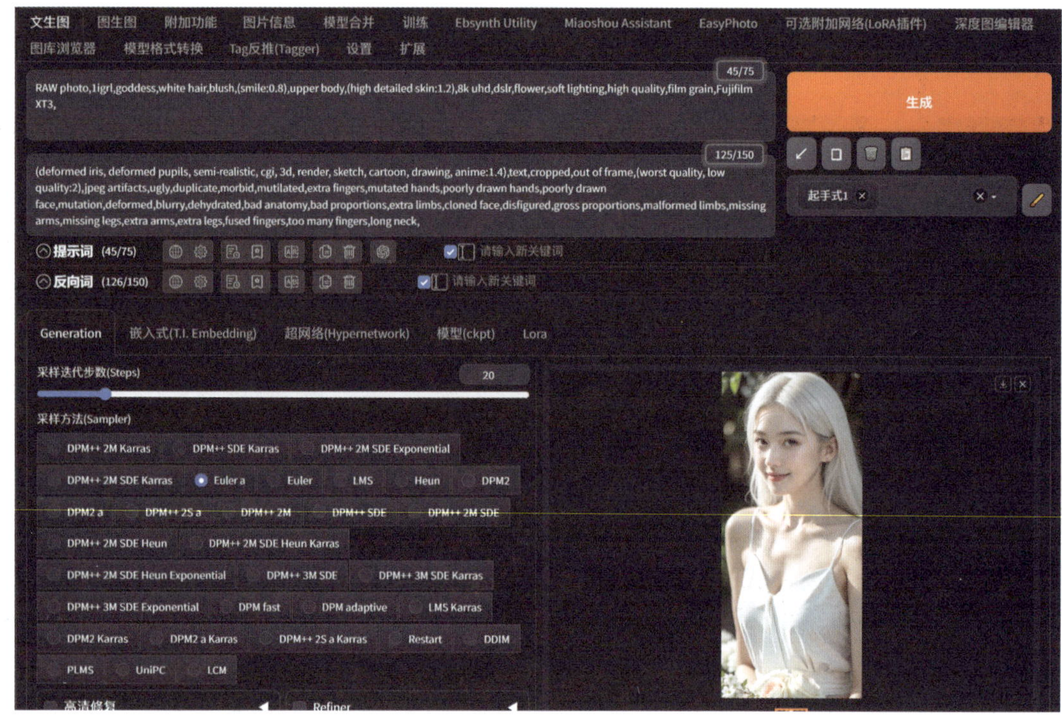

图4-11

同时，可以在关键词两侧添加括号，注意使用英文半角格式的括号。一旦添加括号，关键词的权重将增加至原来的1.1倍，这样相对于其他元素就更为显著。另外，还可以采用多层括号的策略，即每增加一层括号，权重就会额外乘以1.1。例如，3层括号将使得权重增加至原来的1.331倍。通过采用3层括号，可以使得flower（花）这个关键词更为突出，如图4-12所示。

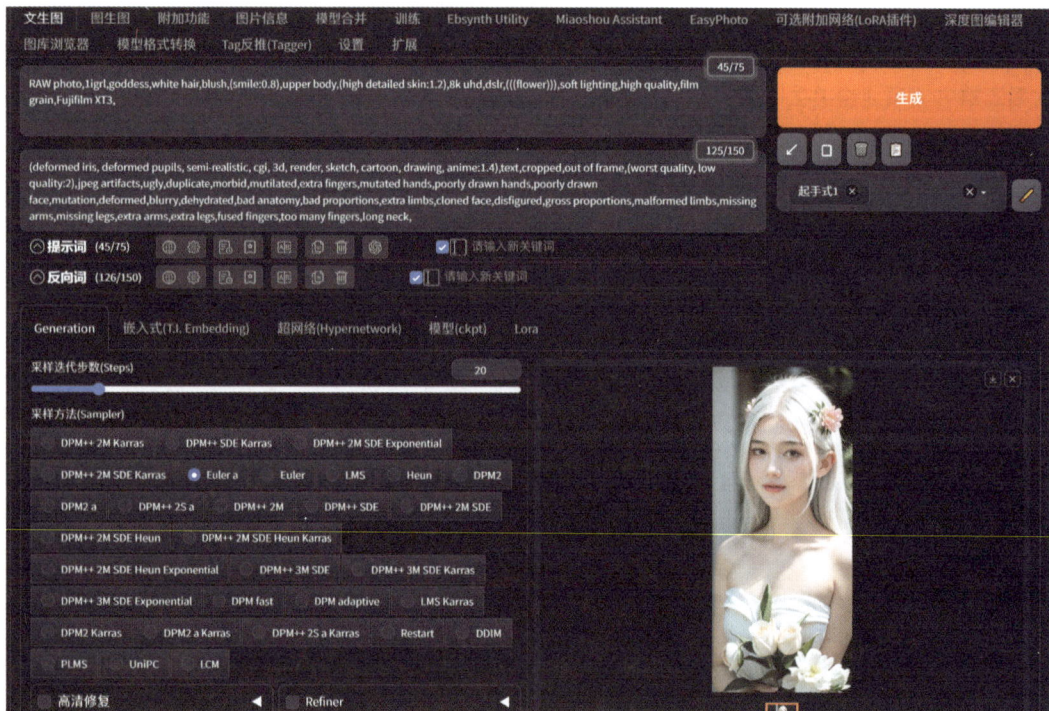

图4-12

3.起手式

我们需要尽量使用简洁的、更少的提示词来构建更精确的图像。提示词的输入量越大，AI绘制的时间就会越长，分配给每个词汇的注意力也会越低，从而使得调整过程变得越复杂。现在的AI模型在词汇敏感性方面相比早期模型有了显著的提升，因此无须过于担心提示词简短会导致图像效果不佳。以下是一些有效的正向和反向的提示词示例。

正向：masterpiece（杰作）、best quality（最优质）、1 boy（单一男孩）。

反向：nsfw（不适宜工作场合）、(worst quality,bad quality:1.3)（最差质量1.3）。

经过一段时间的学习，读者会总结出一些个人偏好的提示词启动方式，或者借鉴他人优秀的启动方式。这些启动方式都可以被保存为预设，供以后使用。

01 在图4-13所示的位置单击鼠标左键，填好名称，然后填写正向、反向提示词，如图4-14所示。

图4-13

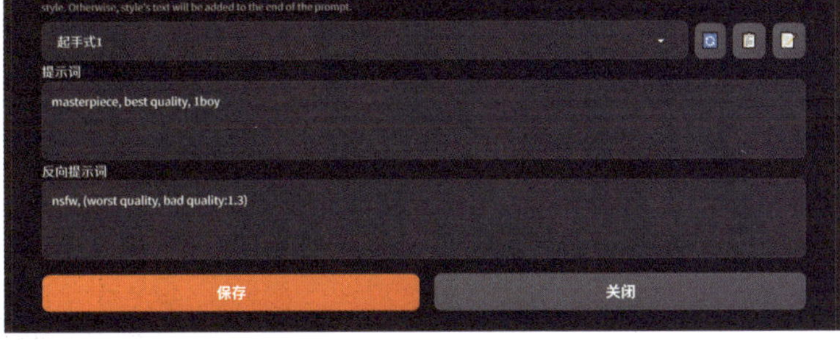

图4-14

02 下次使用的时候单击“生成”下方的“小三角”■，在下拉选项中选择保存好的预设，如图4-15所示。

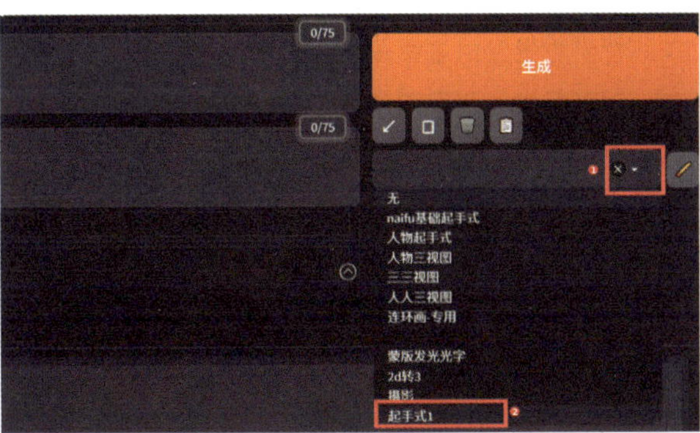

图4-15

03 单击Apply all selected styles to prompts（应用所选风格到提示词）■，将所有选定的样式应用于提示词，预设的提示词就会自动添加到输入框中，如图4-16所示。

图4-16

4.词条组合

词条组合是提示词的基本单位，无须像完整的英语句子那样具备复杂的语法结构或从句等。如果希望AI工具绘制一个长方形盒子，可以将这个需求分解为“长度”和“盒子”两个概念。这样，AI工具就能够接收到明确清晰的指令，有时候甚至能更准确地理解用户需求。

词组与词组之间需用分隔符隔开，英文中常见的分隔符是半角逗号“,”。注意，即使将几个词用括号括起来，AI工具也不会将其视为一个整体。例如，即使添加权重，以下两种表示方式实际上也是等同的。

```
(Train,door,axe)
(Train),(door),(axe)
```

词条组合的方式与自然语言一样，也需要使用介词，如and、with、of等。

```
(Standing at the train gate with an axe in hand)
```

在录入提示词时，建议将输入模式切换至英文状态。在构建关键词的过程中，大部分标点符号主要采用英文字符。提示词可以分为多段，但每段的结尾最好添加分隔符以提高清晰度。用户可以随意输入所需的内容，随后AI工具会直接生成，生成的图像可能满足用户需求，也可能出现一些异常的结果。AI绘画具有一定的随机性，因此多次生成的结果之间可能会存在差异。

4.1.2 采样步数

AI在生成图像的过程中，会经历增加噪声与去噪声的环节。去噪声的目的是通过逐步模拟像素，逐渐构建出最终所需的图像。每次模拟后，图像的清晰度都会有所提高。从理论角度来看，迭代步数越多，图像的清晰度就越高。然而在实际应用中，一般在采样部署时，适合的迭代步数在20~30之间。如果采用更低的迭代步数，可能会导致图像未能完全计算出来；如果采用更高的迭代步数，对图像细节的提升效果并不显著。只有少量的证据显示，高迭代步数可能在小概率事件中修复图像的肢体错误。因此，只有在希望生成一张细节丰富的图像时，才会考虑使用更高的迭代步数。采样步数如图4-17所示。

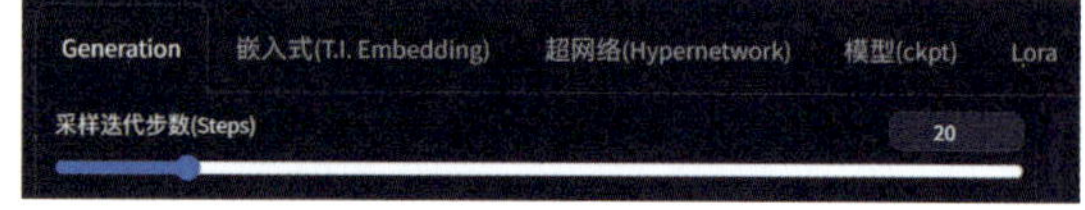

图4-17

4.1.3 采样方法

采样方法可以简单解释为AI工具在进行图像生成时所使用的某种特定算法。WebUI提供了多达十几个算法选项，但常用的只有3~5个，如图4-18所示。

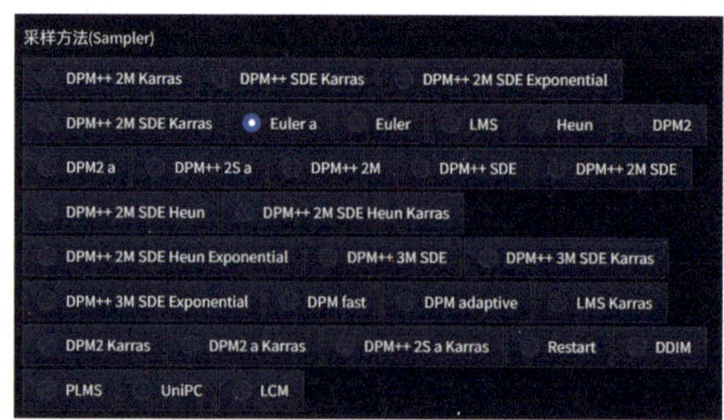

图4-18

Euler a是比较快的采样方法，其对采样步数的要求相对较低，然而采样步数的增加并不会导致细节的增加。当采样步数增加到一定程度时，可能会造成图像的突变，因此不建议在高步数的场景下使用。

DDIM一般不常用，但如果有意尝试高步数采样，它可以作为一个选择。随着步数的增加，DDIM将能够叠加更多细节。

在Karras的DPM++2S a和SDE等带有“++”标记的方法中，使用频率相对较高，二者之间的差异并不显著。相较于Euler a，这些方法在同等分辨率下可以产生更多的细节。其中，SDE似乎更具优势。总的来说，它们的主要特性是能够提供比Euler a更丰富的细节。

4.1.4 宽度/高度

“宽度”与“高度”的参数如图4-19所示。

图4-19

图像的宽度与高度较为关键，因为输出大小直接决定了图像所能包含的信息量。例如，面部特征、饰品细节、复杂纹样等在全身构图中需要较大的画幅才能得以完整展现。若图像尺寸过小，脸部可能仅呈现为模糊的轮廓，难以完整展现。

随着图像尺寸的扩大，AI模型往往会试图将更多元素填充其中。大部分模型一般在512px×512px的分辨率下进行训练，极少数在768px×768px的分辨率下进行训练。因此，当输出尺寸过大时，如1024px×1024px，AI可能试图在图像中容纳2~3张图片的内容，导致肢体拼接、多人、多角度等问题出现。尽管增加词条可以在一定程度上缓解这一问题，但更关键的是要精准掌握画幅，即先计算中、小图，然后放大为大图。输出大小与内容关系可参考以下信息。

512px×512px：主要适用于制作头像和半身照。

768px×768px：适用于单人全身照，包括站立或坐卧的场景。

1024px×1024px：适用于单人或两三人的全身照，主要为站立姿态。

更高的像素可用于多人群像，或者可能导致画面溢出。另外，宽高比例直接影响着图像内容。以一个女性角色为例，为了获取理想的图像内容，读者需要根据输出比例进行相应的调整。

方构图（512px×512px）：适用于展示面部和半身像。

竖构图（512px×768px）：适用于展示站立和坐着的全身像。

横构图（768px×1024px）：适用于展示斜构图的半躺像。

分辨率的设置存在一些隐形限制，系统默认的分辨率是512px×512px。在这个分辨率下，即使细节再丰富，图像仍可能显得模糊不清。因此，在设备允许的情况下，建议将分辨率提高到1000px×*N*px左右，并使用相应的提示词。

注意，设定过高的分辨率也会引发一些问题。例如，显卡的显存可能无法承受这样的压力。例如，RTX 3070只能支持宽度和高度为1600px左右的分辨率。过高的分辨率容易导致图像出现多个人物或者其他不符合预期的元素。为了避免出现这样的问题，通常采用低分辨率进行绘制，然后通过高清修复技术放大图像。

4.1.5 生成批次和每批数量

“生成批次”和“每批数量”在“宽度”和“高度”参数后面，如图4-20所示。

图4-20

“生成批次”是指显卡一次性处理的图像批数，“每批数量”则代表每个批次生成的图像张数。换言之，生成的图像数量等同于批次与数量的乘积。值得注意的是，生成数量是显卡一次性生成的图像量，其处理速度相对较快。如果设置过高，可能会导致显存不足，进而生成失败。相对而言，生成批次不会引发显存不足的问题，只要时间充足，系统将持续生成图像直至全部输出完毕。

由于AI绘画的不确定性，针对同一组提示词，可能需要反复进行试验，以期在某一时刻获得完全符合需求的图像。这个试验过程往往相当漫长，可能需要经历数十次甚至上百次的尝试。如果希望AI工具能按照同一组提示和参数持续进行绘画，那么就需要将批次和数量调整到适宜的数值，以实现绘制过程的连续、重复，最终生成“批次×数量”的图像总数。

我们可以让系统连续绘制10次、20次甚至几百次，然后暂时离开，让显卡继续工作。一般来说，不建议调整“每批数量”的数值。增大这一数值能够使每个批次生成的图像数量增多，从理论上讲效率会更高。但因为它是一次性生成的，方法是将图像拼接在一起，视为一张更大的图像并逐步进行绘制，因此如果计算机性能较差，可能很容易导致显存不足。相反，将单批数量设定得较小，并通过增加批次数量来完成绘制，可能是一种更好的解决方法。

4.1.6 提示词相关性(CFG Scale)

“提示词相关性(CFG Scale)”的参数如图4-21所示。

图4-21

CFG的具体功能难以用语言精确阐述，但大体上其主要任务是为每一个正向和反向提示词赋予一个系数。因此，CFG值越小，所展现的画面越简朴，细节表现越少；相反，CFG值越大，所描绘的画面越丰富，细节展现越多。

对于二维艺术风格来说，适当提升CFG值可以获得更加丰富的色彩和质感表达。一般建议将该值设定在7~12。

对于写实艺术风格来说，CFG值通常设定得较低，一般为4~7。写实模型对CFG值极为敏感，稍有提高就可能产生强烈的视觉效果，因此可采用0.5作为变量单位进行调整。

在大多数情况下，保持CFG默认值为7，即可满足需求。

4.1.7 随机种子(seed)

“随机种子(seed)”的参数如图4-22所示。

图4-22

“随机种子(seed)”可以固定图像的初始潜在空间状态。这意味着在所有其他参数保持不变的前提下，由同一随机种子生成的图像应该是完全一致的。用户可以通过设定固定的随机种子来观察其他参数对图像效果的影响，也可以利用这一特性来复现自己或他人的图像结果。

单击，可以将“随机种子(seed)”设置为-1，即进入随机状态。单击，则会显示出当前在右侧图片栏中查看的图片对应的种子值，如图4-23所示。

图4-23

注意，即便包括“随机种子(seed)”在内的所有变量都保持一致，也无法确保生成的图像与他人的完全相同。由于显卡驱动软件、显卡型号、网络、用户界面、版本等因素的差异，相同变量下输出的图像结果可能会有所不同。这种差异可能体现在细微的细节变化上，也可能体现在整体构图的显著变动上。

4.1.8 模型的VAE（SD VAE）

“模型的VAE (SD VAE)”的参数如图4-24所示。VAE的主要功能是对最终生成的图像进行色彩校正。如果未启用VAE，可能会导致图像显示过于灰暗。VAE具有通用性，可以与任何模型组合使用。目前，kl-f8-anime2.ckpt和840000.safetensors两个模型足够满足电商设计需求。

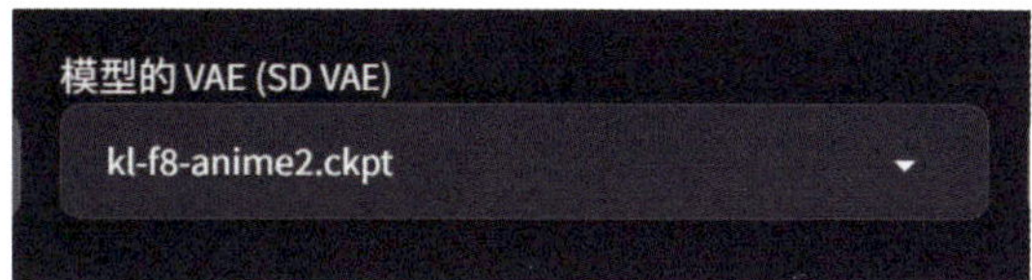

图4-24

4.1.9 图片信息

Stable Diffusion生成的图片都会自动记录相关参数信息，包括正向和反向提示词、采样步数、采样器、CFG、随机种子、尺寸、模型哈希、模型名称、Clip skip、超分参数等，如图4-25所示。

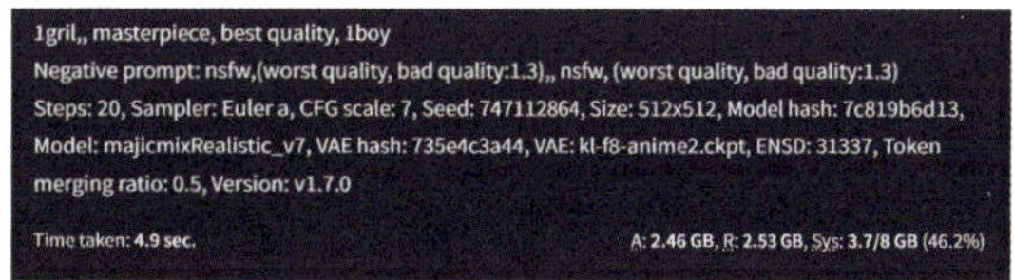

图4-25

在图片信息界面导入图片即可读取参数信息。单击相应按钮即可将图片和参数一并复制到指定模块。注意，这可能会修改一些在WebUI中不易察觉的设置，如Controlnet等插件的设置、Clip skip、EN Stable Diffusion等。如果在后续使用中发现参数不对，可以检查这些部分的设置，如图4-26所示。

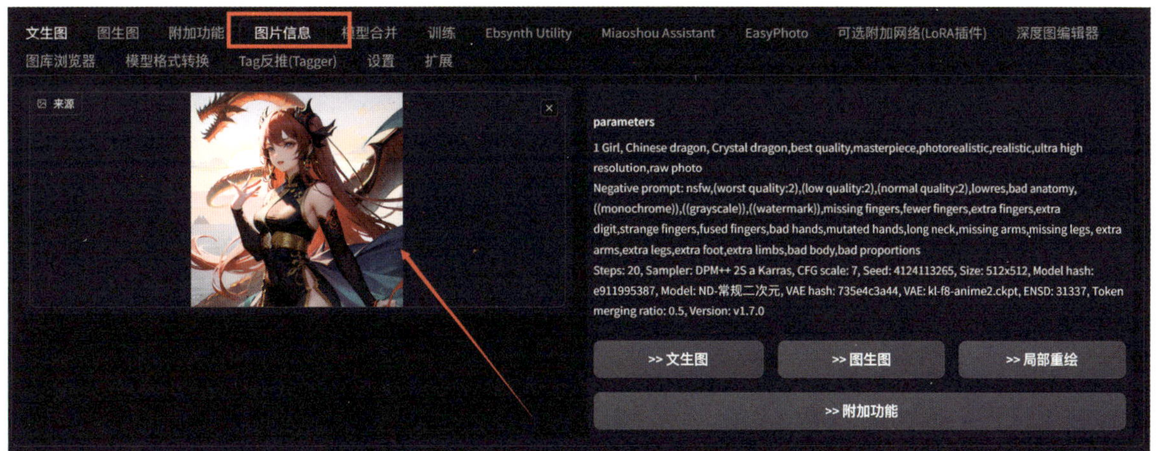

图4-26

4.2 图生图

在图像生成过程中，可通过关键词提示AI工具控制图像风格。由于AI绘画的随机性，所生成的图像可能无法完全满足用户的需求。在现实生活中，这种需求传递的偏离和误解也是常见的现象，如甲方与设计师间的沟通差异。

站在甲方的角度，除了反复向设计师阐述需求外，是否有其他方式可以让设计师更快地理解甲方所期望的设计图？答案是肯定的，即参考图。此时，甲方只需告诉设计师："请参照这张图的风格进行设计！"如此，设计师便能直观而具体地了解应如何进行设计。其流程如图4-27所示。

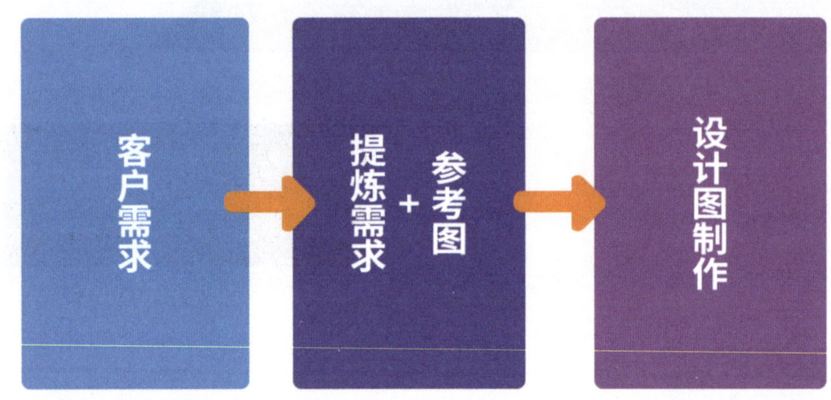

图4-27

这一方式同样适用于AI电商设计。因为语言的精确性有限，许多复杂的概念无法完全用语言表达。在这种情况下，用户可以采用"垫图"的方式来实现需求。此时，参考图的作用与文字相似，都是将想法和需求传达给AI工具，从而让它生成新的图像。

4.2.1 界面的功能

本小节不介绍文生图通用的功能，而直接介绍图4-28所示的有区别的参数。

图4-28

拉伸：用于将图片直接拉伸，即把方图拉伸成长图，虽然让形体变得更"瘦"了，但是也变形了，如图4-29所示。

图4-29

裁剪：用于将多余的部分裁剪掉，它不会让图片变形，如图4-30所示。

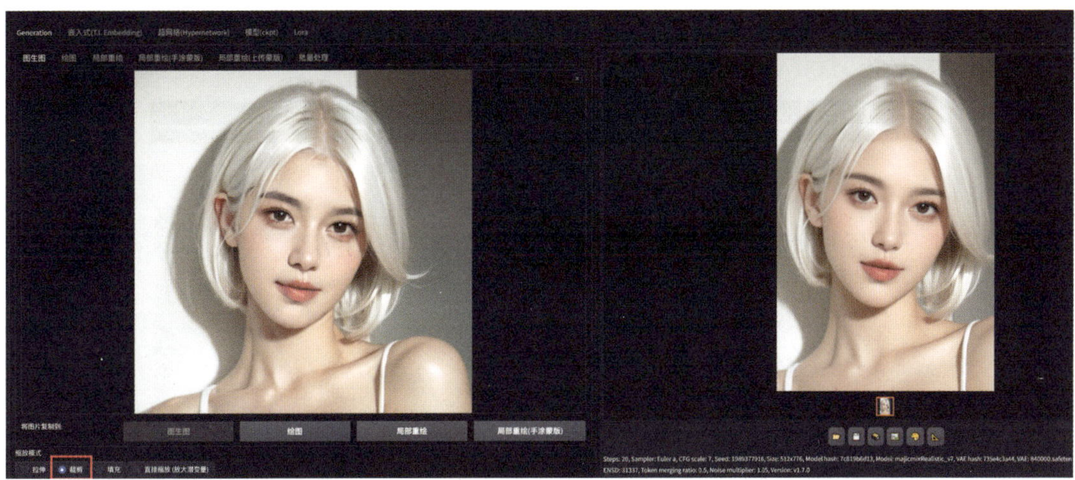

图4-30

填充：用于把扩展的部分用新生成的元素填充，类似Photoshop的图片扩展，如图4-31所示。

图4-31

直接缩放（放大潜变量）：作用与效果均与“拉伸”类似，如图4-32所示。

图4-32

重绘幅度：可以决定本次生成图会在多大程度上改变原图，如图4-33所示。其范围为0~1，如0.1会对图片细节进行修改，0.7以上会对图片进行大幅度重绘，如图4-34所示。

图4-33

图4-34

蒙版模糊：可以为图像添加高斯模糊，即对涂抹区域从边缘向中心或向外进行透明过渡。数值越小，边缘越柔和，越能更好地与原图融合；数值越大，可见的重绘范围越小。如果范围大于涂抹的范围，则重绘部分会完全消失，即变为透明。参数如图4-35所示。

蒙版透明度：用于在蒙版上加入透明效果，使得在模糊区域能够看到原图，类似于“犹抱琵琶半遮面”的效果，同时重绘的幅度会减小。这个选项使用得不多，参数如图4-36所示。

图4-35　　图4-36

4.2.2 图生图实操

下面来介绍图生图的具体操作方法。

1.选择模型和参数

读者可根据需求选择合适的模型，并根据具体情况定制参数，如生成图像的风格、分辨率等。图生图的参数大多与文生图类似，如采样方法和步骤等。当然，图生图也有一些独特的内容。例如，“重绘幅度”反映了生成图像与原始图像的相似度。

这里将“采样方法”设置为DPM++ SDE Karras，“采样迭代步数”设置为25，“重绘幅度”设置为0.46，同时保持分辨率与原始图像相同，即512px×512px。这里建议使用的模型是chilloutmix_NiPrunedFp32Fix.safetensors [fc2511737a]，如图4-37所示。

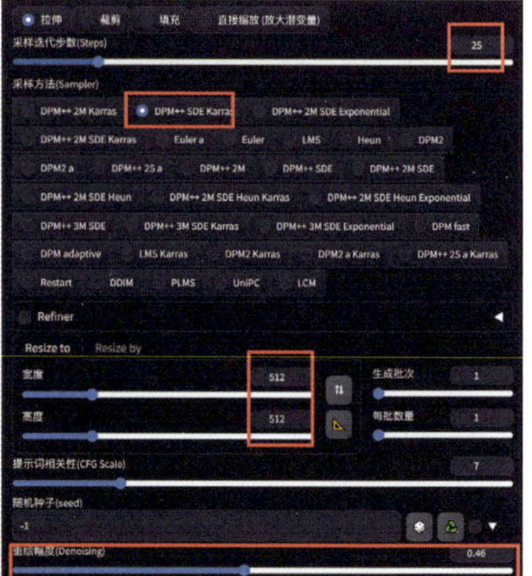

图4-37

2.输入提示词

这些提示词将作为AI生成图像内容的指南。读者可以根据需要调整这些引导词汇的权重和优先次序，以确保生成的图像符合预期要求。反向提示词也需要这样的引导词汇，其重要性同样不容忽视。读者可以尝试运用之前学习的方法，以更生动的言辞描绘出女孩的特征。如果希望简化过程，可以使用基础的提示词，以告知AI应生成一个卡通风格的女孩图像，如图4-38所示。

1 girl,cartoon

图4-38

3.上传原始图片（可选）

如果需要基于特定原始图像进行创作，可以将其上传至AI平台，并在提示词中加以引用，这有助于实现图像的个性化生成。这里需要准备一张人像照片，然后将其导入Stable Diffusion中。在WebUI中，可通过两种方式导入照片。其一，直接将照片拖曳到相应的位置；其二，单击指定区域，然后在文件管理器中选取所需导入的照片。当看到照片出现在生成图像的框架内时，即代表已成功导入，如图4-39所示。

图4-39

4.执行生成

执行生成，观察AI生成的图像，如图4-40所示。这里其实需要多次尝试，可通过调整参数或提示词来获得更满意的效果。

图4-40

4.3 放大高清修复

在Stable Diffusion中，包括文生图修复、图生图修复，以及生成后附加功能修复3个主要的高清放大修复功能。所谓的高分辨率修复，实际上就是常用的Hires.fix功能。通常使用512px×512px或768px×768px的图像作为底模进行训练，因此在生成图像时主要采用这两种分辨率。只要显存充足，开启高清修复功能就可以显著提升图像质量，因此建议尽可能地使用这个功能。参数如图4-41所示。

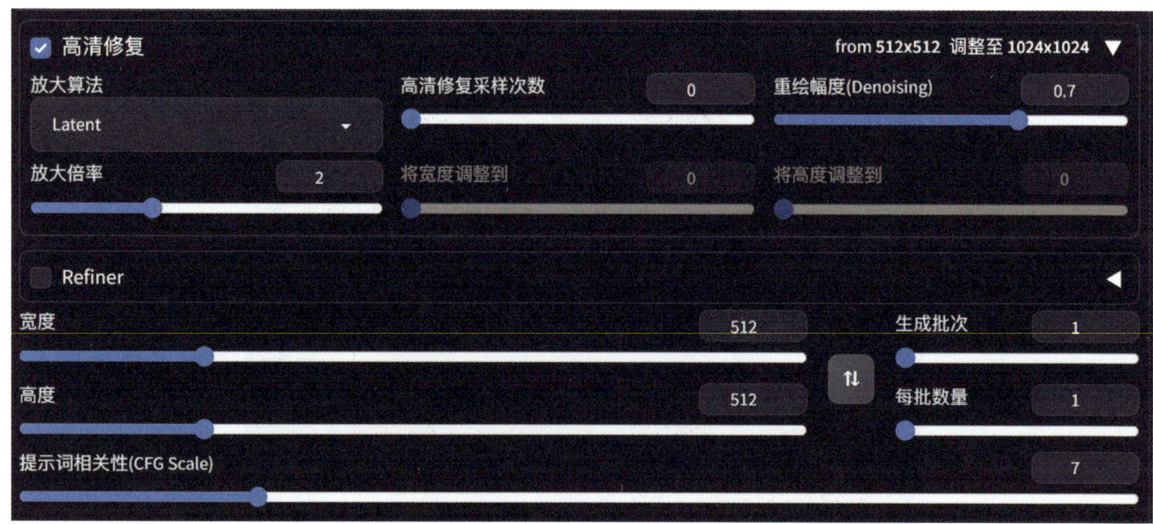

图4-41

4.3.1 文生图修复

在Stable Diffusion中，可以通过提高图像的清晰度并采用一种较为稳定的策略来处理细节丰富的内容。WebUI内置了几项功能，能够帮助我们实现这类需求。为了便于理解，我们随机写入一个提示词，观察其效果。左侧图像没有启用高清修复，乍看之下似乎非常好，但是进一步观察细节，就会发现面部特征和细节部分都显得有些模糊。现在选择使用高清修复功能，其操作步骤十分简单。在生成图像时，只需勾选对应的“放大算法”复选框即可。这里的“放大算法”是根据不同的画面条件选择合适的模型，其效果相差不大。参数与对比效果如图4-42和图4-43所示。

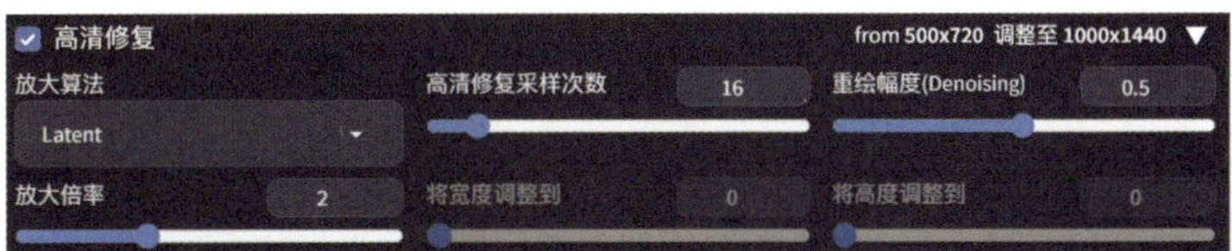

图4-42

图4-43

4.3.2 图生图修复

图生图中的高清放大没有这个选项，因为它本身就是一个高清修复的过程。修复效果如图4-44所示。

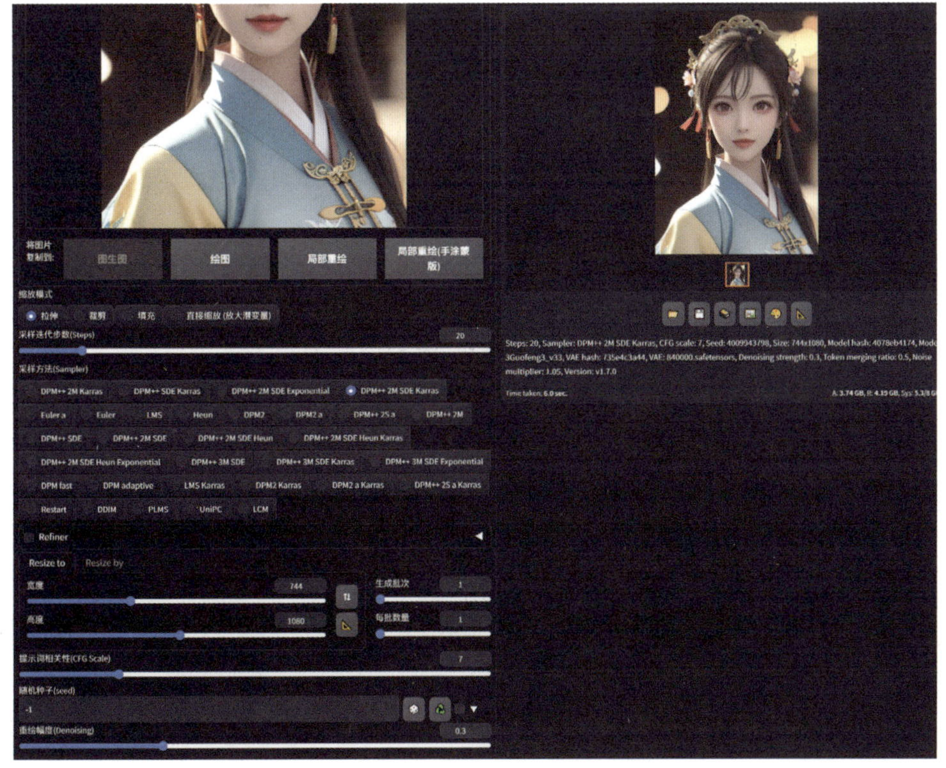

图4-44

4.3.3 脚本放大修复

此外，还有一个专门用于图像放大的脚本，名为SD Upscale。向下滚动至“脚本”区域，选择SD Upscale放大脚本。“缩放系数”为2表示将原图放大两倍，如图4-45和图4-46所示。如果效果达不到预期，可考虑减小“重绘幅度”，增大“图块重叠像素”的数值。

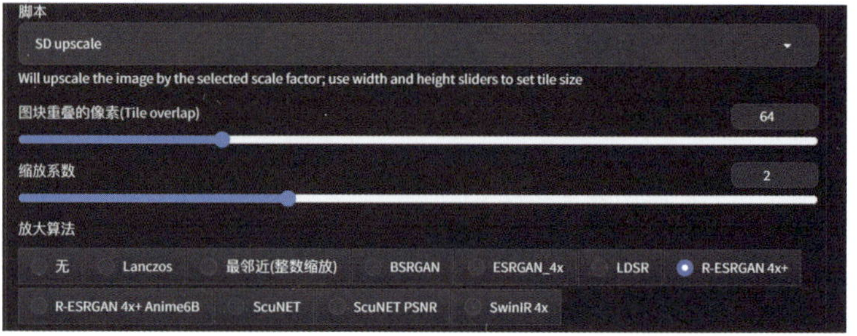

图4-45

图4-46

4.3.4 生成后附加功能放大

该附加工具位于“附加功能”标签内，主要通过人工智能算法将已完成的图像放大至预定尺寸。其运作方式类似于无损高清图像修复，其机制与市场上的大部分AI图像修复应用相似。由于无须经历再扩散过程，操作速度较快，可能只需几秒即可完成图像修复。启动工具后，用户只需导入图像，设置相关参数，即可生成结果，如图4-47所示。

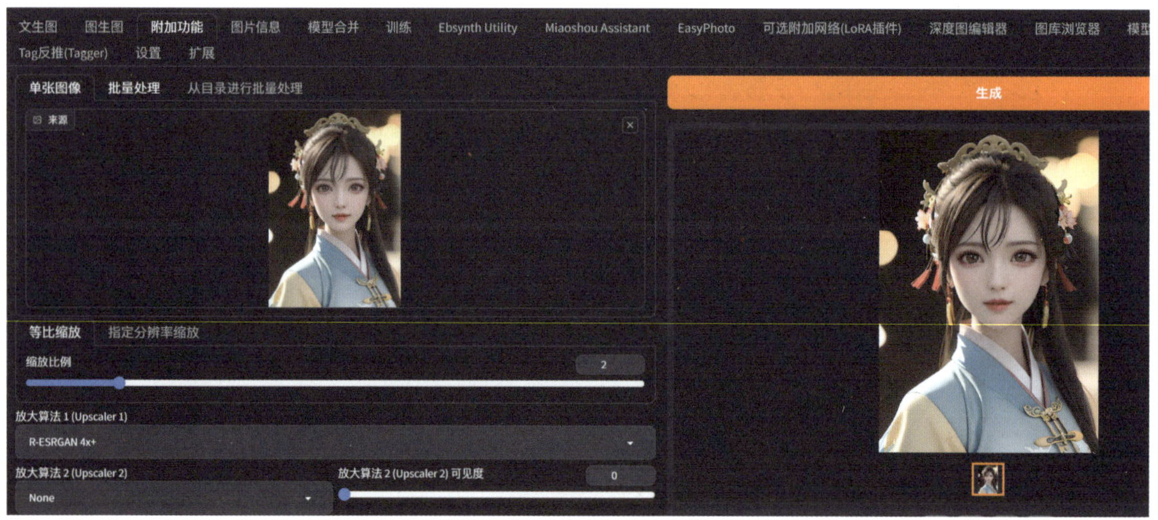

图4-47

实战：生成电商海报艺术字

效果如图4-48所示。

图4-48

01 制作黑底白字图。在Photoshop中输入“中秋”，选择合适的字体，调整好大小和颜色，如图4-49所示。

02 打开Stable Diffusion的“文生图”中的ControlNet，将制作好的图片导入，勾选“启用”“Pixel Perfect（完美像素）”“Allow Preview（允许预览）”复选框，如图4-50所示。

图4-49

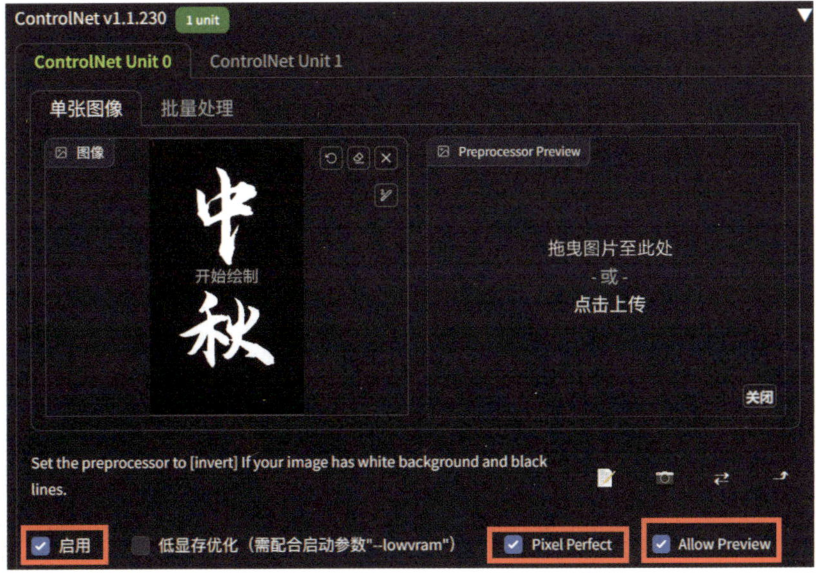

图4-50

03 单击右侧的“向上箭头”按钮，将尺寸发送到“文生图”，如图4-51所示。

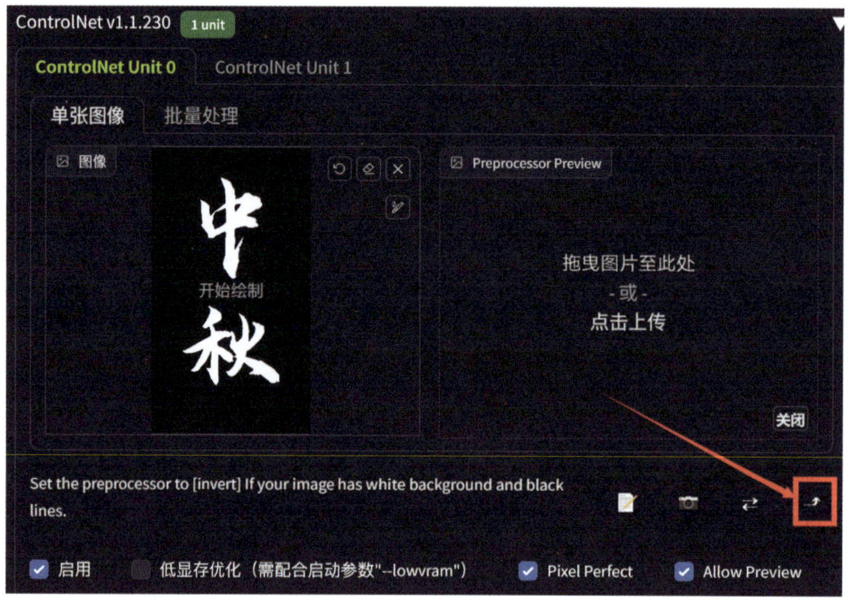

图4-51

04 设置模型为control_sd15_depth [fef5e48e]，并控制权重，因为权重越低，文字变换越大，所以可以先保持默认参数，如图4-52所示。

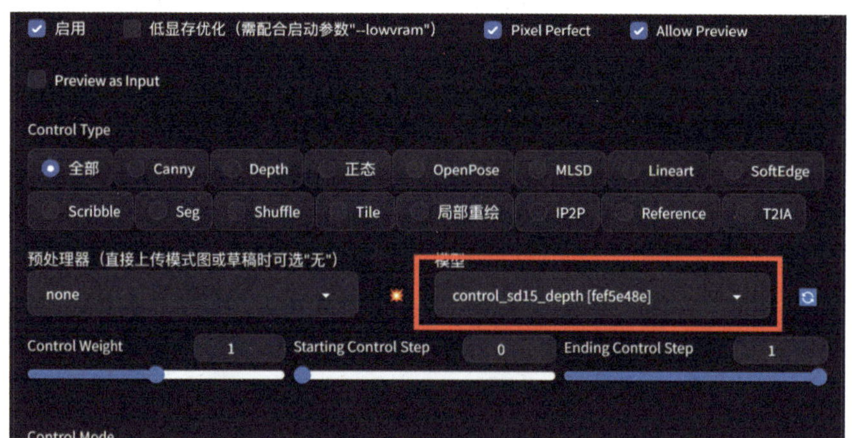

图4-52

05 输入提示词和反向词。本例的目标是制作带花瓣效果的文字，因为需要纯色背景，所以关键词还要加上“背光”。这里输入“杰作，最佳品质，粉色半透明花瓣，月亮，背光，超级细节，纯色背景”含义的提示词，以及使用“啥都能做 质感很棒 revAnimated_reva1”模型，并设置“模型的VAE”为840000，如图4-53所示。

> 提示词：masterpiece,best quality,Pink translucent petals,moon,backlight,super details,solid background,
> 反向词：NSFW,low quality,blurry,lowres,

图4-53

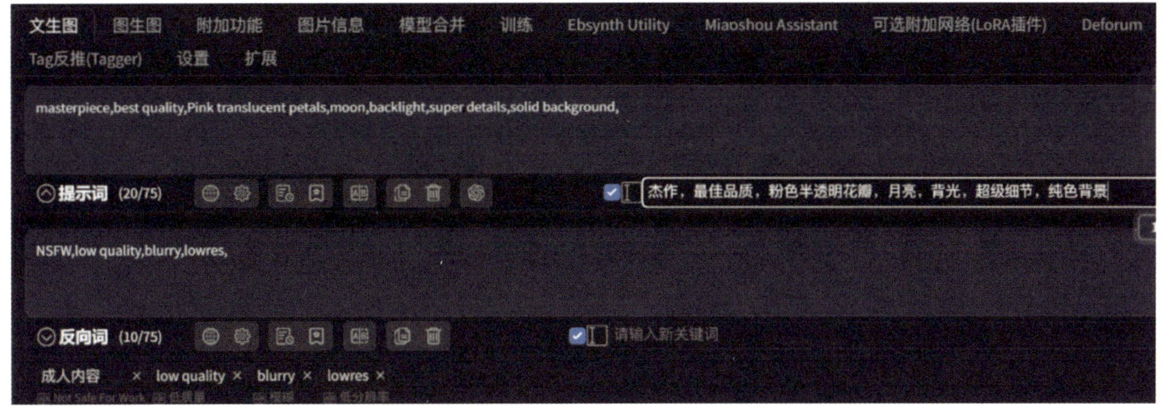

图4-53(续)

06 设置“采样方式”，这里可以选择DPM++ 2M Karras或DPM++ 2M SDE karras等，如图4-54所示。生成效果如图4-55所示。

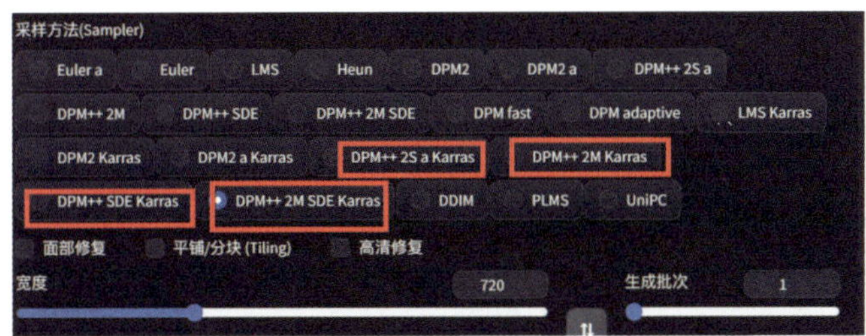

图4-54

图4-55

实战：制作模特换装效果

在本实战中，没有模特，只有服装。为了获取模特穿着服装的照片，传统的做法是邀请模特和摄影师，通过摄影师的拍摄和后期修图等一系列步骤来实现。如今这个过程已被简化，只需提供服装的图片，利用AI工具就能生成各式各样的图片，实现批量生产，既省时又省力。效果如图4-56所示。

图4-56

01 准备一张服装产品图，将其导入Photoshop中。将服装从背景中抠出，并置于白色背景中，然后创建一张蒙版图，即一张以白色为底、黑色裙子剪影为主体的图像，如图4-57所示。

图4-57

02 打开Stable Diffusion中的“图生图”页面。切换到“蒙版重绘”，将衣服和剪影蒙版分别导入图4-58所示的区域。设置模型为写实风格的majicmixRealistic，然后编写提示词，主要内容为对模特和衣服本身的描述。另外，这里还可以使用一些通用的控制质量的提示词，其他参数则保持默认，尺寸保持和原图一致，设置“重绘幅度”在0.7~0.9之间，如图4-59所示。

提示词：1gril,black,pigtail,EYE,wearing a pearl necklace,yellow dress,the red high heels, (masterpiece),(best quality).(shiny skin),(photorealistic1.4),ultra high res,volumetric lighting.insanely photorealistic,ray traced reflections,

反向词：ng_deepnegative_vl_75t,paintings,sketches,(worstquality.2),(lowquality.2),(normalquality.2),lowres,normal quality,((monochrome)),((grayscale)),skin spots,acnes,skin blemishes,age spot,glans,((nsfw)),(nipples),

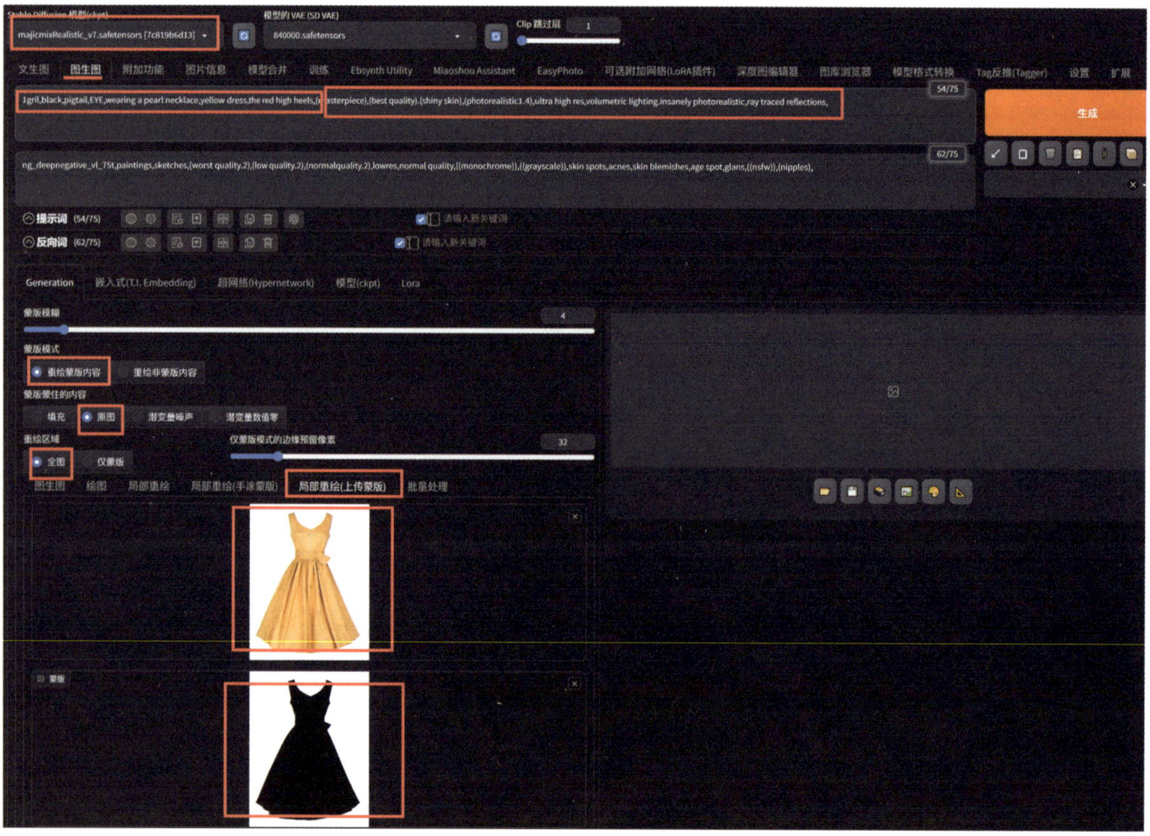

图4-58

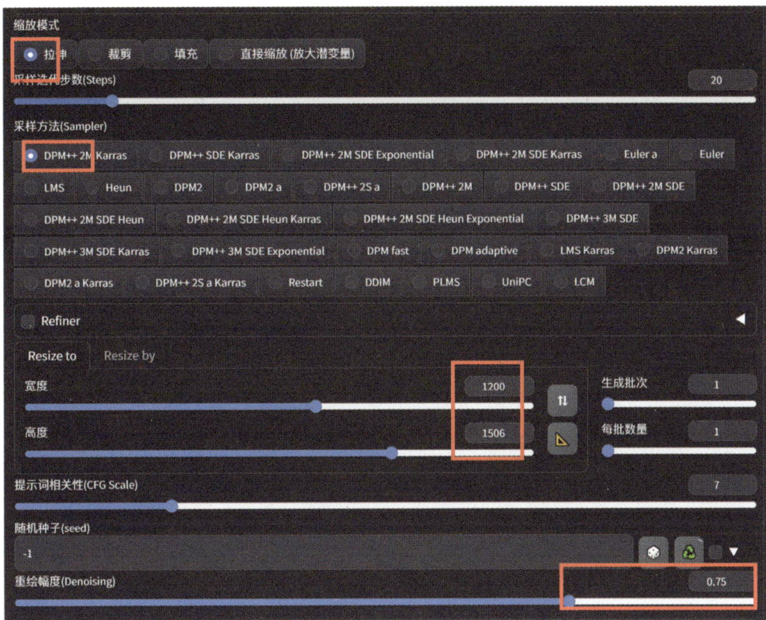

图4-59

03 打开ControlNet并启用，同时激活“Pixel Perfect（完美像素）”功能，选择OpenPose，并使用“Crop and Resize（预处理器）”进行预览，具体参数设置如图4-60所示。

图4-60

04 进入Edit页面，控制人物姿势。此时右侧会出现一个火柴人，代表人体骨骼。使用鼠标将其摆放成需要的姿势，然后发送到Controlnet。具体参数设置如图4-61所示。效果如图4-62所示。

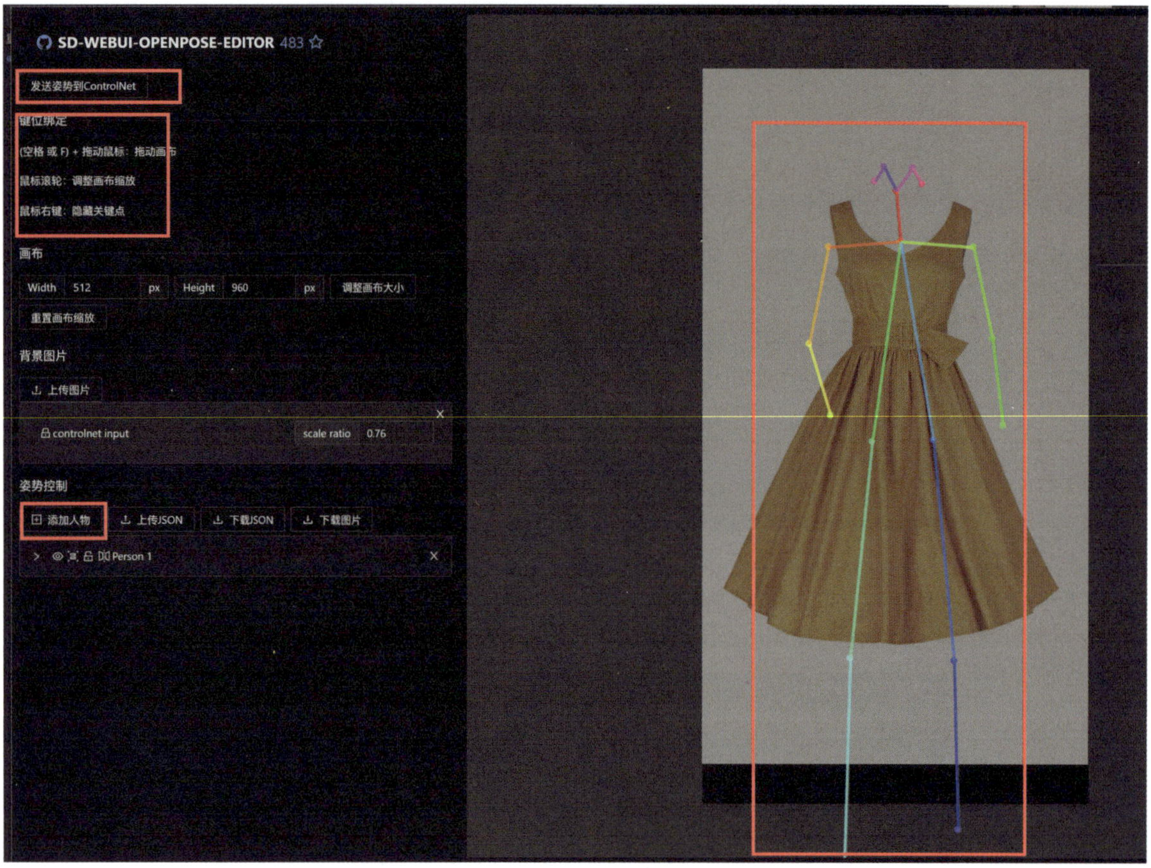

图4-61

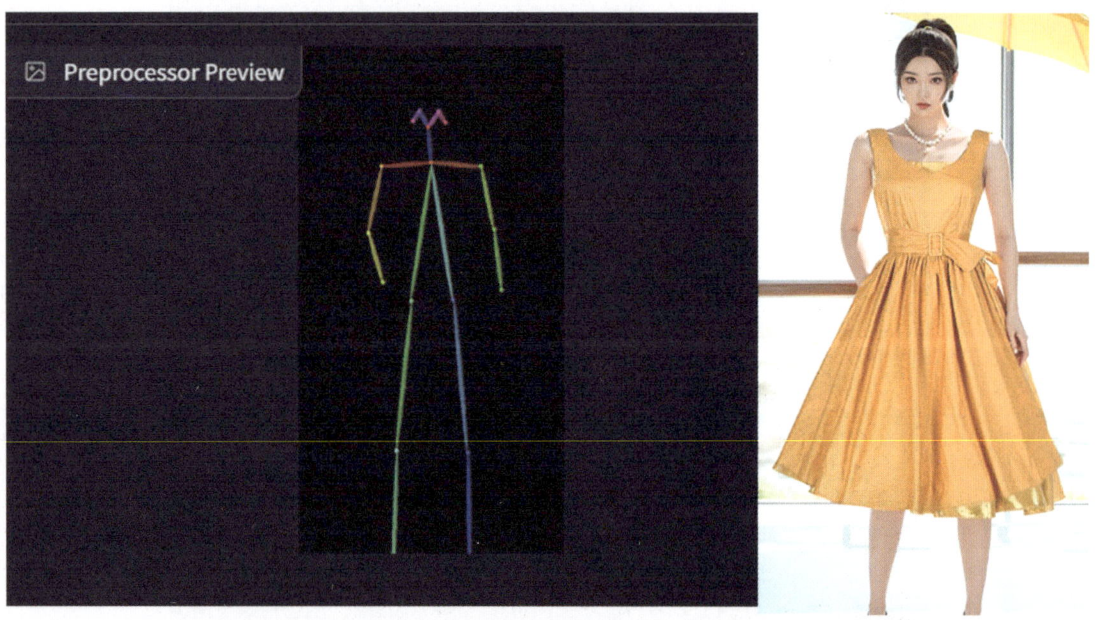

图4-62

实战：制作产品图

产品图的效果如图4-63所示。

图4-63

01 产品的提示词如下，具体参数设置如图4-64所示。

提示词：A bottle placed on moss,surrounded by green leaves,grass,branches,small stones,clean background,realistic,photography,studio shooting,sunlight,clarity,high detail,(masterpiece),(best quality).(shiny skin),(photorealistic1.4),ultra high res,volumetric lighting.insanely photorealistic,ray traced reflections,

反向词：ng_deepnegative_vl_75t,paintings,sketches,(worst quality.2),(low quality.2),(normalquality.2),lowres,normal quality,((monochrome)),((grayscale)),skin spots,acnes,skin blemishes,age spot,glans,((nsfw)),(nipples),

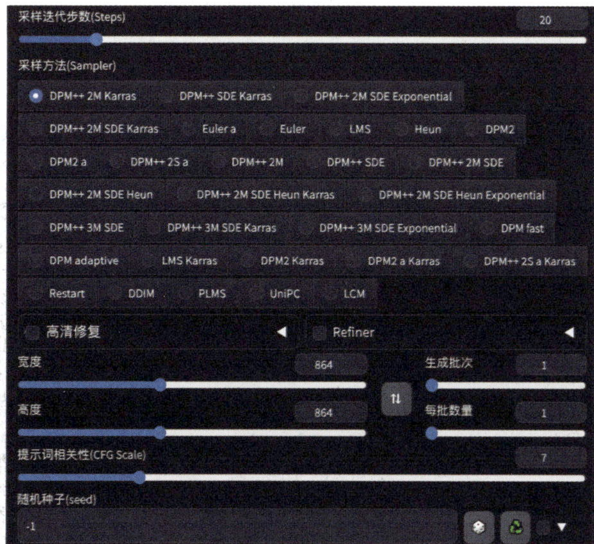

图4-64

02 打开ControlNet页面，将准备好的产品图导入，并使用Canny模型，具体参数设置如图4-65所示。

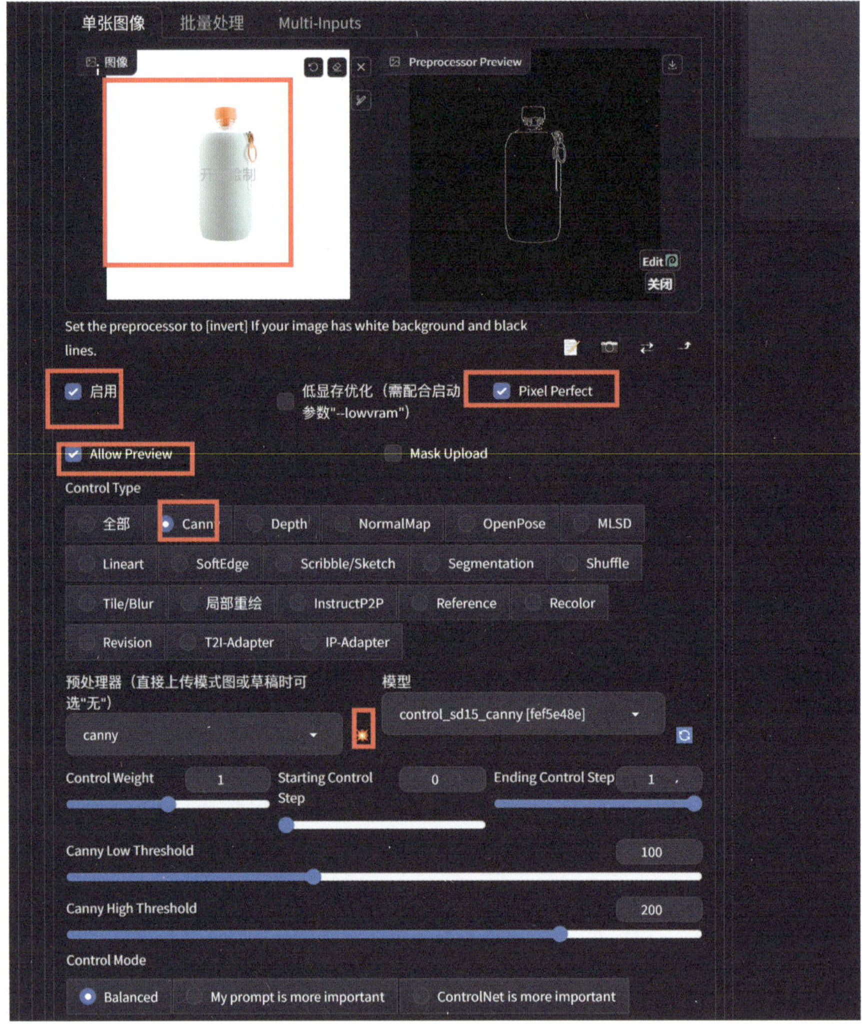

图4-65

03 至此，查看生成结果，发现产品只有轮廓，已不具识别性，如图4-66所示。

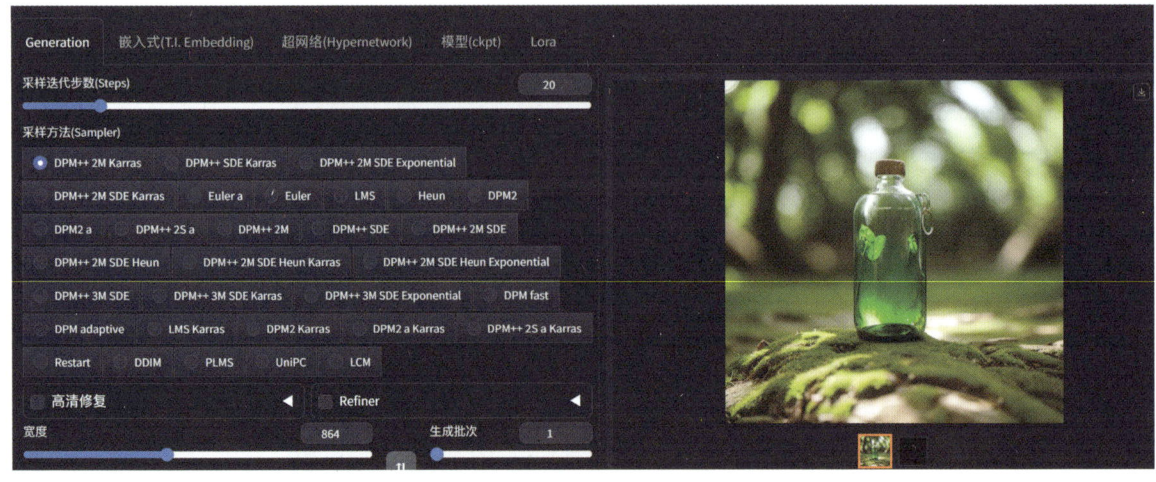

图4-66

04 继续使用“图生图”功能，将原图和蒙版图上传，然后在“重绘幅度”中扩充画幅，如图4-67所示。效果如图4-68所示。

图4-67

图4-68

实战：使用服装图生成对应的模特展示图

产品图的效果如图4-69所示。

图4-69

01 产品的提示词如下，选择一个写实的大模型majicmixRealistic，具体参数设置如图4-70所示。

提示词：Original photo, best quality, realistic, with a simple background (white background: 1.4), 1 girl, 18 years old, wearing a white blue and white qipao, sleeveless, (whole body: 1.6), highly detailed face, smile, long hair,

反向词：nsfw,badhandv4,(EasyNegative:0.5),ng_deepnegative_v1_75t,Bybadartist-neg,paintings,sketches,(worstquality:2),(lowquality:2),(normalquality:1.5),lowres,normalquality,((monochrome)),((grayscale)),((door)),badfinger,(afoot,withoutfeet),

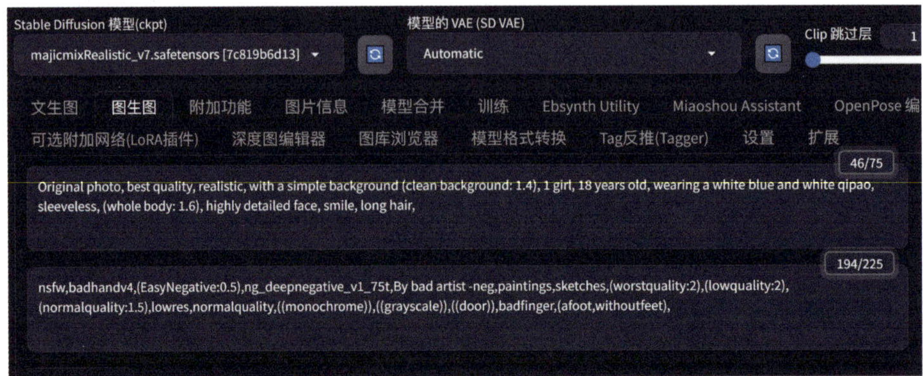

图4-70

02 使用图生图方法中的“局部重绘（上传蒙版）”将准备好的衣服照片和衣服蒙版拖曳进来。调节基本参数，设置“蒙版模式”为“重绘蒙版内容”、“蒙版蒙住的内容”为“潜变量噪声”、“重绘区域”为“全图”，如图4-71所示。

03 设置“采样迭代步数”为20，“采样方法”为DPM++ SDE Karras，“重绘尺寸”与衣服图片尺寸相同，“重绘幅度”为0.79，如图4-72所示。

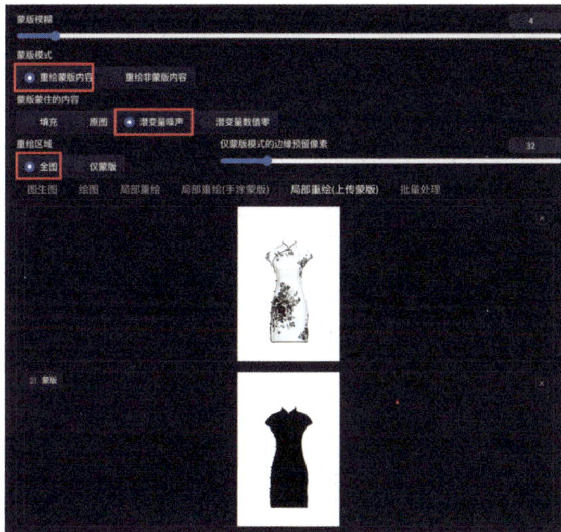

图4-71

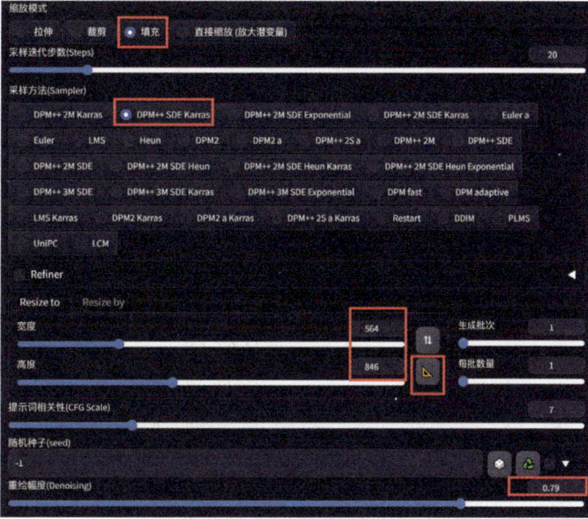

图4-72

04 打开ControlNet，在ControlNet0中导入衣服图片，勾选“启用”“Pixel Perfect（完美像素）”“Allow Preview（允许预览）”复选框。如果显卡不太好，也可以将低显存打开。选择SoftEdge（柔边缘），设置“预处理器”为softedge_hed，其他参数保持默认，导入后单击中间的“小爆炸”进行预览，如图4-73所示。

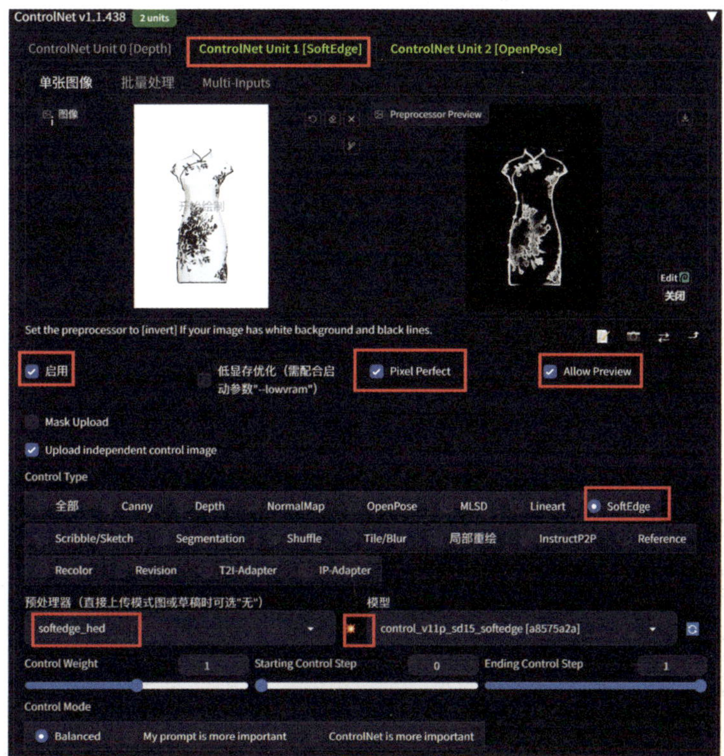

图4-73

05 在ControlNet1中导入衣服图片，勾选“启用”“完美像素”“允许预览”复选框，单击OpenPose，设置“预处理器”为none，将人物的骨骼图导入，其他参数保持默认，导入后单击中间的“小爆炸”进行预览，如图4-74所示。生成效果如图4-75所示。

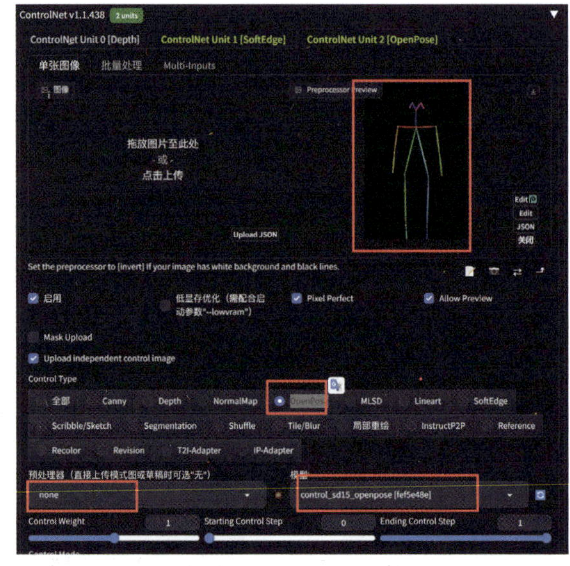

图4-74

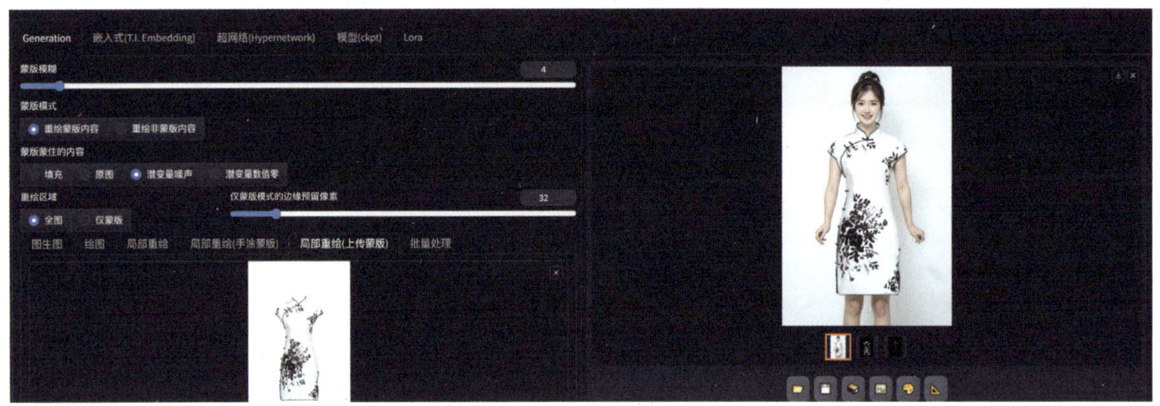

图4-75

06 打开ControlNet，勾选“启用”“Pixel Perfect（完美像素）”“Allow Preview（允许预览）”，选择Tile/Blur，如图4-76所示。效果如图4-77所示。

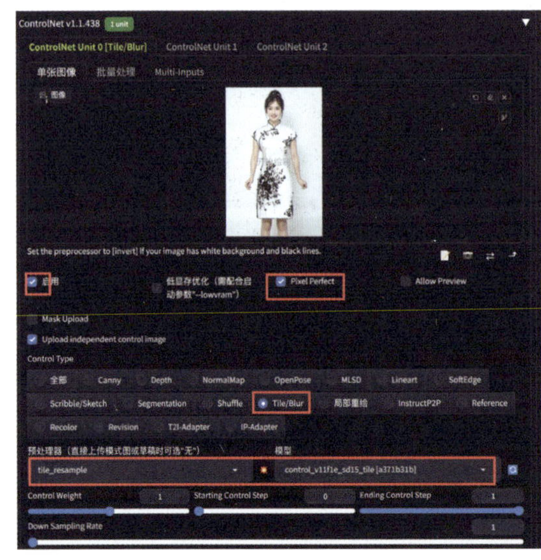

图4-76

图4-77

第5章 Runway界面组成与应用

本章主要介绍AI视频工具Runway的界面组成和各个功能模块的应用。通过本章的学习，读者可以了解Runway的功能区，并明白Runway的操作逻辑。Runway可以用于制作电商头图中的动图或者视频。本章部分引用余志鹏老师编著的《Runway AI视频制作基础与实战》中的内容，如果读者对AI视频制作技术有浓厚的兴趣，推荐购买此书，以深入学习该技术。

5.1 界面组成

Runway是一个在线使用的AI视频制作工具，主要用于创作、编辑和转换视频、图像和音频等内容，以便用户能够轻松地进行从文本到视频、从图像到音乐、从视频到字幕的转换。Runway的独特之处在于支持自定义AI模型，即用户可以根据自己的需求定制AI工具。

笔者试用过多款AI视频制作工具，认为Runway在功能全面性、操作便捷性及生成内容质量上均比其他工具优秀。Runway平台的界面如图5-1所示。

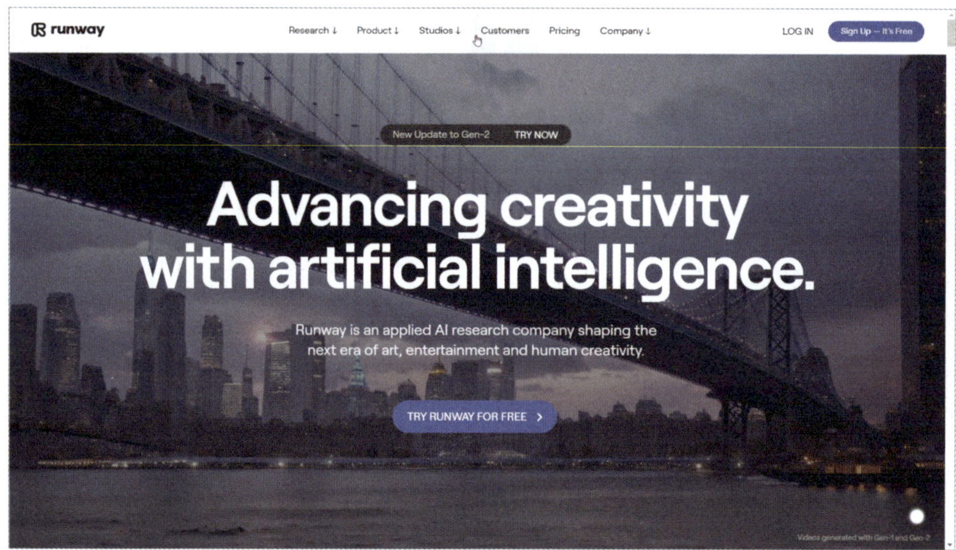

图5-1

在Runway官网注册并登录个人账户，然后单击TRY RUNWAY FOR FREE（免费试用）按钮，即可进入Runway的工作界面。Runway主界面的语言采用的是英文，读者在操作的时候可以使用浏览器的自动翻译功能将其翻译为中文。工作界面分布情况如图5-2所示。注意，这里的页面是可以向下拖曳的。

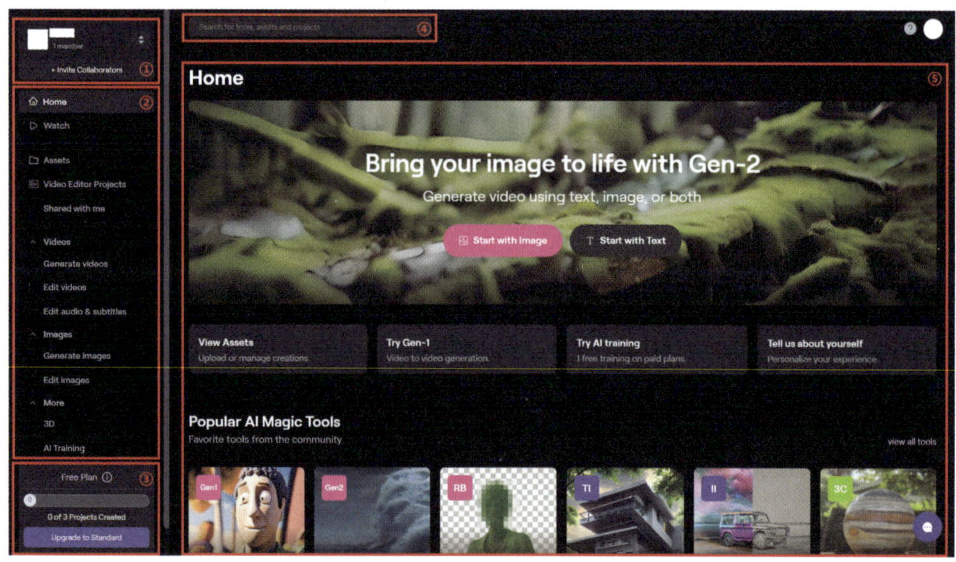

图5-2

主界面组成解析

① 用于显示当前登录账户的信息。

② 表示菜单栏。

③ Free Plan（免费计划）。用于显示当前Runway的授权状态，如果是免费试用状态，那么这里显示的就是Free Plan。

④ 搜索栏。用于搜索相关工具和功能。

⑤ 操作池。此处为操作工具选择区域，读者选择好工具和功能后，就可以进入对应的操作界面。

技巧提示 对于初学者来说，Free Plan（免费计划）是一个不错的选择。注意，这种模式只允许同时存在3个项目，如果在操作过程中Runway弹出升级、付费等对话框，读者可以根据实际情况进行处理。如果不想升级，则需要在Video Editor Projects（视频编辑器项目）中删除项目，以腾出项目空间。

5.1.1 Home

单击菜单栏中的Home（家），操作池中会显示Home的操作面板，如图5-3所示。注意，默认情况下，操作池显示为Home面板。

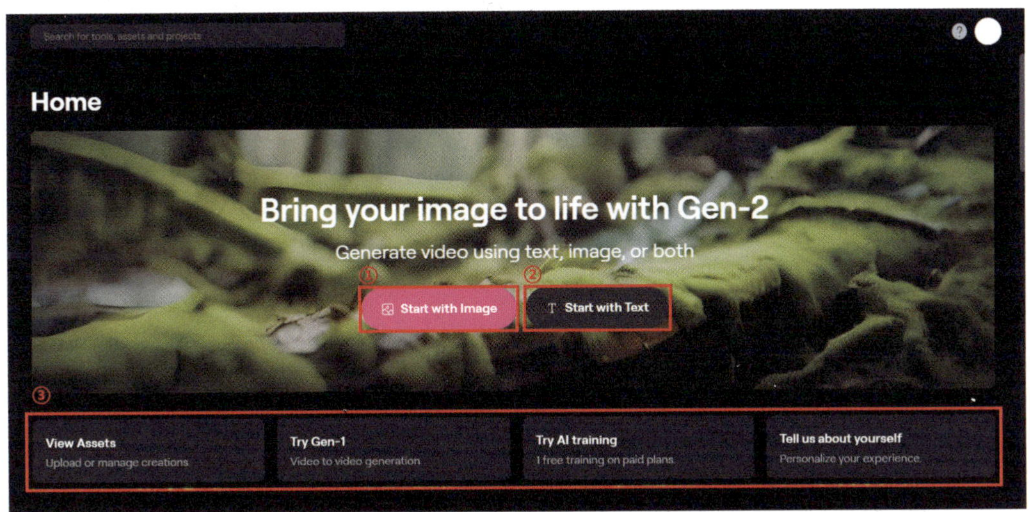

图5-3

Home面板功能解析

① Start with Image（从图像开始）按钮。这是使用图片生成视频的快捷通道按钮，单击后可以直接进入对应的操作界面，即用图片直接生成视频内容。

② Start with Text（从文本开始）按钮。这是使用文本生成视频的快捷通道按钮，单击后可以直接进入对应的操作界面，即用文本直接生成视频内容。

③ View Assets、Try Gen-1、Try AI training、Tell us about yourself的快捷工具。读者可以将这些工具理解为传统软件的配置。

1.Popular AI Magic Tools

在操作池中滚动鼠标滚轮，可以向下翻阅页面，下面还有一些辅助功能区。Popular AI Magic Tools（流行的AI魔法工具）中包含了Runway集成的其他AI工具，如Video to Video（视频到视频）、Text to Image（文本到图片）等工具，读者可以单击功能区右上角的view all tools（显示所有工具），如图5-4所示。单击后，功能区会显示所有的AI工具，且功能区的名称和右上角的文字会发生变化，如图5-5所示。

图5-4

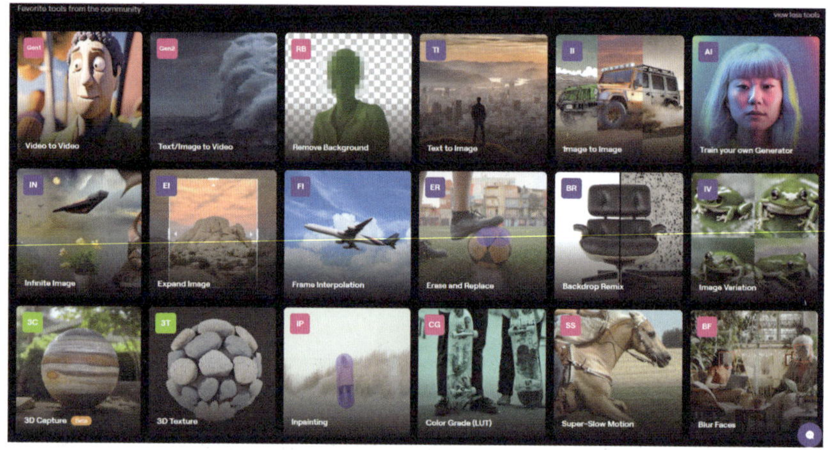

图5-5

2.Tutorials

继续向下翻阅，可以查看Tutorials（教程）功能区，这其中包含了Runway智能模型的介绍和使用教程，如How to Use Gen-2(如何使用Gen-2)、How to Train Custom AI Models（如何定制AI模型）等，如图5-6所示。单击右上角的view all tutorials（显示所有教程），可以进入Academy（学院）页面，其中包含大量Runway的教程视频，如图5-7所示。

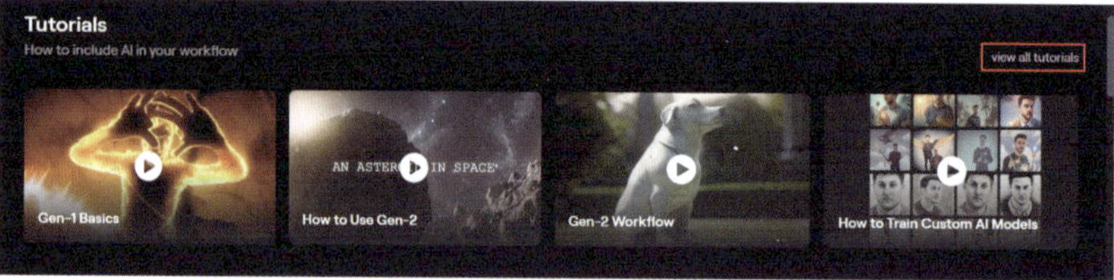

图5-6

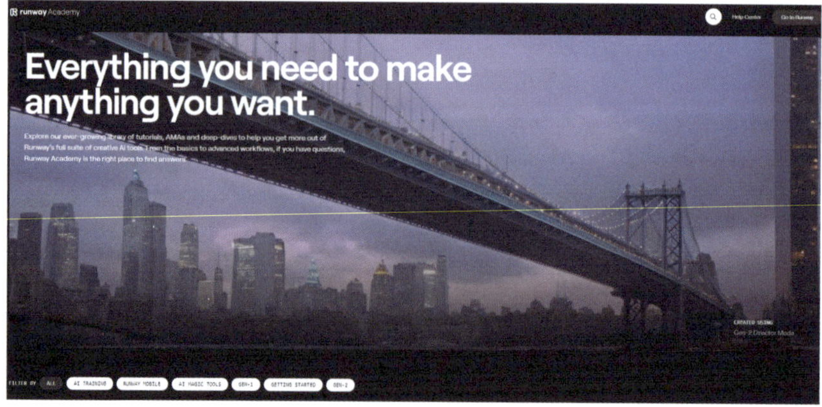

图5-7

3.Discover and Remix

Discover and Remix（发现与混音）功能区提供了大量可以直接使用的素材，如图5-8所示。单击某个素材，可以直接进入编辑页面，通过文本、图片等方式生成新的视频，如图5-9所示。

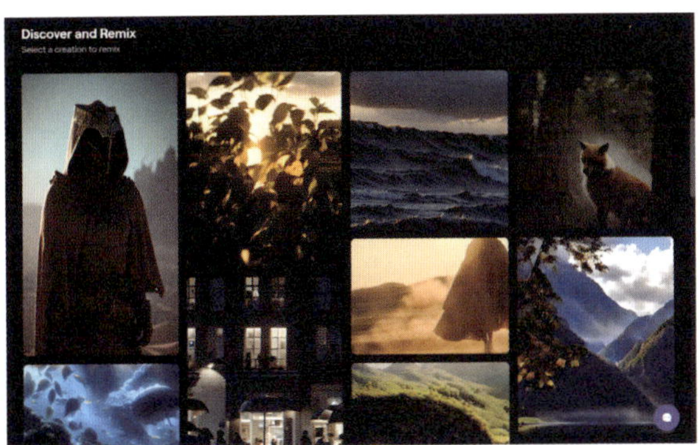

图5-8

图5-9

5.1.2 Assets

单击菜单栏中的Assets（资产），操作池会切换为Assets（资产）内容，如图5-10所示。读者可以将这个面板理解为个人的资源库，即素材库，用于管理相关资源文件。另外，使用Runway发布的视频也会出现在Assets（资产）中。

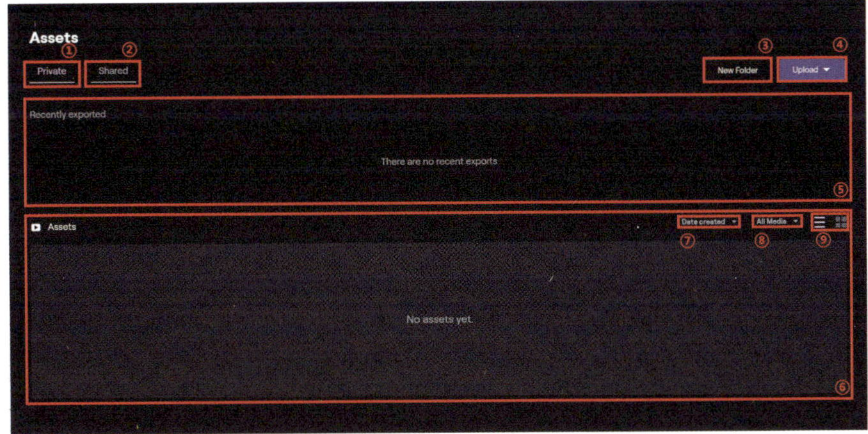

图5-10

Assets面板功能解析

① Private（个人）。这是个人生成视频的管理面板，其中展示了个人资源的历史记录。

② Shared（共享）。这是共享视频的管理面板，其中展示了共享资源的记录。

③ New Folder（新建文件夹）按钮 New Folder 。单击该按钮，可以在Folder（文件夹）功能区新建一个文件夹，用于管理资源，如图5-11所示。

图5-11

④ Upload（上传）按钮。单击该按钮，可以上传本地计算机中的文件夹或视频文件，即Upload folder（上传文件夹）和Upload files（上传文件），如图5-12所示。

⑤ Recently exported（最近导出）。此功能区主要显示最近导出的资源记录。初次使用Runway，此处为空白显示。

⑥ Assets（资产）。此功能区主要显示用户所有使用过的文件，并提供编辑这些文件的功能。

⑦ 排序方式。此处主要用于设置文件的排序方式，默认为按Date created（创建日期）进行排序。排序方式的类型如图5-13所示。

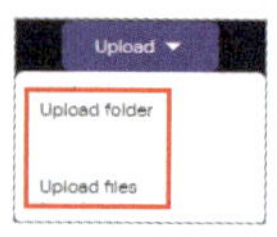

图5-12

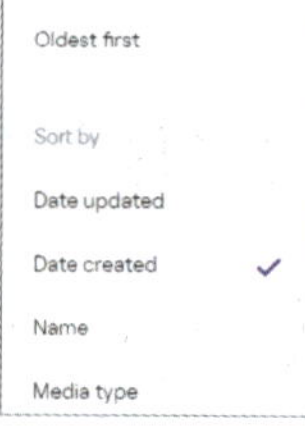

图5-13

⑧ 资产类型。此处主要用于设置显示哪种类型的文件，默认为显示All Media（所有媒体），如图5-14所示。文件的类型如图5-15所示。

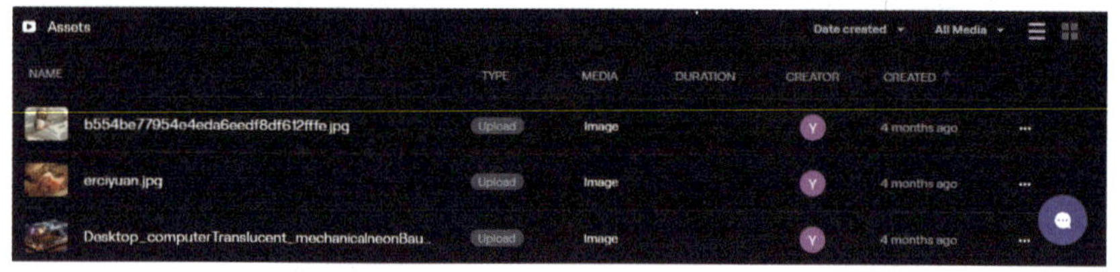

图5-14

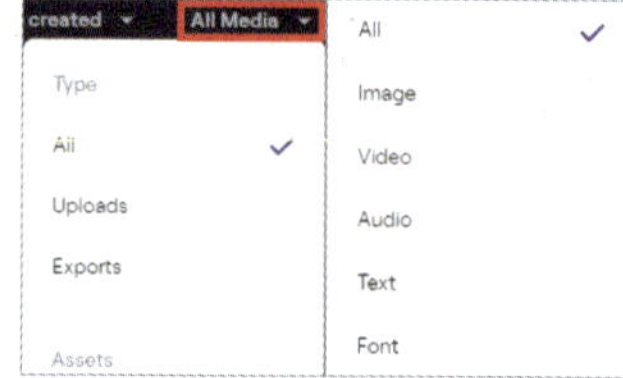

图5-15

⑨ 显示方式。此处主要用于设置文件的显示方式，包含列表形式和视图形式。

5.1.3 Video Editor Projects

单击菜单栏中的Video Editor Projects（视频编辑器项目），进入Projects（项目）面板，如图5-16所示。读者可以将该面板理解为管理项目和编辑项目的功能区，所有创建的项目都会在此显示，如图5-17所示。读者也可以选择已有项目或新建项目，进入项目编辑面板进行视频编辑操作，如图5-18所示。

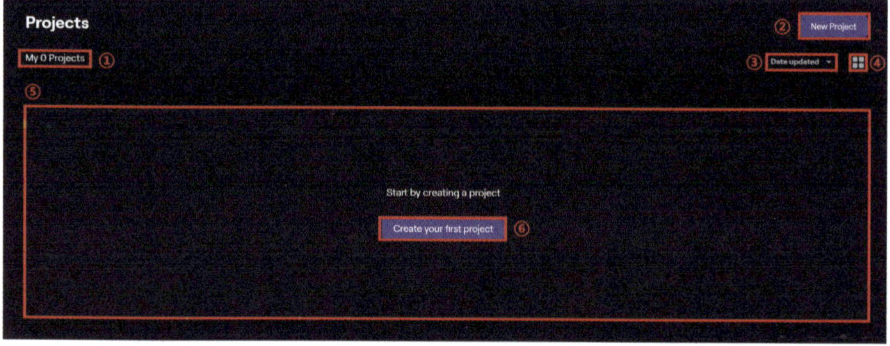

图5-16

图5-17

图5-18

Video Editor Projects面板功能解析

① My Projects（我的项目）。此处用于显示当前存在的项目数量，数字在中间。如果没有项目，将显示为My 0 Projects；如果有2个项目，则显示为My 2 Projects。

② New Project（新项目）按钮 New Project 。单击该按钮可以创建新的项目，在创建过程中可以选择创建的项目类型，如图5-19所示。

③ 排序方式。原理与前面的排序方式类似。

④ 显示方式。原理与前面的显示方式类似。

⑤ 项目库。此区域会显示当前存在的项目，读者可以删除或编辑这些项目。

⑥ Create your first project（创建你的第1个项目）按钮 Create your first project ：当项目库中不存在项目时，该区域会出现这个按钮，单击即可创建新项目，功能与New Project（新项目）按钮 New Project 的功能一致。

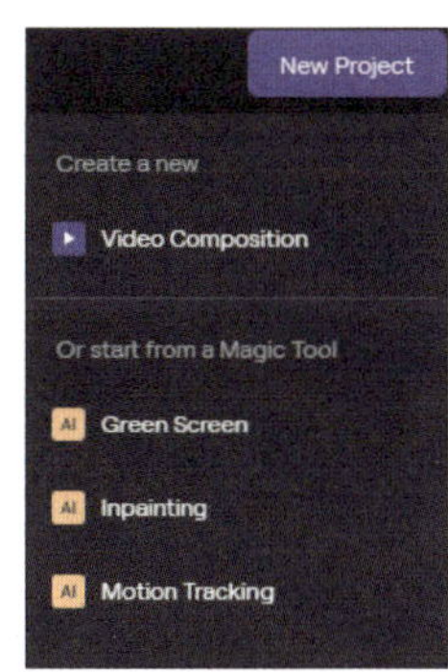

图5-19

5.1.4 Share with me

单击菜单栏中的Shared with me（与我分享），进入Shared with me（与我分享）面板，如图5-20所示。这个面板主要用于显示其他用户分享给自己的项目文件，其显示设置与前面介绍过的类似。

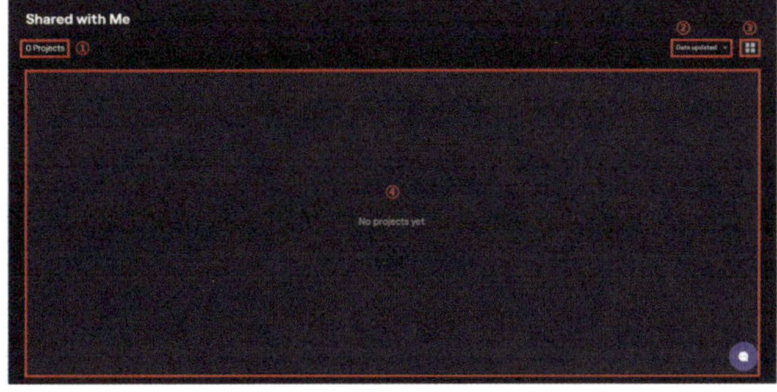

图5-20

Share with me面板功能解析

① Projects（项目）。此处会显示被分享的项目数，数字在前面。如果没有收到分享的项目，显示为0 Projects；如果收到2个分享的项目，则显示为2 Projects。

② 排列方式。原理与前面介绍的排序方式的原理类似。

③ 显示方式。原理与前面介绍的显示方式的原理类似。

④ 共享项目库。此处会显示收到的共享项目。

5.1.5 Videos

菜单栏中的Videos（视频）包含3个子功能，分别是Generate Videos（生成视频）、Edit Videos（编辑视频）、Generate Audio（生成音频），如图5-21所示。

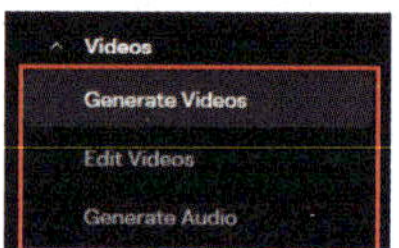

图5-21

1.Generate Videos

单击Generate Videos（生成视频），进入Generate Videos（生成视频）面板，如图5-22所示。

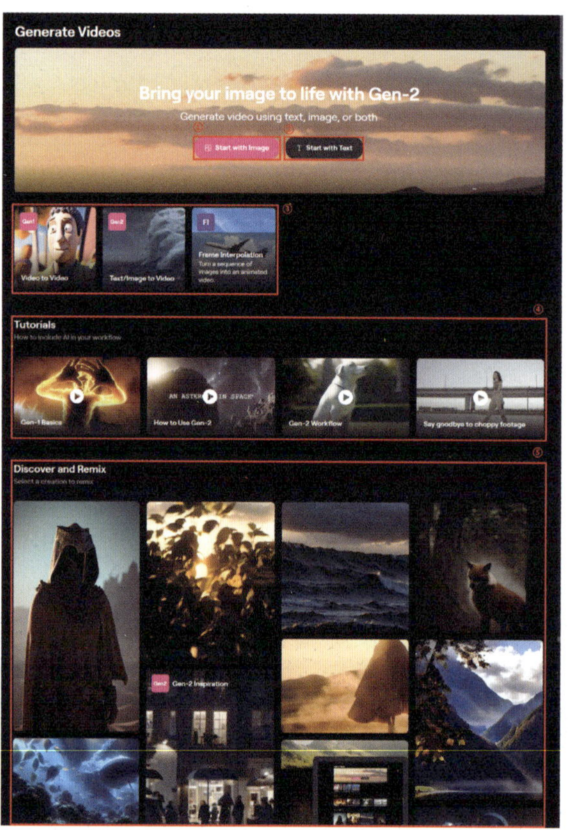

图5-22

技巧提示 Generate Videos（生成视频）中的功能分布与Home（家）面板中的功能分布内容有重合，读者可以查阅"5.1.1 Home"中的内容进行学习。

2.Edit Videos

单击Edit Videos（编辑视频），进入Edit Videos（编辑视频）面板，该面板中包含了大量编辑视频的AI工具，如图5-23所示。读者也可以通过查阅“5.1.1 Home”来了解该面板的功能分布。

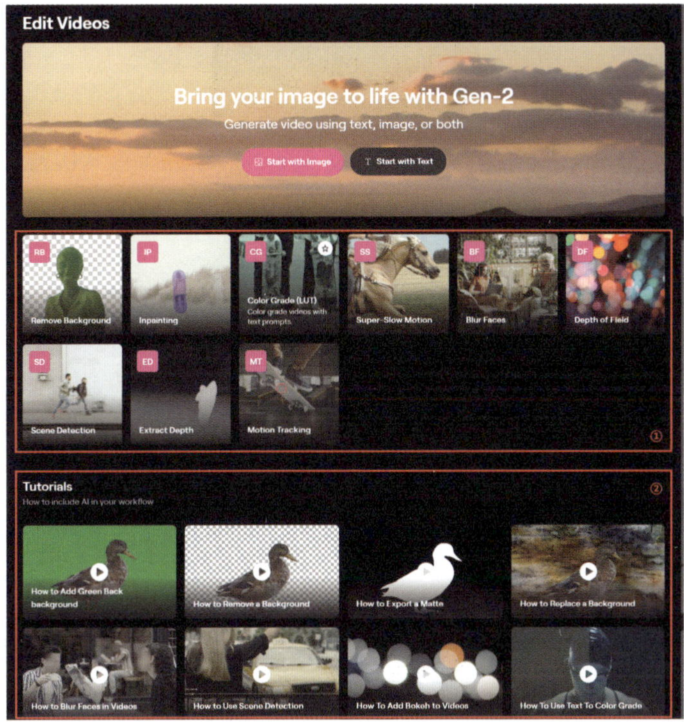

图5-23

3.Edit Audio

单击Generate Audio（生成音频），进入Generate Audio（生成音频）面板，该面板中包含了音频处理和字幕处理的AI工具和教程，如图5-24所示。

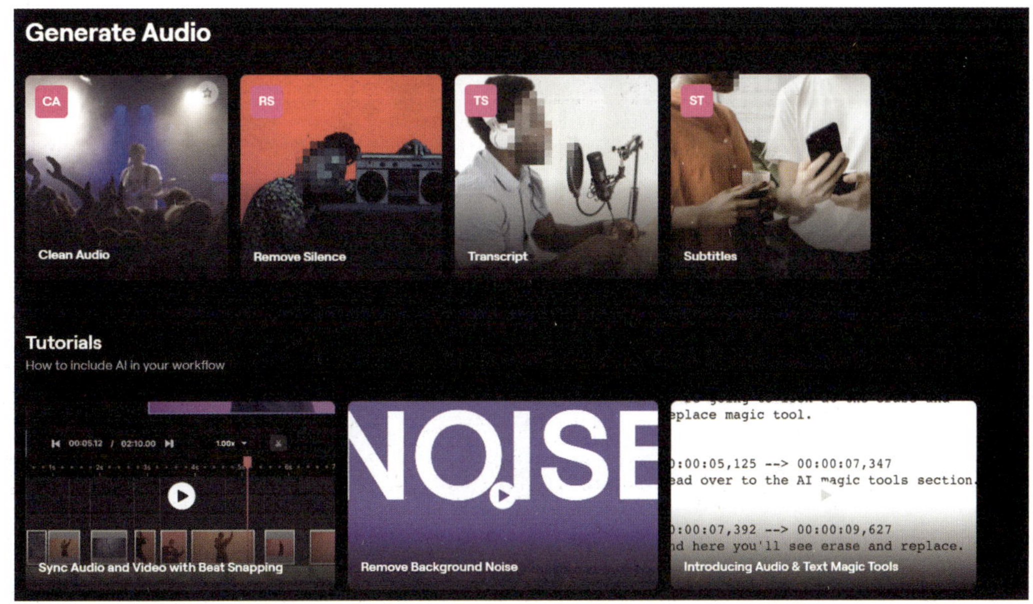

图5-24

5.1.6 Images

菜单栏中的Images（图像）包含2个子功能，即Generate Images（生成图像）和Edit Images（编辑图像），如图5-25所示。

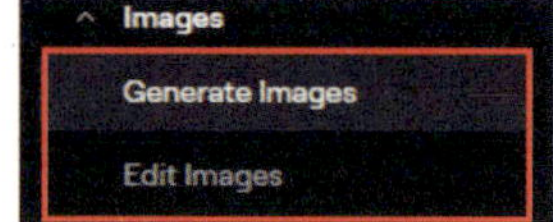

图5-25

技巧提示 读者可能会产生疑问，为什么前面没有介绍AI工具的使用方法？原因如下。

其一，Runway中的AI工具虽然比较多，但其功能也在不断完善和更新，在实际工作中可能会被其他AI工具替代，所以不需要全部介绍。

其二，Runway中AI工具的使用难度主要在于是英文显示的，使用浏览器的自动翻译功能后，用户几乎可以根据参数名称确定操作方法。

其三，Runway在AI工具下方都提供了Tutorials（教程），用于帮助用户学习操作方法。

其四，笔者在本书中的讲解重点是制作视频的技术，部分会用到的AI工具将在后续的具体操作中进行讲解。

1.Generate Images

单击Generate Images（生成图像），进入Generate Images（生成图像）面板，该面板中包含了生成图片的工具和相关教程，如图5-26所示。

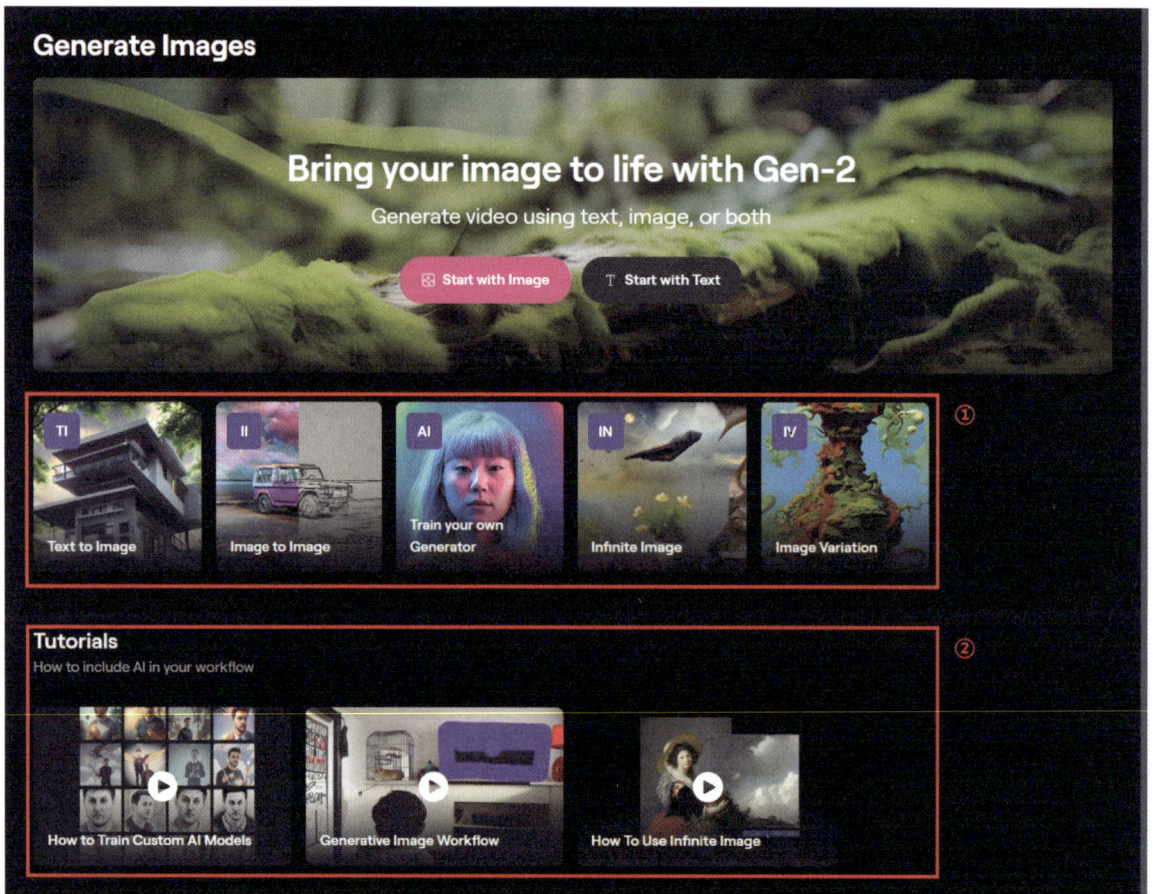

图5-26

2.Edit Images

单击Edit Images（编辑图像），进入Edit Images（编辑图像）面板，该面板中包含了可以进行图像处理的AI工具和相关教程，如图5-27所示。

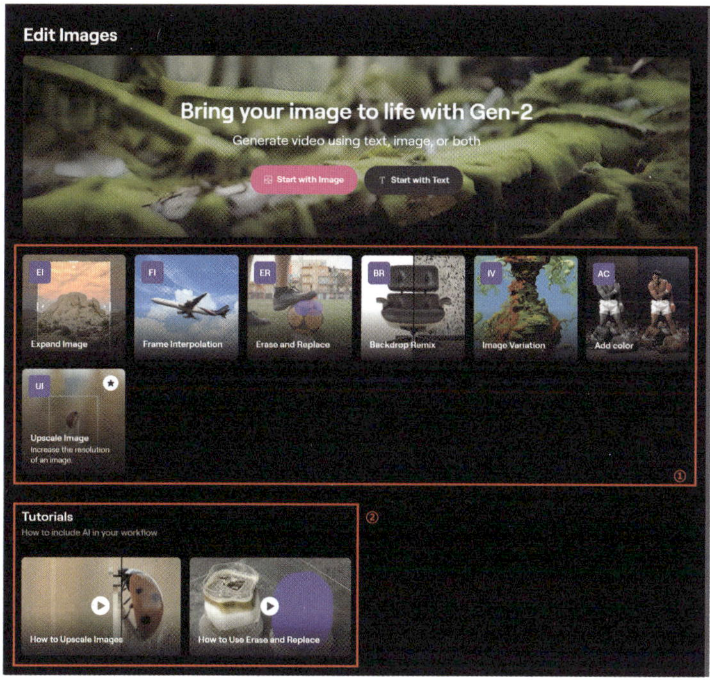

图5-27

5.1.7 More

菜单栏中的More（更多）包含2个子功能，即3D和AI Training（AI训练），如图5-28所示。

图5-28

1.3D Generations

单击3D，进入3D Generations（3D世代）面板，该面板中包含了有3D捕捉和3D纹理功能的AI工具，以及对应的教程，如图5-29所示。

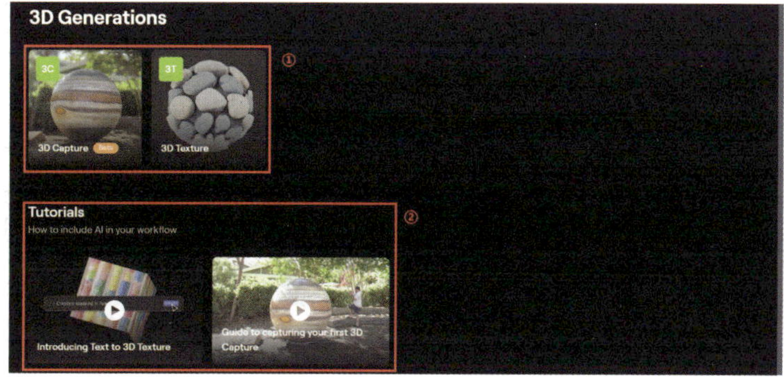

图5-29

2.AI Training

单击AI Training（AI训练），进入AI Training（AI训练）面板，该面板中的工具主要用于帮助用户训练AI模型，如图5-30所示。

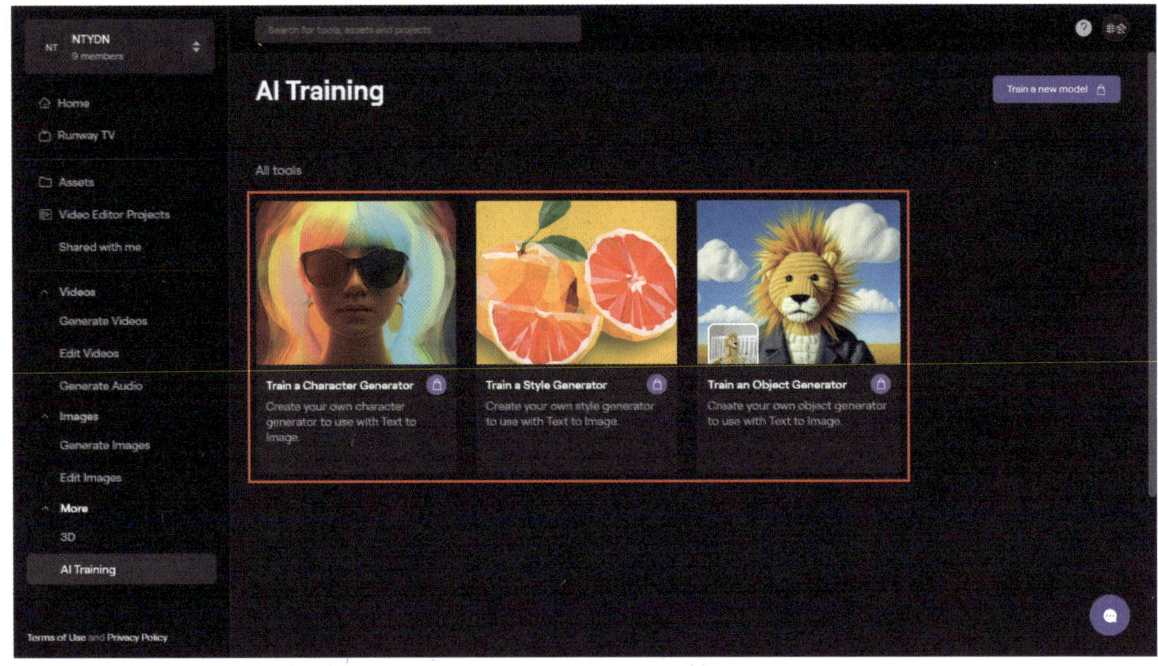

图5-30

AI Training面板功能解析

① Train a new model（训练一个新模型）按钮[Train a new model]。单击该按钮，可以进行新模型的训练。模型类型包含Character Generation（人物生成器）、Style Generation（风格生成器）和Object Generation（对象生成器），如图5-31所示。

② 工具库。此处用于显示全部模型训练工具。

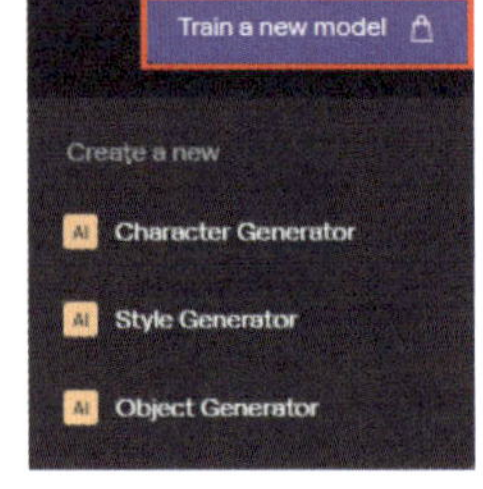

图5-31

5.2 用视频生成视频

用视频生成视频是Runway平台Gen-1模型的核心功能之一。在Runway主界面或者Home（家）面板中单击Tay Gen-1中的Video to video generation（视频到视频生成），如图5-32所示。

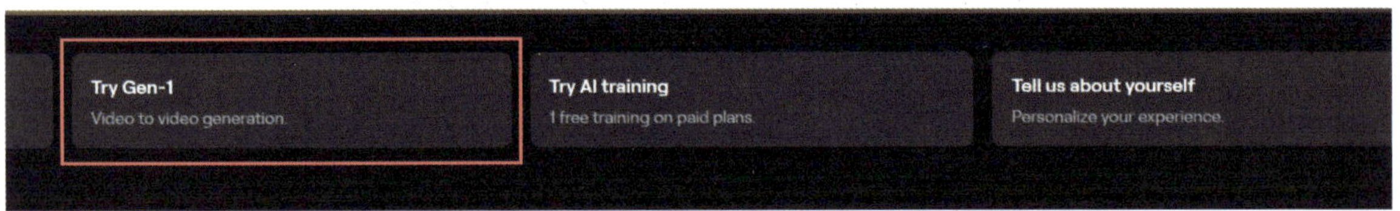

图5-32

进入AI Majic Tools/Video to Video（AI魔法工具/视频到视频）面板，读者可以单击红色框选区域上传本地计算机中的视频或者直接将视频拖曳进来，也可以直接在下方黄色框选区域内选择资产预设，如图5-33所示。

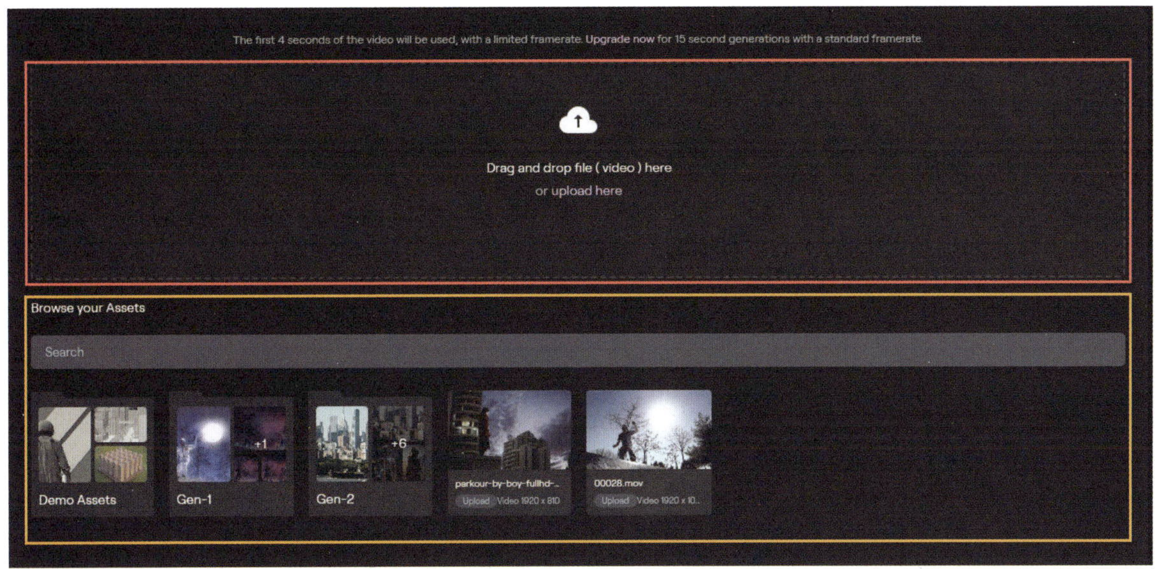

图5-33

技巧提示 资产预设中包含了官方提供的视频，以及用户曾经上传到Runway平台的所有视频和生成的视频。

笔者在这里上传“一个在走路的帅小伙”的视频，为后面的演示做准备，如图5-34所示。上传完视频后，读者需要了解在Video to Video（视频到视频）模式中可以通过3种风格参考方式进行风格迁移，分别是Image（图像）、Presets（预设）和Prompt（提示词）。右侧的Style reference（风格参考）面板如图5-35所示。

图5-34

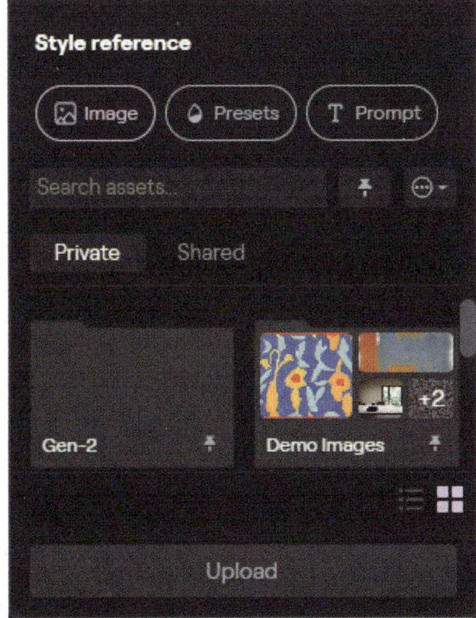

图5-35

5.2.1 图像参考

单击Image（图像）按钮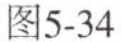，在下方的功能区可以选择相关的图像参考，如图5-36所示。读者可以将本地计算机中的图片以拖曳到功能区的方式进行上传并选择，或者打开Demo Images（演示图像）并选中Runway预设的图片。

笔者在这里希望将原视频的风格转换为“蒸汽波”风格，内容为“让帅小伙儿走在日落之下”，于是上传了图5-37所示的图片参考。

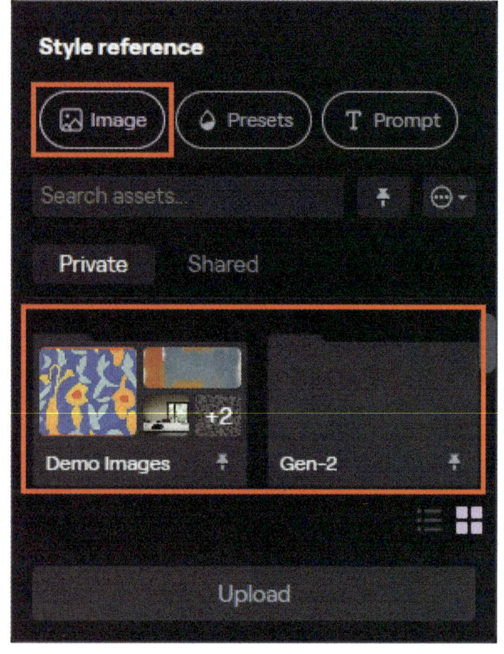

图5-36

图5-37

1.预览与生成

上传完成后，选中上传的图片，单击Settings（设置）面板中的Generate video（生成视频）按钮，可以直接生成视频。笔者不建议读者这样做，因为生成视频通常需要花费几分钟的等待时间。如果生成的视频不满意，就需要重新生成，如此反复尝试，非常浪费时间与精力。因此笔者的建议是，单击Preview styles（预览风格）按钮，提前对即将生成的结果进行预览，并判断此效果是否能够满足需求。Settings（设置）面板中的按钮位置如图5-38所示。

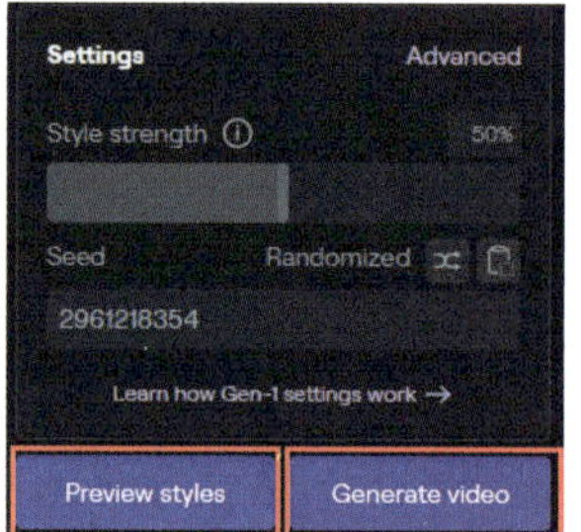

图5-38

单击Preview styles（预览风格）按钮，原视频的下方就会弹出4个风格的预览效果，如图5-39所示。如果预览效果中有符合预期的，当鼠标指针悬浮在其上时，会弹出Generate video（生成视频）按钮，单击该按钮即可生成视频，如图5-40所示。

图5-39

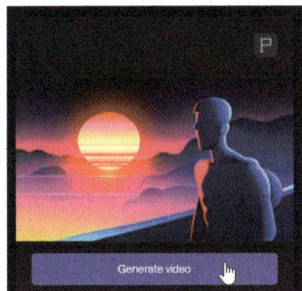

技巧提示 如果读者找不到合适的效果，可以多次单击Preview styles（预览风格）按钮Preview styles，直到出现满意的效果。

图5-40

2.参数设置

如果预览效果与目标效果有一定的出入，可以单击Settings（设置）面板右侧的Advanced（高级），如图5-41所示。展开Settings（设置）的参数面板，如图5-42所示。

技巧提示 笔者在这里仅介绍生成视频的控制参数和操作原理。Affect foreground only（只影响前景）、Affect background only（只影响背景）和Compare wipe（对比擦除）等选项仅用于控制Images（图像）参考模式影响的范围，读者可以按字面意思理解，当然也可以自行测试。

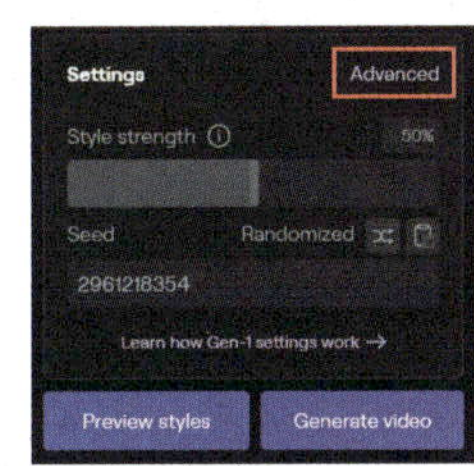

图5-41

图5-42

（1）保留源视频信息

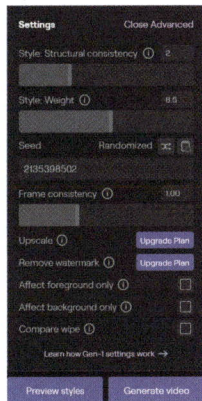

如果希望生成的视频能够保留更多源视频的信息，可以设置Style:Structural consistency（风格：结构一致性）的参数。该参数主要用于控制生成视频与源视频的差异性，数值越高，生成的视频与源视频的差异性就越大，反之则越小。

注意，这里的差异性指的是结构差异性，读者可以简单地将其理解为画面构图和内容结构。切记，Style:Structural consistency（风格：结构一致性）对风格参考的影响很小，因为风格参考的依据是Images（图像）参考模式中的图像。为了方便读者理解，下面进行一个简易的对比实验演示。

这里以图5-43所示的视频作为源视频，以图5-44所示的图片内容作为参考图像，保持其他参数不变，仅改变Style:Structural consistency（风格：结构一致性）的参数。

图5-43

图5-44

为了使对比效果明显，笔者分别测试Style:Structural consistency（风格：结构一致性）为0(最小值）和7（最大值）的效果。同时，为了避免结果出现偶然性，笔者特地增加了测试样本数，即使用预览风格的效果进行对比，如图5-45和图5-46所示。

图5-45

图5-46

将生成的预览效果与图5-44所示的源视频加以对比，可以分别进行如下判断。

当设置Style:Structural consistency（风格：结构一致性）为0时，图5-45所示的预览效果的背景中出现了与源视频类似的建筑物，且人与背景的构图结构也与源视频基本一致。

当设置Style:Structural consistency（风格：结构一致性）为7时，图5-46所示的预览效果的背景中并没有建筑物（消失了），人物还出现了“看向不同角度”的情况，且与源视频的构图结构存在一定差异。

（2）贴近风格参考图

如果希望生成的视频能够更加贴近风格参考图，可以设置Style:Weight（风格：权重）的参数。该参数主要控制生成视频与风格参考图的关联性，数值越高，生成视频的风格就越贴近风格参考图，反之则与风格参考图的差别越大。

Style:Weight（风格：权重）仅影响风格，基本不会改变画面结构。下面采用同样的源视频和风格参考图进行测试。保持其他参数不变，仅改变Style:Weight（风格：权重）参数，分别设置Style:Weight（风格：权重）为1.1(最小值）和15(最大值)，效果如图5-47和图5-48所示。

图5-47

图5-48

将生成视频的预览效果与图5-44所示的风格参考图加以对比，可以分别进行如下判断。

当设置Style:Weight（风格：权重）为1.1时，图5-47所示的预览效果中人物风格、背景风格都与风格参考图存在较大的差异，部分背景中甚至不存在风格参考图中的落日。

当设置Style:Weight（风格：权重）为15时，图5-48所示的预览效果中人物风格、背景风格都与参考图风格近似，甚至还出现了与风格参考图中一样的水面、落日和倒影。

（3）控制画面流畅度

设置参数并得到满意的预览效果后，单击Generate video（生成视频）按钮，等待1~2分钟即可得到结果。如果发现生成视频播放起来比较卡顿，可以尝试设置Frame consistency（帧一致性）参数。该参数主要控制生成视频的前后两帧之间的关联性，数值越大，当前帧与前一帧的关联越大，即画面在播放时会显得越流畅。

技巧提示 参数并不是固定的数值，但都有对应的推荐数值，初学者可以将其作为学习参考，并在实际应用时根据需求进行调整。

Style:Structural consistency（风格：结构一致性）：0~5。

Style:Weight（风格：权重）：7.5~12.5。

Frame consistency（帧一致性）：1~1.25。

当一切参数都设置完毕，并成功生成满意的视频后，即可单击生成视频右上角的Download（下载）按钮，将视频下载并保存至本地计算机。另外，Gen-1模型目前单次生成的视频时长最长为4s，所以读者在上传源视频时应注意截取需要进行风格迁移的视频片段。

5.2.2 预设参考

除了上传风格参考图，读者还可以使用Runway平台提供的风格预设进行风格迁移。单击Presets（预设）按钮，即可查看并使用Runway提供的风格预设，如图5-49所示。

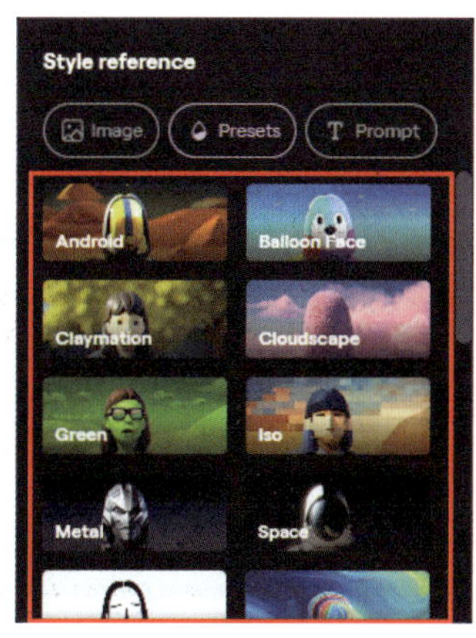

图5-49

这里笔者选择Storyboard（故事板）风格的预设进行演示。向下拖曳功能区，找到Storyboard（故事板）并选择，其他的操作方法和“5.2.1 图像参考”中介绍的一样。预览效果如图5-50所示。

图5-50

此时可以看到，预览效果还是比较不错的。Runway提供的预设大多是经过测试的，所以相对于初学者自己提供的风格参考图，得到的效果要好一些。注意，当选择了风格预设后，部分设定将不可用，但读者依然可以在Advanced（高级）中设置参数，方法和原理与前面一致。笔者认为第1种风格的预览效果比较好，所以可以直接单击该预览效果上的Generate video（生成视频）按钮Generate video，视频如图5-51所示。

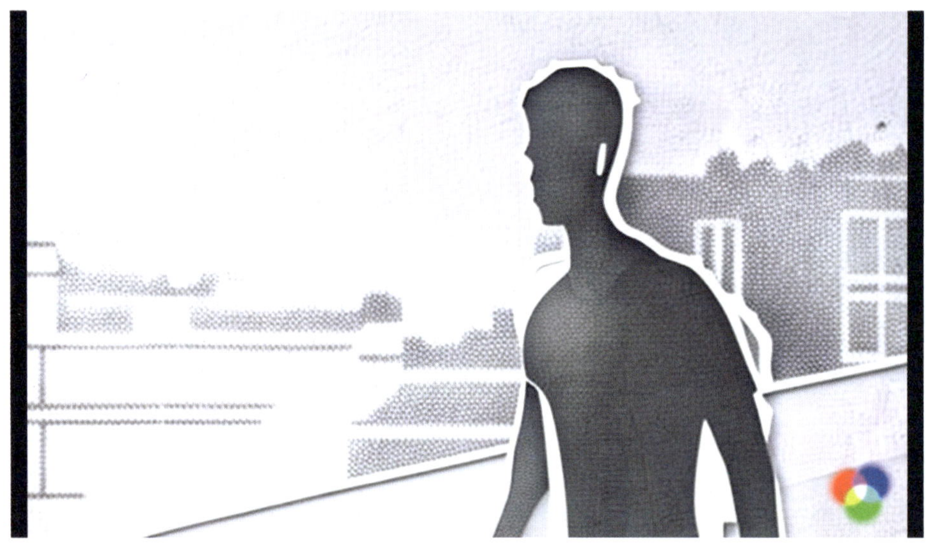

图5-51

技巧提示 Runway提供的风格预设大致可以分为人物型、风格型、动物型、建筑风景型等类型。读者使用时应根据源视频的类型选择对应的风格预设，这样生成的视频才会更加准确。如果选择与源视频的风格不一致的风格预设，大概率会导致生成的视频内容变得奇怪。这里同样使用源视频，并选择动物型的风格预设，得到的效果就比较“四不像”，如图5-52所示。

图5-52

5.2.3 提示词参考

单击Prompt（提示词）按钮T Prompt，可以在下方功能区输入对风格的英文描述，即提示词，如图5-53所示。

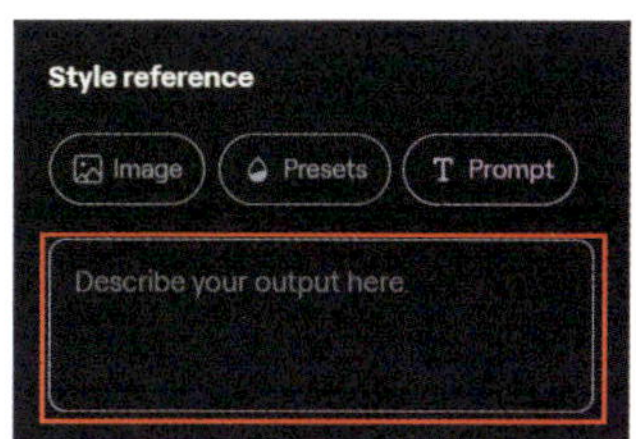

图5-53

笔者继续以源视频和“蒸汽波”风格为例进行演示。现在需要思考“蒸汽波”的风格的效果描述，笔者的描述参考为“棕榈树的剪影”“霓虹粉色和紫色天空的渐变”“像素化的太阳和复古的未来元素”“旧电脑和古董车”“合成波大气”等。

读者可以将这些描述词加以优化并翻译成英文，然后复制并粘贴到输入提示词的功能区。预览效果如图5-54所示。

Palm tree silhouettes,The background is a gradual change of neon pink and purple sky,pixelated sun and retro futuristic elements,old computers and vintage cars,synthetic wave atmosphere

图5-54

技巧提示 提示词必须为英文字符，否则生成的视频将会出现很多错误，如错误字符，且风格也与提示词内容无关。另外，因为翻译风格、翻译软件、翻译习惯的不同，翻译的结果也会多种多样。但Runway基本上都是能够识别的，读者不用刻意去纠正。

目前来看，预览效果还不错。前文提到AI模型的训练原理，以及视频生成的原理，读者应该知道，当提示词的描述越详细时，得到的效果越接近预期。这里也是如此，现在对前面的提示词内容进行简化处理，即改为类似于“蒸汽波”“日落”“棕榈树剪影”等描述，效果如图5-55所示。

Vaporwave,sunset,palm tree silhouettes

图5-55

对比图5-54和图5-55所示的效果，明显可以看出图5-55所示的视频画面缺少细节和元素，所以读者在使用提示词参考进行视频生成时应该尽可能描述得详尽一些。

技巧提示 前面介绍的3种方式都适用于对源视频进行风格迁移，但它们之间也存在着明显差异。

Images（图像）：图像参考方式在所有方面均居三者的中位，能根据参考图像对源视频进行风格迁移，但使用时需寻找合适的参考图像，其生成的视频质量也处于三者的中间水平。

Presets（预设）：预设参考方式的操作是三者中最简便的，且其生成视频的风格关联性较强，但预设的数量有限，控制性和灵活性相对于另外两种方式较差。

Prompt（提示词）：提示词参考方式要求用户懂得一定的语言描述技巧，但对画面的控制能力是三者中最强的。如果读者多加练习，采用此模式能生成大量高质量的视频。

5.3 用图像和文本生成视频

Gen-2模型提供两种视频生成模式：一种是用图像生成视频，另一种是用“图像+文本”共同生成视频。“图像+文本”模式融合了用文本生成视频和用图像生成视频的功能，可以帮助用户创建更符合预期的视频效果。

5.3.1 图像模式

为了方便读者理解，笔者直接通过演示步骤来讲解使用图像生成视频的操作方法。

01 在Runway主界面单击Generate videos（生成视频），然后在Generate videos（生成视频）面板中单击Gen-2的Text/Image to Video（文本/图像到视频），如图5-56所示。

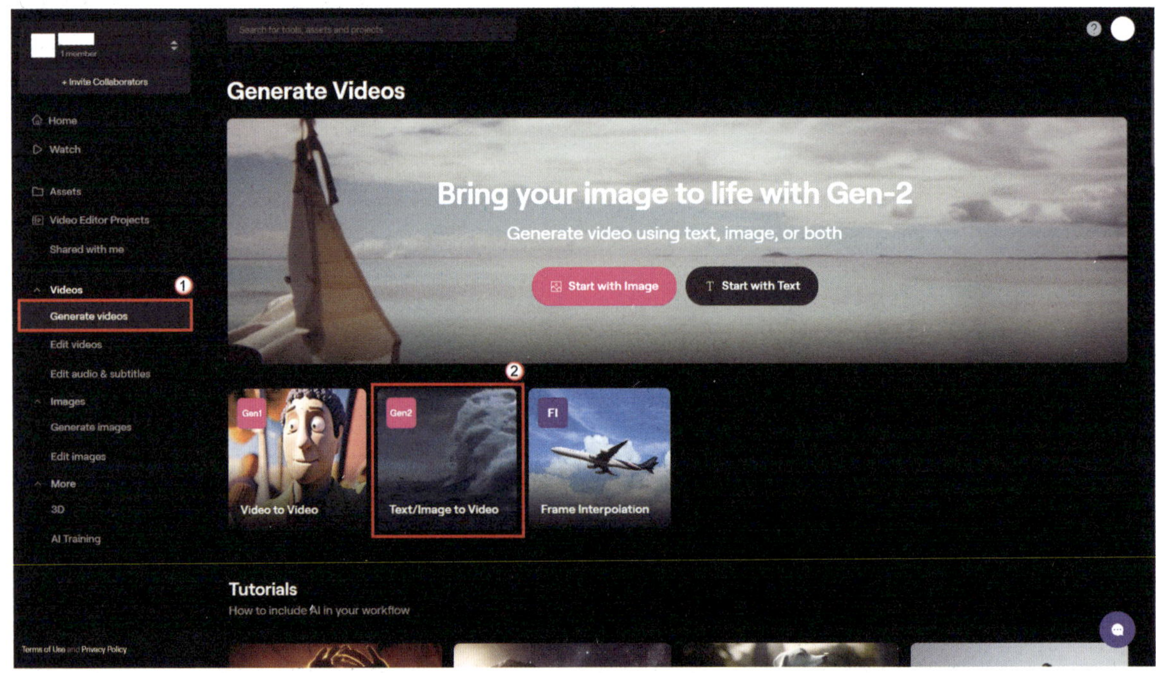

图5-56

02 进入“AI Magic Tools/Text/Image to Video（AI魔法工具/文本/图像到视频）”面板，单击IMAGE（图像），进入图像模式，将图像拖曳到黄色方框内上传，如图5-57所示。

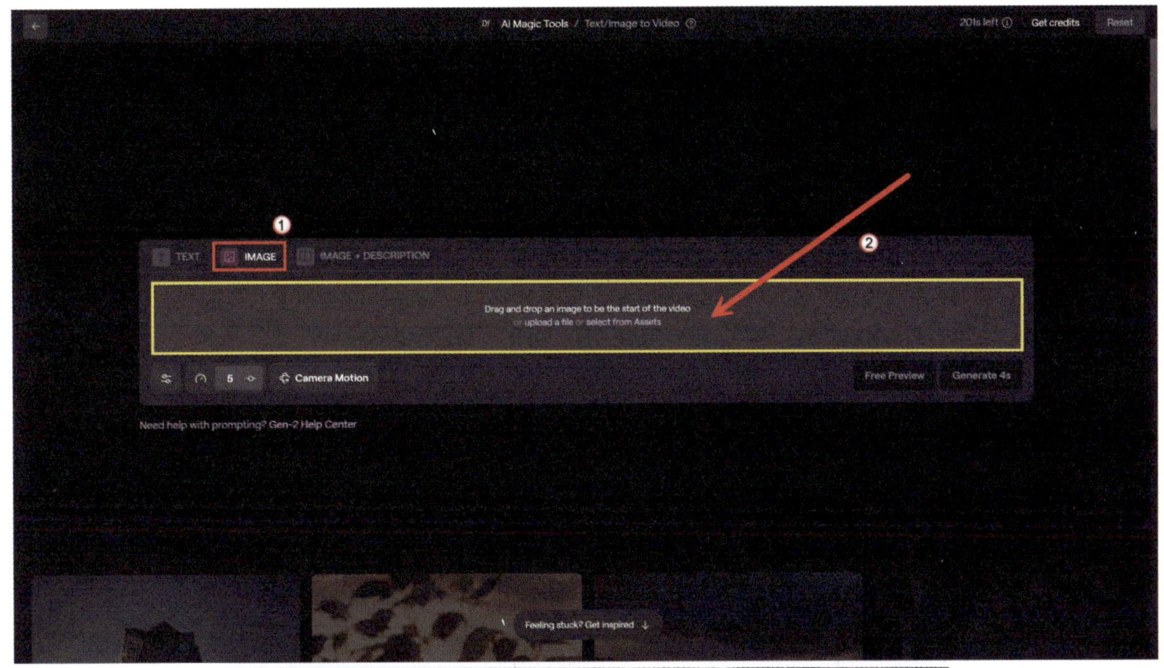

图5-57

03 功能区下面有一些工具，单击General Motion（常规运动）功能按钮，可以对运动强度进行调整，数值越大，运动强度越大，反之则越小。参数面板和操作顺序如图5-58所示。因为该操作属于一般设置，所以笔者就不生成视频了，读者设置好后可以单击Generate 4s（生成4秒）按钮，查看生成视频的效果。

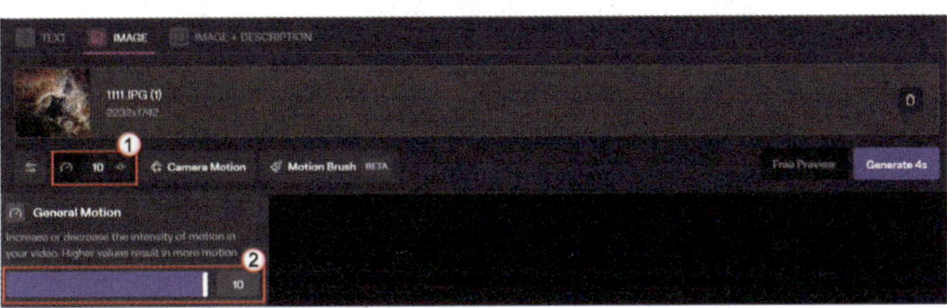

图5-58

04 继续单击Camera Montion（相机运动）按钮，可以调整镜头的运动方式。这里笔者任意调整一下，参数如图5-59所示。

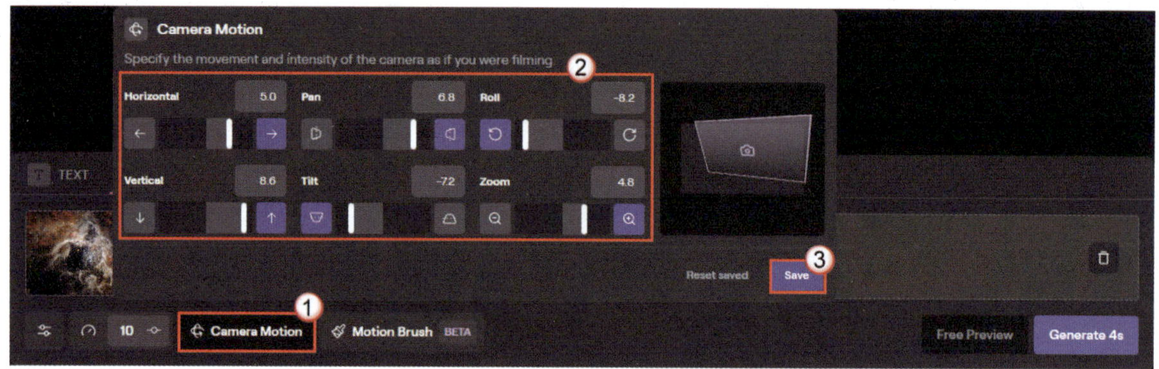

图5-59

技巧提示 这里笔者按常规的操作顺序介绍相关参数的功能。

Horizontal（水平）：用于控制镜头在水平方向进行移动。

Vertical（垂直）：用于控制镜头在垂直方向进行移动。

Roll（旋转）：用于控制镜头的旋转方向和角度。

Zoom（缩放）：用于控制镜头的缩放，即控制画面的大小和远近。

Reset saved（重置保存）按钮：用于清除设置的参数，即还原到初始状态。

Save（保存）按钮：用于保存当前设置的参数。

单击Save（保存）按钮后，Runway会保存Camera Montion（相机运动）参数，Camera Montion（相机运动）按钮会变为工具组按钮，用于显示设置了哪些参数，如表示设置镜头向右移动、表示设置镜头向上移动、表示设置镜头向左旋转、表示对镜头进行了放大（拉近了画面）。

05 单击Generate 4s（生成4秒）按钮，即可根据当前设置的参数或默认参数对上传的图片进行视频生成。生成过程一般持续1~2分钟，如图5-60和图5-61所示。

图5-60

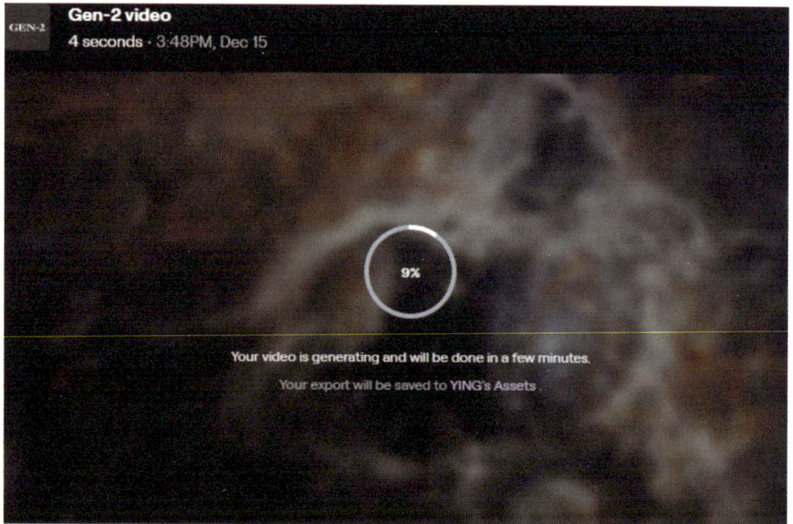

图5-61

技巧提示 这里笔者没有单击Free Preview（免费预览）按钮进行视频预览，是因为该功能在Free（免费）模式下无法使用。

06 视频生成结束后，可以单击左下角的播放按钮▶进行播放，也可以在右下角设置播放需求，效果如图5-62所示。可以看到，视频内容是根据上传图片进行变动的，且视频中体现了镜头变化情况和运动强弱。

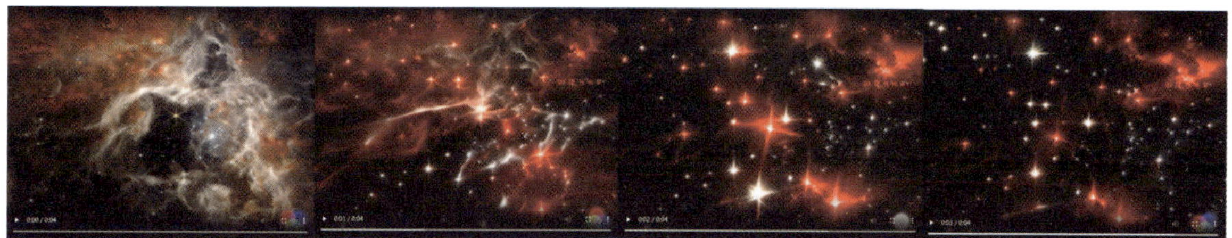

图5-62

07 如果对效果满意，可以单击Download（下载）按钮，将视频下载到本地计算机中。如果对视频效果不满意，可以进行二次设置，即单击Camera Montion（相机运动）工具组按钮，可以对镜头参数进行重置，如图5-63所示。

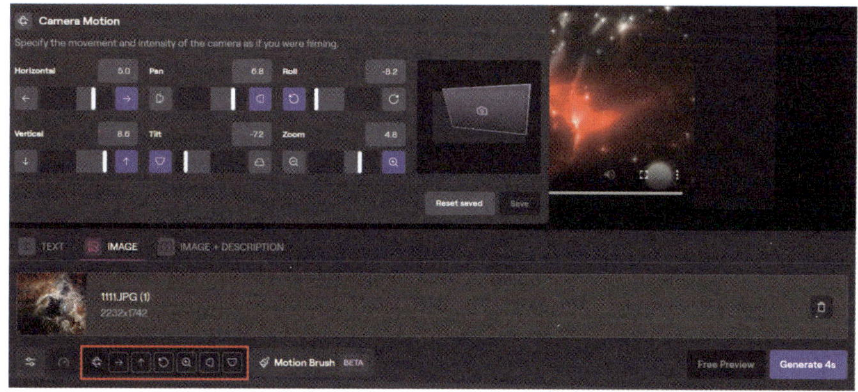

图5-63

技巧提示 因为二次设置是在生成视频的基础上进行的，所以部分参数无法直接调整。例如，General Motion（常规运动）属于一般设置，在应用了Camera Montion（相机运动）这类高级设置后，Runway会覆盖一般设置。如果要使用一般设置进行视频生成，则需要单击General Motion（常规运动）工具按钮，然后在弹出的选项中单击OK,reset（好，重置）按钮，如图5-64所示。此时，Runway会清除掉高级设置，也就是Camera Montion（相机运动）的设置，并提供General Motion（常规运动）按钮，供读者进行一般设置，如图5-65所示。

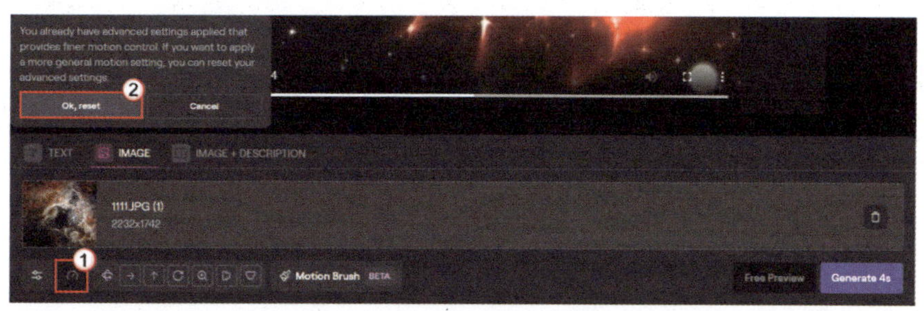

图5-64

图5-65

08 二次设置好参数后，继续单击Generate 4s（生成4秒）按钮，即可生成视频。如果觉得4秒时长的视频不能满足需求，可以单击Extend 4s（扩展4秒）按钮，将视频时长延长至8秒，Runway会使用Gen-2模型自行补充后面的内容，如图5-66所示。

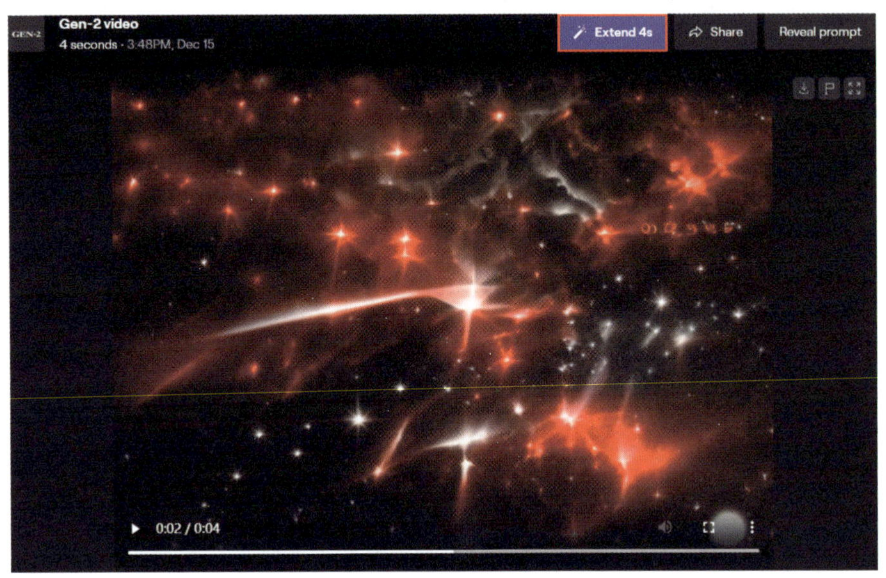

图5-66

技巧提示 Runway并不支持无限单击Extend 4s（扩展4秒）按钮来延长视频时长，目前仅提供3次视频时长的延长机会。另外，整个界面左侧会显示视频的生成记录，单击它们即可切换到对应的视频，以便再次修改。

5.3.2 “图像+文本”模式

IMAGE+DESCRIPTION（图像+说明）即俗称的“图像+文本”模式。下面同样使用操作演示的方式对其进行介绍。

01 单击IMAGE+DESCRIPTION（图像+说明），切换到IMAGE+DESCRIPTION（图像+说明）功能区，然后将图片拖曳到图片上传区域，如图5-67所示。

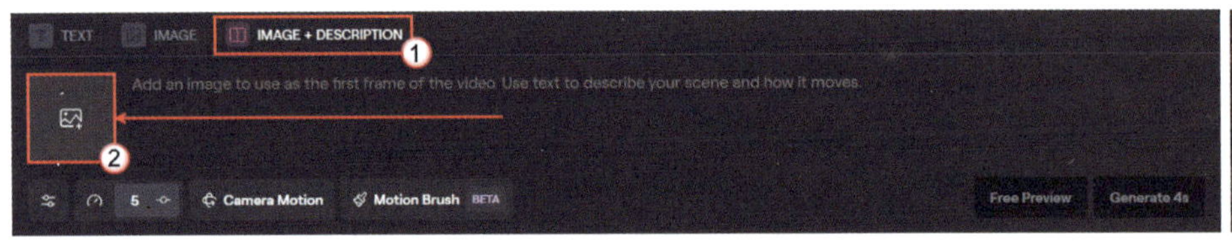

图5-67

02 上传图片后，需要对视频内容进行文本描述。文本描述通常包含两个内容，即“描述性文本”和“命令性文本”。笔者上传的是星云图片，所以可以对星云即星云的外观特征进行描述。在描述完成后，可以编写“命令性”文本，即设置视频内容的运动情况。

描述性文本

它的特征是宇宙尘埃和气体的旋涡，颜色多种多样，主要是火红的橙色和红色，夹杂着白色。散射的是来自恒星的光点，有些看起来更大、更亮，表明它们更近。

命令性文本

让这些星云移动，星星就会闪烁。

组合文本

它的特征是宇宙尘埃和气体的旋涡，颜色多种多样，主要是火红的橙色和红色，夹杂着白色。散射的是来自恒星的光点，有些看起来更大、更亮，表明它们更近。让这些星云移动，星星就会闪烁。

03 将组合好的文本翻译为英文，然后输入IMAGE+DESCRIPTION（图像+说明）功能区的文本框中，如图5-68所示。

It is characterized by swirls of cosmic dust and gas in a variety of colors,primarily fiery orange and red,mixed with white.Scattered are spots of light from stars,some appearing larger and brighter,indicating they are closer or brighter.Let these nebulae move and the stars twinkle and twinkle.

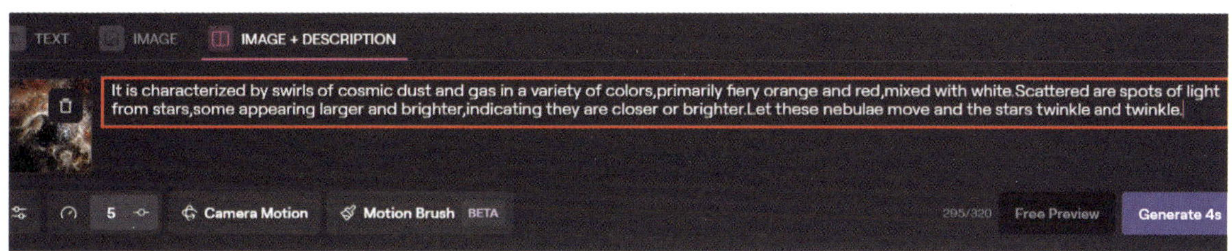

图5-68

技巧提示 这里的文本字数是有限的，即不能超过320个。接下来就是对视频参数进行设置，设置好后同样单击Generate 4s（生成4秒）按钮，即可生成视频。

5.4 用文本或图像生成图像

本节主要介绍如何使用Runway生成图像。读者可能会有疑问："本章不是讲解AI视频生成技术吗？为什么还要介绍图片生成方法？"读者需要换个角度去思考，那就是AI可以提供图像素材，然后读者可以使用AI提供的图像素材直接生成视频。这无疑解决了大部分读者"缺少素材"和"搜集素材很麻烦"的问题，让图像素材的获取更加便捷。

5.4.1 文本模式

单击菜单栏中的Generate images（生成图像），然后单击Generate image（生成图像）面板中的TI工具，即Text to Image（文本到图像），如图5-69所示。之后，会进入AI Magic Tools/Text to Image（AI魔法工具/文本到图像）面板，左侧的Text to Image（文本到图像）下包含Runway的预设图像，右侧为参数面板，如图5-70所示。

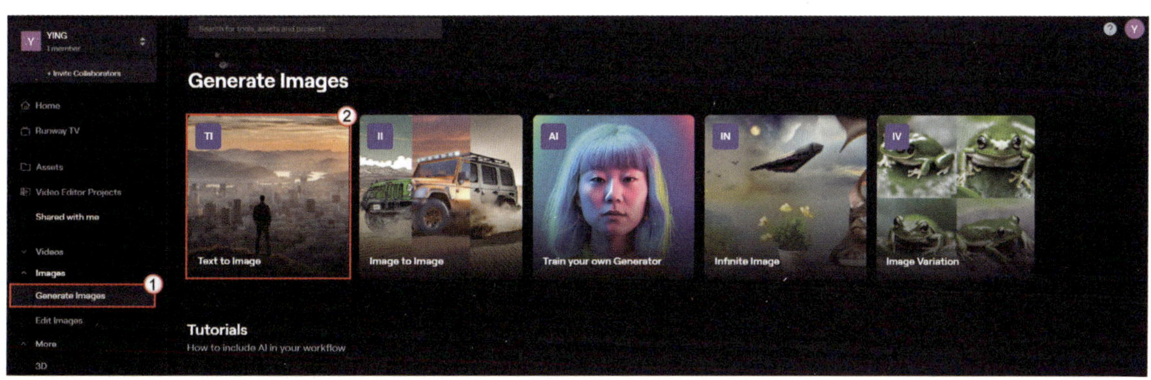

图5-69

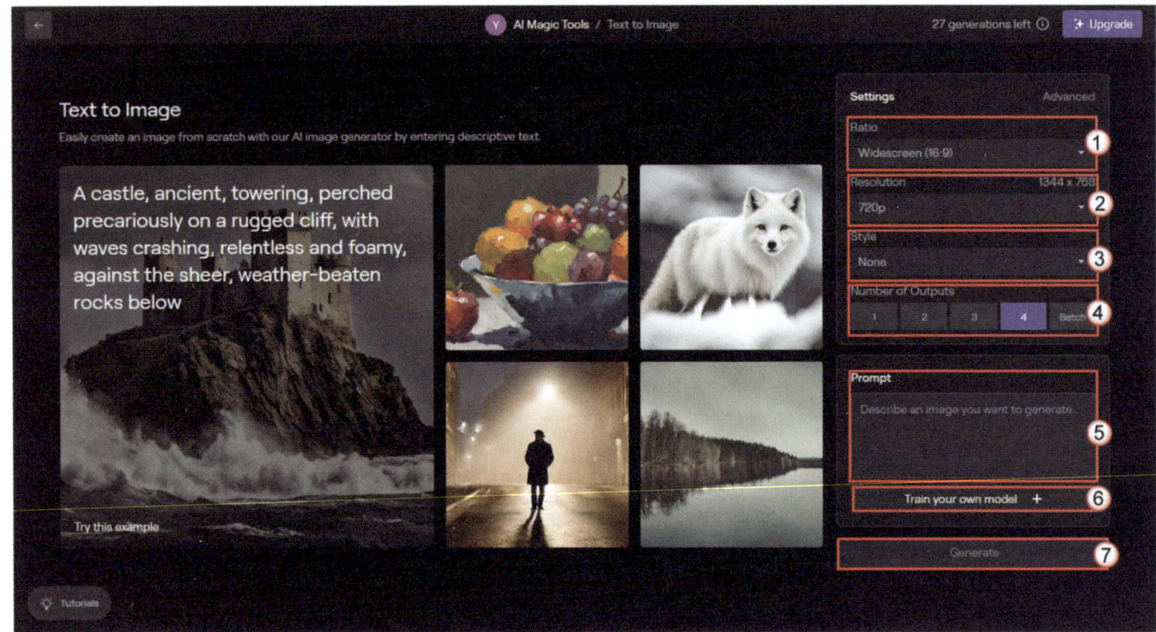

图5-70

AI Magic Tools/Text to Image面板参数解析

① Ratio（比例）。用于设置生成图像的画面比例，可选比例如图5-71所示。

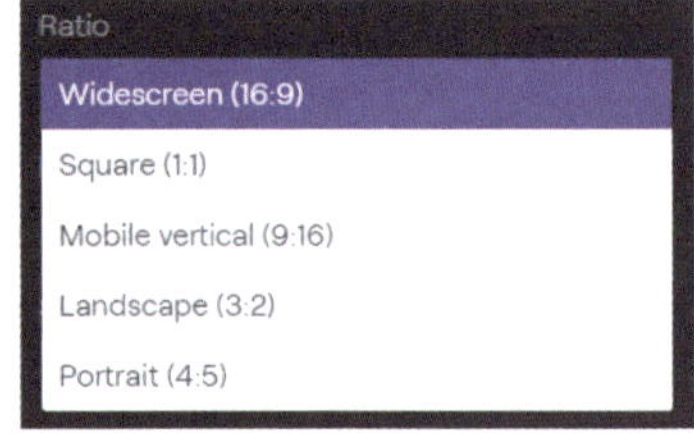

图5-71

② Resolution（分辨率）。用于设置图像的分辨率，可选分辨率为720p和2K。目前笔者编写时，2K分辨率需要付费升级后才可使用，如图5-72所示。

图5-72

③ Style（风格）。用于设置图像画面的风格。

④ Number of Outputs（输出数量）。用于设置输出图像的数量。单击Batch（批量）按钮Batch，可以进行一次性批量输出，该功能目前需要付费才能使用。

⑤ Prompt（提示词）。用于输入提示词内容。另外，单击左侧的预设图像后，文本框会自动生成已有的提示词。

⑥ Train your own model（训练你自己的模型）按钮Train your own model +。单击该按钮，可以进入AI Training（AI训练）面板，导入训练好的模型。

⑦ Generate（生成）按钮Generate 单击该按钮，即可生成图像。

为了方便读者理解，下面通过简单的操作步骤来进行演示。

01 设定要描述的内容，即“在一个阳光明媚的日子里，一只芬兰拉普兰坐在一个鲜花盛开的花园里，它看起来很满足，很警觉，很有素描的风格”，然后将其翻译成英文，并在Prompt（提示词）中的文本框中输入翻译好的英文，如图5-73所示。

A Finnish Lapphund sits in a flowery gardenon a sunny day,The dog looks content and alert,Sketching style

技巧提示 在翻译的时候，读者不必过于担心自己的英语语法水平。目前的AI工具基本上都能根据当前文本进行内容推敲，所以部分不太致命的错别字、语法差错小问题等，都不会对生成内容造成太大影响。例如，对于书面语言来说，英语单词之间必须有一个字符来隔开；但对于Runway来说，content and alert（满足和警觉）与contentandalert是一样的，它能识别出来。这就是AI工具的优势。

图5-73

02 在Settings（设置）面板中设置Ratio（比例）为Square(1:1)[正方形（1∶1）]，Resolution（分辨率）为720p，Style（风格）为None（无），Number of Outputs（输出数量）为1，如图5-74所示。

03 单击Generate（生成）按钮Generate，生成一幅有小狗的图像，如图5-75所示。

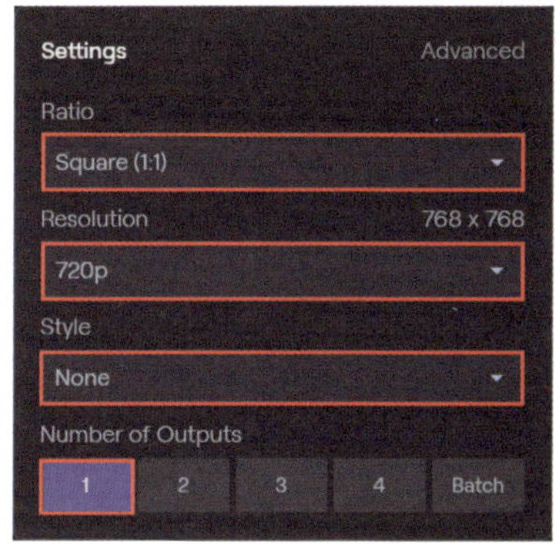

图5-74

图5-75

技巧提示 与前面介绍过的Setting（设置）面板类似，单击此处Setting（设置）面板右侧的Advanced（高级），可以展开额外的面板参数，如图5-76所示。

下面简单说明这3个新增的参数，有兴趣的读者可以自行测试。

① Prompt Weight（提示词权重）。用于设置提示词的控制强度，数值越高，结果越精确，反之则结果充满创造性。

② Seed（种子）。读者可以将这个参数下的数字理解为画面内容的编号，使用这个编号进行内容生成，可以保留原图像内容的一些特点。

③ Negative prompt（否定提示词）。如果读者希望图像中不要出现某个对象，可以在此处的文本框中输入对应的对象描述。例如不希望出现"狗"，那么在此处输入Dog即可。

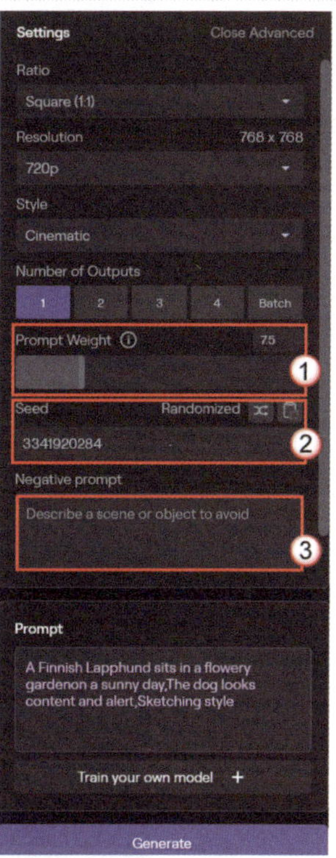

图5-76

5.4.2 图像模式

图像模式即Image to Image（图像到图像），属于Runway的Ⅱ工具。这个工具通常有两个主要用途：一个是根据图像生成风格化图像；另一个是对视频的序列帧进行风格化处理，从而创作风格化序列帧动画。

单击Generate image（生成图像）面板中的Ⅱ工具，即Image to Image（图像到图像），如图5-77所示。此时，会进入AI Magic Tools/Image to Image（AI魔法工具/图像到图像）面板，面板下方会展示Assets（资产）中的文件，如图5-78所示。

图5-77

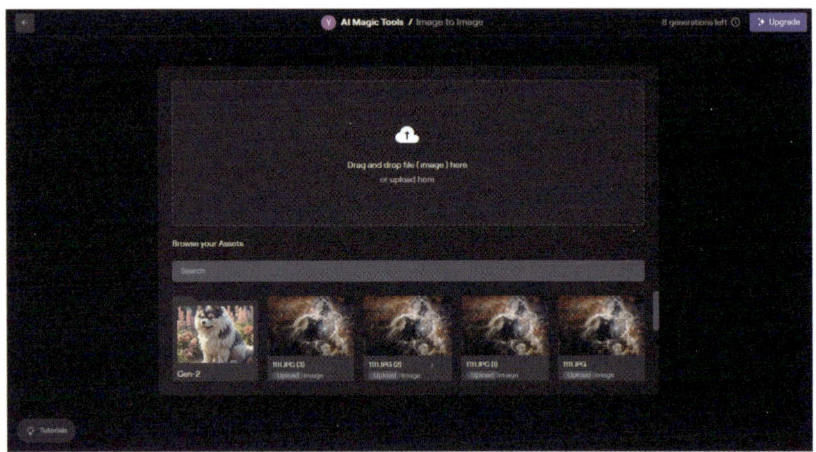

图5-78

01 将Assets（资产）中的图像文件拖曳到图像文件上传区域，如图5-79所示。当然，读者也可以直接从本地计算机中直接拖曳图像文件到该区域。拖曳后的效果如图5-80所示。

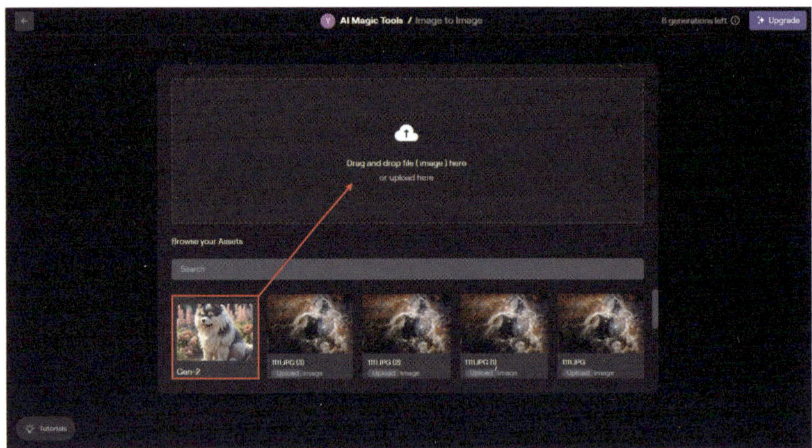

图5-79

图5-80

技巧提示 此时，右侧同样会出现Settings（设置）面板。

02 设置Style（风格）为Forestpunk（森林朋克），然后在Prompt（提示词）文本框中输入描述文本A lovely dog，表示内容为“一只可爱的狗”，最后单击Generate（生成）按钮 Generate ，如图5-81所示。因为这里保持Number of Outputs（输出数量）为4，所以会生成4张改变了风格的图片，如图5-82所示。

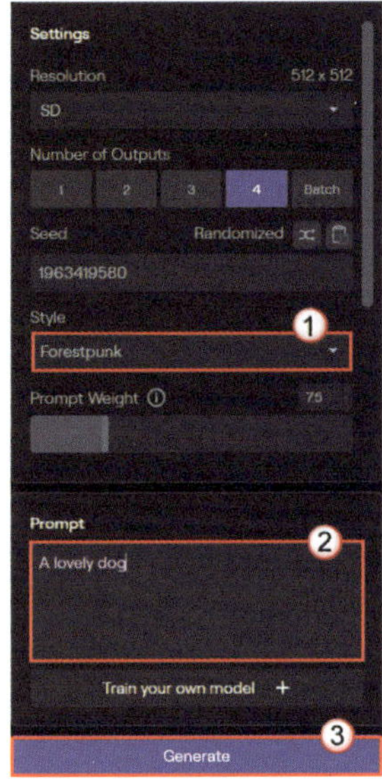

图5-81

图5-82

5.5 智能抠像

在数字创新领域，视频内容的生动性与较强的视觉冲击力通常是其成功的决定性因素。因此，智能抠像技术的应用，无疑在视频编辑中起着突破性的作用。Runway提供了简单而强大的智能抠像功能（也能用于抠图），有助于提高视频制作的灵活性和效率。Runway的绿屏功能可以快速、有效地将对象与背景分离，不仅可以替换任意场景的背景，还可以添加文本、动态图形等元素。

在Home（家）面板中单击RB工具，即Remove Background（去除背景），如图5-83所示。之后，Runway的界面会跳转到Green Screen（绿幕）面板，如图5-84所示。注意，笔者编写本书时，该面板名前有Beta（公测）图标 Beta ，请读者在操作时以实际界面为准。

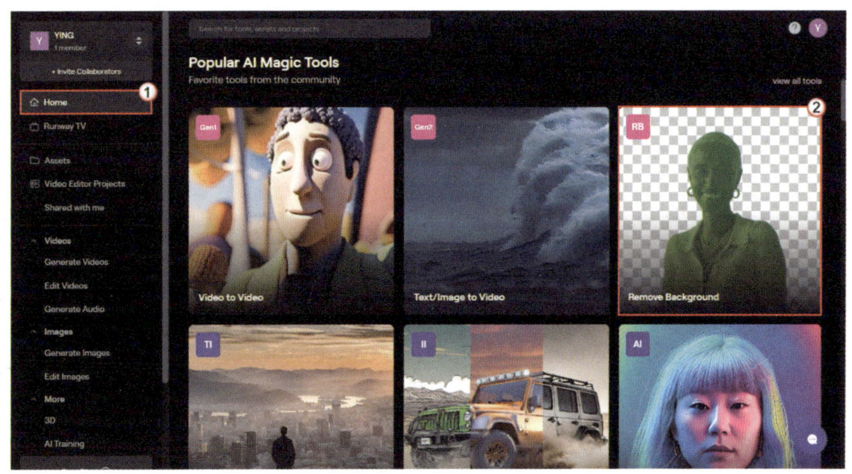

图5-83

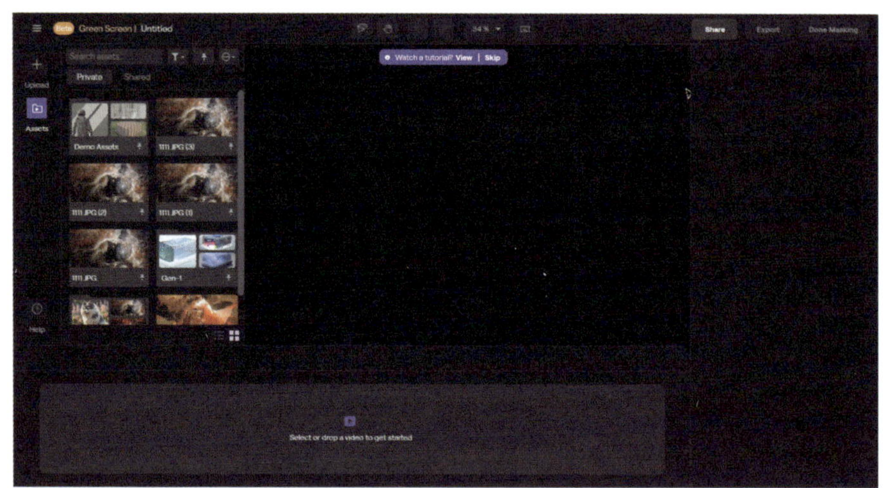

图5-84

5.5.1 选择绿色蒙版区域

Remove Background（去除背景）的主要工作原理是为主体对象添加一个绿色蒙版，虽然Green Screen（绿幕）面板中的抠像操作已经智能化，但读者在操作时还是需要注意参数的设置。下面笔者通过操作的方式对其进行演示。

01 导入需要进行抠像的素材。素材可以是图片，也可以是视频。素材可以来源于Assets（资产），也可以来源于本地计算机。这里笔者先导入本地计算机中的视频素材，然后将其拖曳到Green Screen（绿幕）面板的底部或中间的空白区域，就会进入素材的编辑模式，如图5-85所示。

图5-85

技巧提示 在使用Green Screen（绿幕）面板的功能时应注意，尽量选取有以下特点的素材。

第1个：没有多个事物，只有一个与周围环境形成鲜明对比的主体。

第2个：主体对象在很大程度上可以是一个焦点、一个摄像角度，运动流畅且没有反光物体。

第3个：主体不会离开画面，也没有人物导致运动模糊或使拍摄对象难以捕捉的动作。

总之，绿幕蒙版的质量与视频剪辑的质量息息相关，所以在操作时要尽量做到精益求精。

02 直接单击主体对象，也就是视频素材中的人物角色，如图5-86所示。这一步可以得到一个初始蒙版，该蒙版同样能应用于视频其他部分的人物角色，如图5-87所示。

图5-86

图5-87

技巧提示 如果读者在操作过程中需要撤销或重做，可以单击界面顶部的Undo（撤销）按钮（快捷键为Ctrl+Z）或Redo（重做）按钮（快捷键为Ctrl+Y）。从结果来看，单击一次并不一定能得到完整的绿色蒙版，而多单击主体的其他区域就可以得到更精确的结果，如图5-88和图5-89所示。

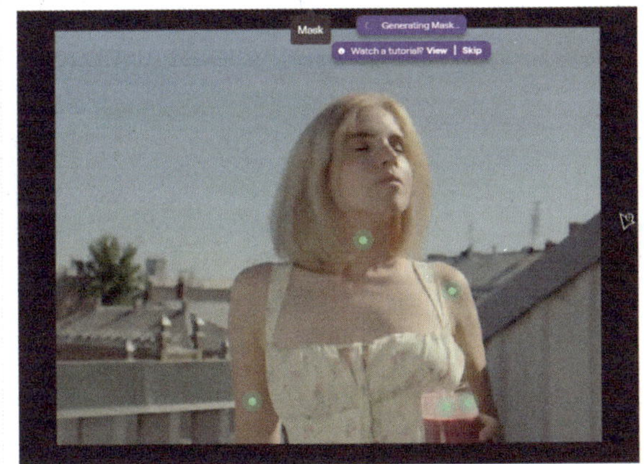

图5-88

图5-89

03 确认绿色蒙版创建无误后，单击面板左下角的Preview（预览）按钮，播放画面以观察所选区域在整个视频中的效果，如图5-90所示。通过预览可以发现，绿色蒙版大多数情况下都在人物主体上，几乎没有区域“渗入”背景或漏选的情况。

图5-90

5.5.2 添加/删除蒙版区域

如果读者发现主体区域有漏选或者“渗入”背景的情况，但又不想全部撤销和重新操作，就可以使用“添加/删除蒙版”状态来加选和减选蒙版区域。

01 当播放到有瑕疵的画面时，可按暂停键（Space键）或直接将时间线拖曳到有瑕疵画面的时刻。默认状态下鼠标指针呈“添加蒙版”状态，也就是单击画面中的位置，会添加该区域的内容，如图5-91所示。再次单击同样的位置，即可删除该区域，如图5-92所示。右侧面板中默认Mode（模式）为Include（包含），即“添加蒙版”状态，如图5-93所示。

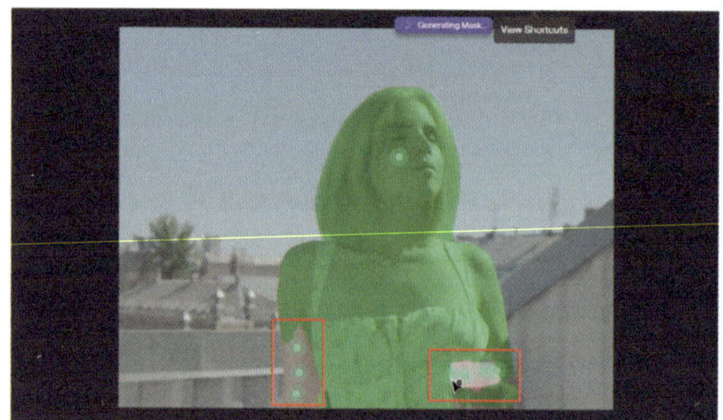

图5-91

图5-92

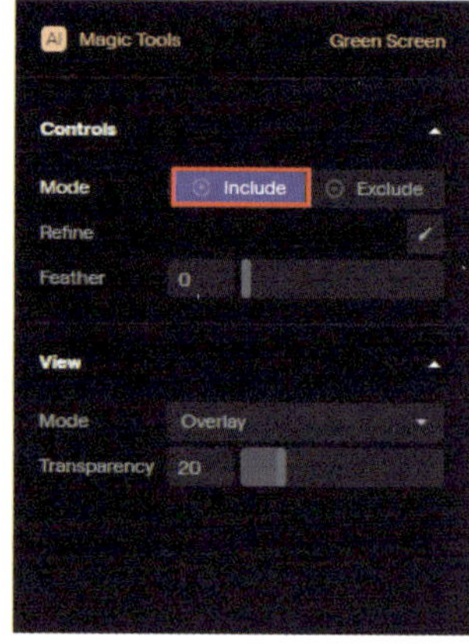

图5-93

02 如果想要删除一个点，除了再次单击选中的对应区域之外，还可以在右侧面板中设置Mode（模式）为Exclude（排除），即“删除蒙版”状态，如图5-94所示。此时单击某个区域，就可以删除该区域，如图5-95所示。

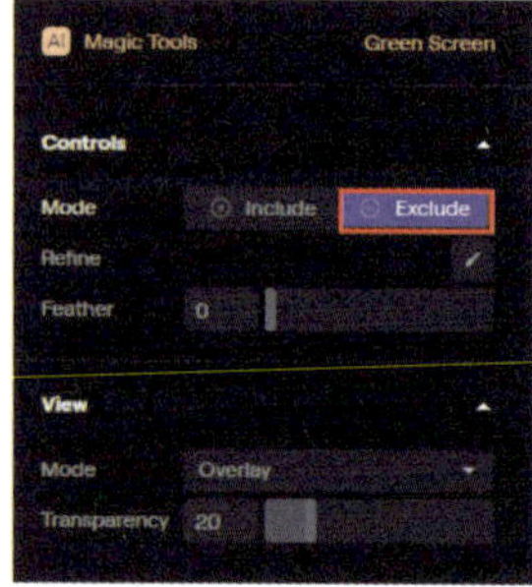

图5-94

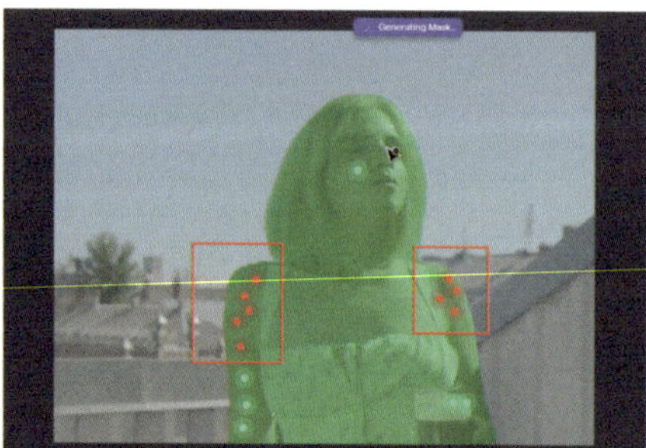

图5-95

技巧提示 读者可以按1键和2键来切换Include（包含）模式和Exclude（排除）模式。

5.5.3 绘制蒙版区域

在预览视频效果时，如果想手动修改蒙版中的某些区域，可以使用Brush（笔刷）工具绘制遮罩，这就需要读者有一定的鼠标控制能力。

01 在绘制遮罩之前，建议将素材画面放大，并使用面板顶部的Pan（抓手）工具来平移画面，如图5-96所示。注意，放大和缩小画面的快捷键分别为+键和-键。

图5-96

02 单击右侧面板Refine（改善）后的Brush（笔刷）工具，然后在画面中涂抹需要选择的区域，如图5-97所示。释放鼠标，Runway获取笔刷的内容，并传递信息给其他帧，然后计算出绘制的区域，如图5-98所示。预览视频可以发现，整个视频后续的画面中与笔刷内容相关的“人物胳膊”都被添加了绿色蒙版，如图5-99所示。

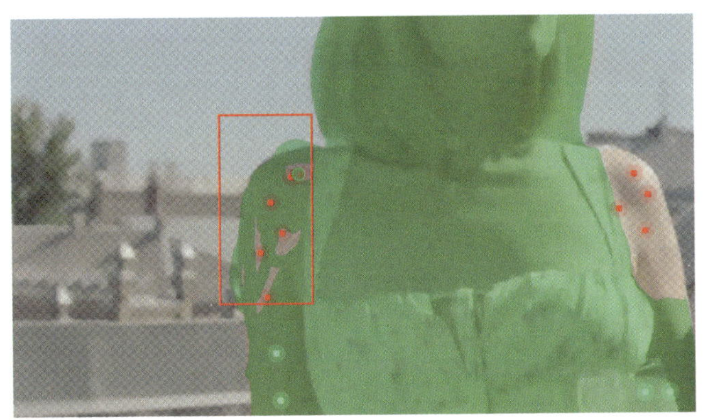

图5-97

图5-98

图5-99

技巧提示 读者可以根据需求在右侧面板中调整笔刷的大小和羽化半径，这些参数的原理与Premiere和Photoshop中的对应参数类似。Brush Size（笔刷大小）用于控制笔刷的大小范围，Feather（羽化）用于控制边缘柔和程度，如图5-100所示。另外，View（视图）中的参数主要用于设置显示效果，读者可以根据字面意思了解其作用，此处笔者不再赘述。

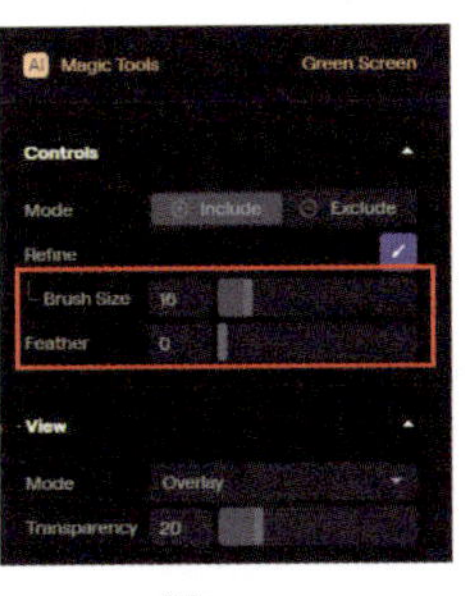

图5-100

5.5.4 修剪视频

当为主体对象获得理想的蒙版区域后，可以查看右侧面板下方的Done Masking（完成蒙版）面板，其中包含Add Effects（添加效果）按钮Add effects、Blur background（模糊背景）按钮Blur background、Replace Background（替换背景）按钮Replace Background和Trim video（修剪视频）按钮Trim video，如图5-101所示。

图5-101

技巧提示 这里笔者仅演示如何修剪视频，其他3个功能相对简单，读者直接操作即可。

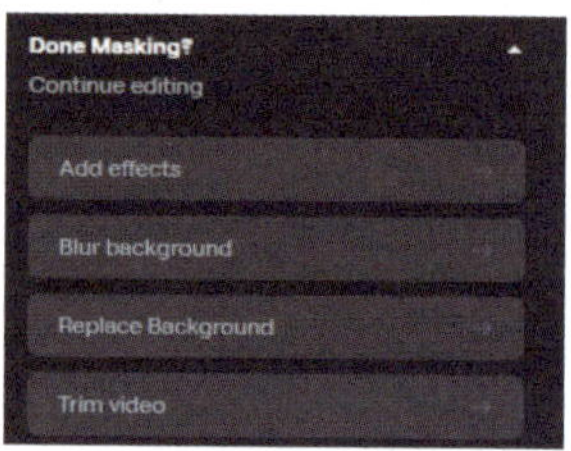

01 单击Trim video（修剪视频）按钮Trim video，进入修剪视频面板，抠像后的视频和原视频会分别出现在两条时间轨道上，上层为抠像后的视频，下层为原视频，如图5-102所示。

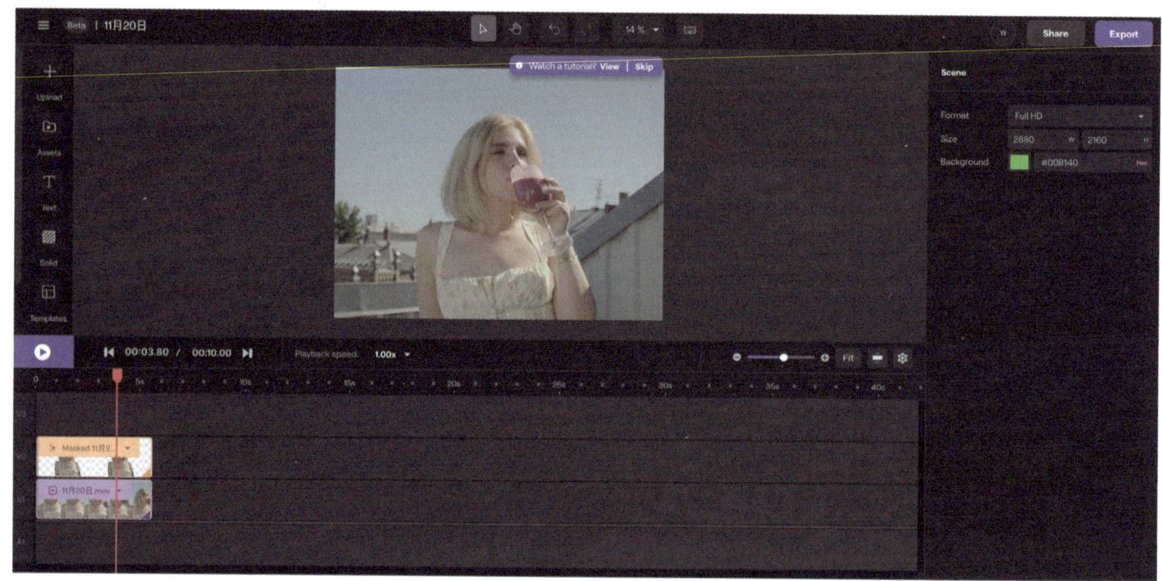

图5-102

02 对时间轨道的操作与Premiere类似，如拖曳轨道位置、缩放轨道显示大小等。这里选择下层的原视频轨道，按Backspace（退格）键将其删除，然后单击界面左侧的Solid（坚硬）按钮，并将其轨道拖曳到抠像后视频的下方，如图5-103所示。

图5-103

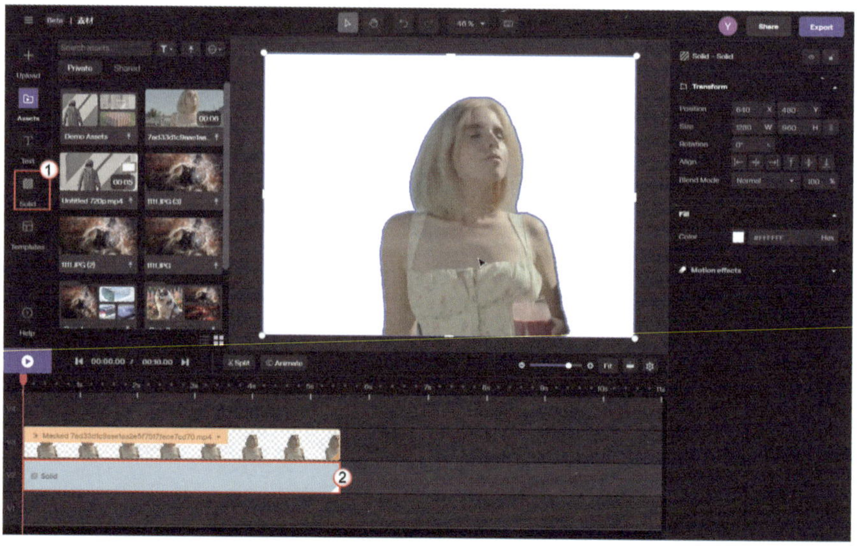

技巧提示 这里的操作比较灵活，读者可以根据需求导入其他背景视频，从而合成新的场景，笔者就不一一演示了。

03 如果读者希望为视频内容添加一些效果，可以选择在时间轨道上抠像后的视频，展开右侧面板的Effects and Filters（效果和过滤器）面板，然后选择其中的效果预设，如图5-104所示。

图5-104

04 处理好后重命名视频，可以单击Export（导出）按钮Export，然后选择导出的格式，如图5-105所示。另外，读者也可以选择ProRes或者PNG序列，将视频以透明背景导出。导出的视频会出现在Assets（资产）中，如图5-106所示。

图5-105

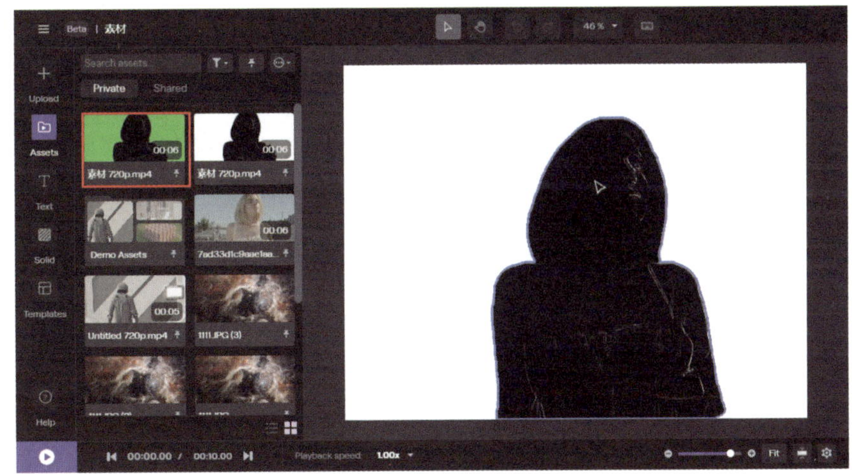

图5-106

技巧提示 如果想下载视频，可以切换到Home页面，然后在Assets（资产）面板中进行下载。

Runway的智能抠像功能比较强大，且操作简单，书中仅介绍了基础操作，读者可以根据自身需求不断开发其用途。

影视制作领域

过去制作团队经常需要将演员置入虚拟环境，这就需要复杂的绿幕技术和烦琐的后期处理。借助Runway，制作人员能够实时进行智能抠像，将演员从一个场景中剪裁出来并置入全新的场景，如从繁华的城市街头转移到宁静的外太空。这不仅加快了制作流程，也降低了制作成本。

广告制作领域

品牌需要创造引人入胜的视觉内容，以促销产品。Runway的智能抠像功能能够迅速更换产品广告的背景，或者将产品无缝地融入各种场景中，从而制作出既吸引人，又富有说服力的广告内容。例如，设计师可以将户外运动鞋素材置于不同的环境中，展示其适应性和耐用性。

社交媒体领域

Runway的智能抠像功能能够迅速地将主角“传送”到任何他们想象中的地方，无论是著名地标，还是梦幻世界。这种技术的使用不仅使视频内容更富有生动性和趣味性，还提升了用户参与度。例如，美食博主可以将自己置于世界各地的知名餐厅内，带给观众全球美食之旅的体验。

教育课程领域

通过Runway的智能抠像功能，教师能够将自己置于与课程内容相关的背景中。例如，历史老师在讲述古罗马历史时，背后可以替换为罗马斗兽场的场景。这有助于学生更好地沉浸在学习内容中，大大提高教学效果。

上述案例展示了Runway视频智能抠像功能的强大，以及如何帮助创作者跨越传统制作障碍。只需简单的上传视频、选择对象、应用智能抠像等操作，创作者就能在短时间内完成过去需要数小时甚至数天才能完成的编辑工作。

实战：制作运动鞋动态图

下面将使用Runway制作“一只运动鞋在展示台上旋转”的动图，如图5-107所示。

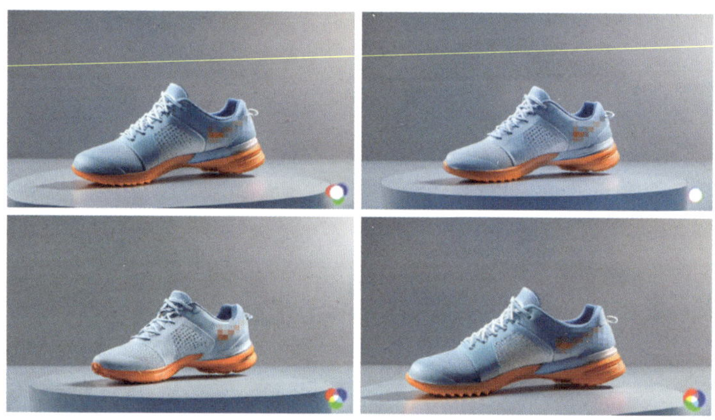

图5-107

1.流程对比

（1）传统电商动图制作流程

第1阶段：由摄影师对运动鞋进行拍摄或者由三维设计师用3ds Max、Cinema 4D、Blender等软件进行建模和渲染。

第2阶段：由电商设计师或者平面设计师使用Flash等软件制作动画。

第3阶段：进行后期的调色处理。

（2）AI参与制作的流程

在Runway中使用Text to Video（文本到视频）模式，通过文本描述直接实现。

2.制作步骤

01 在Runway的主界面中选择Text/Image to Video（文本/图像到视频）工具，如图5-108所示。切换到TEXT模式，如图5-109所示。

图5-108

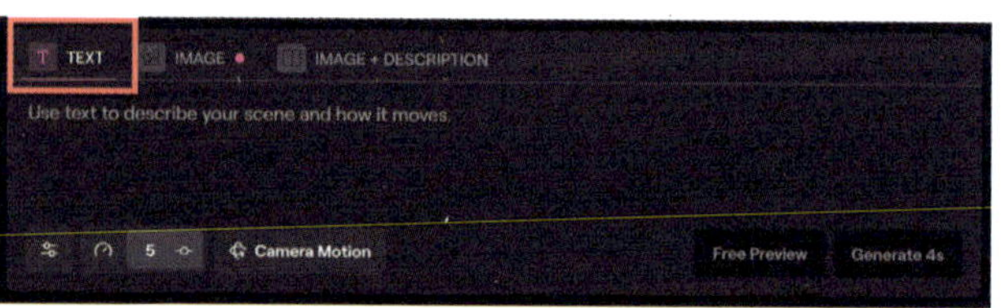

图5-109

技巧提示 在提示词文本框内输入提示词。因为想要得到一个产品的宣传动图，所以需要有与产品相关的摄影提示词。通常产品摄影的提示词可以使用这个公式：产品摄影+主题+环境+角度+相机。

02 根据公式，确定“产品摄影”的提示词。通常情况下，电商产品的摄影特点有2个，一个是“产品摄影”，一个是“商业拍摄”，即Product photography和Commercial shooting。

Product photography,Commercial shooting

03 设计主题。这里笔者希望生成一个“一只运动鞋在展示台上旋转”的动图，以便全方位展示这件商品的细节，画面描述为“一双很酷的运动鞋，在画面中旋转，展示全方位的细节”。将描述翻译为英文如下。

A pair of cool sports shoes,rotating in the picture,showcasing all-round details

04 确认“环境+角度+相机”。注意，这三者并不需要同时出现，且顺序不重要。例如，AI默认的角度就是画幅居中，所以本测试不需要“角度”的提示词。根据前面的参考，可以考虑“相机”的提示词为“高分辨率摄影”，翻译为high resolution photography；对于“环境”的提示词，因为这里为比较简单的纯色背景，所以只需简单描述色调和氛围即可，可以使用“明亮的环境”和“简洁的背景”，翻译为A bright environment和A concise background。将上述提示词合在一起，输入提示词的文本框中，如图5-110所示。

Product photography,Commercial shooting,Bright blue background,a pair of cool sports shoes,rotating in the picture,showcasing all-round details,high resolution photography,A bright environment,A concise background

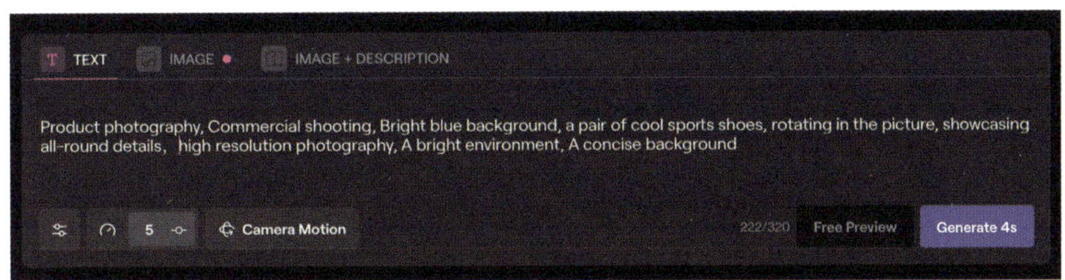

图5-110

技巧提示 在商业视频制作中，产品摄影和后期编辑的主要目标是强调商品的销售亮点。因此，对于与电子商务相关的动态图像生成，建议使用在既定公式中的某些“固定组合”作为提示词。例如，“产品摄影”和“商业拍摄”能够使图像展示得更具商业气质，“明亮的环境”和“简洁的背景”能更有效地凸显商品主体。至于设计主题，应根据具体需求输入相应的提示词。

05 单击Generate 4s（生成4秒）按钮，即可得到4秒的视频，如图5-111所示。如果对视频满意，可以在生成后的视频界面右上角单击Extend 4s（拓展4秒）按钮，将视频时长拓展为8秒。

06 根据上一步生成的视频，可以继续进行编辑修改。这里笔者想要这只运动鞋能够旋转得快一些，所以单击General Motion（一般运动）按钮，然后设置参数为8，如图5-112所示。

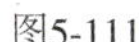

图5-111

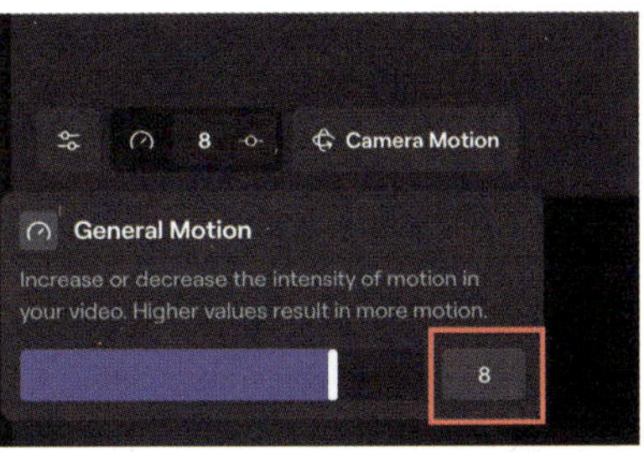

图5-112

技巧提示 前面提到了General Motion（一般运动）可以控制屏幕上动作的强度，默认值为5。数值越高，对象的动态变化越丰富。注意，设置的数值并非越高越好，读者应该根据具体情境进行分析。以“运动鞋旋转”的动态图为例，如果设置的数值过高，可能会导致视频中的运动鞋出现形变，甚至扭曲。因此，在实际运用General Motion（一般运动）时，需要根据预期让屏幕对象展现的内容，对仪表盘的数值进行适当的调整。

实战：制作水花溅起的动态效果

本案例使用Image to Video（图像到视频）模式来制作水花溅起的动态效果，如图5-113所示。

图5-113

01 在Runway主界面中选择Text/Image to Video（文本/图像到视频）工具，然后切换到IMAGE（图像）模式，将饮料素材图拖曳到图片上传区域，并单击Generate 4s（生成4秒）按钮，如图5-114所示。

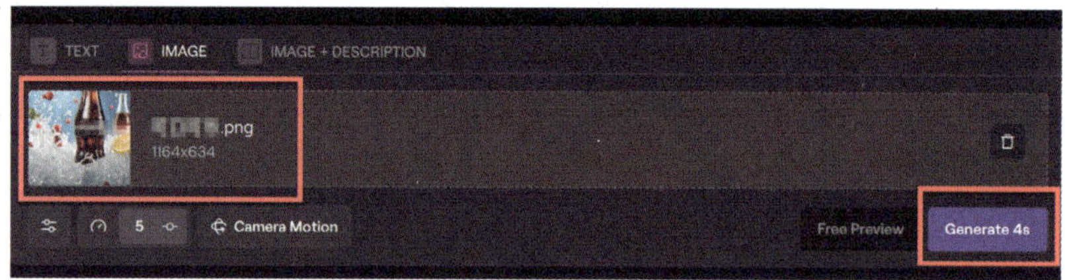

图5-114

02 视频加载完毕后，单击Extend 4s（拓展4秒）按钮，如图5-115所示。

图5-115

技巧提示 在使用Image to Video（图像到视频）模式生成电商动图时，不需要输入提示词，因为AI工具会自动识别图片中的主体，并进行动态视频的生成。使用图像则可以让视频内容变得更具体，也就是说如果已经有了某商品的图片，那么Image to Video（图像到视频）模式毫无疑问是比较不错的选择。